读懂暖通空调施工图必备之书

暖通空调施工图解读

曲云霞　主编

中国建筑工业出版社

图书在版编目（CIP）数据

暖通空调施工图解读/曲云霞主编．—北京：中国建筑
工业出版社，2009

ISBN 978-7-112-10611-0

Ⅰ．暖… Ⅱ．曲… Ⅲ．①采暖设备—建筑安装工程
—工程施工—图解②通风设备—建筑安装工程—工程施工—
图解③空气调节设备—建筑安装工程—工程施工—图解
Ⅳ．TU83-64

中国版本图书馆 CIP 数据核字（2009）第 000441 号

本书共分为八章，第一章主要介绍建筑施工图的基础知识，以及建筑平面图、建筑
立面图、建筑剖面图的识读方法；第二章简单介绍了暖通空调系统的组成及设备；第三章
介绍了暖通空调施工图的基本知识；第四章介绍了建筑给水排水、建筑供暖及燃气施工图
的识读方法和实例；第五章介绍了通风空调施工图的实例，包括通风空调平面图、空调
水系统图、空调机房施工图、制冷机房施工图；第六章介绍了锅炉房施工图的实例解
读；第七章介绍了市政给水排水管网、市政供热管网、市政燃气管网的施工图解读；第
八章介绍了暖通空调系统常用材料，包括风管材料、水管材料、焊接材料和保温材料。

本书收集图纸量多、介绍详细、涉及范围广，可作为从事暖通空调设计、施工、预算人
员及管理人员的参考用书，也可作为建筑环境与设备工程专业、给水排水专业学生的教材。

* * *

责任编辑：张文胜　姚荣华
责任设计：赵明霞
责任校对：王　爽　孟　楠

读懂暖通空调施工图必备之书

暖通空调施工图解读

曲云霞　主编

*

中国建筑工业出版社出版、发行（北京西郊百万庄）
各地新华书店、建筑书店经销
北京千辰公司制作
廊坊市海涛印刷有限公司印刷

*

开本：787×1092 毫米　1/16　印张：11　插页：5　字数：275 千字
2009 年 4 月第一版　2015 年 8 月第四次印刷

定价：**29.00** 元

ISBN 978-7-112-10611-0
(17542)

本书编委会

主　　编：曲云霞
参编人员：杨　勇　楚广明　崔勇章　谢晓娜
　　　　　徐　琳　黄　峰　秦兴红　魏晓真
　　　　　冯　原　郭柱道

前　言

近年来，我国国民经济的蓬勃发展，带动了建筑行业快速发展，许多大楼拔地而起，随之而来的是对建筑设计、施工、预算、管理人员的大量需求。这些人员迫切需要一套既浅显易懂，又比较系统、全面地介绍暖通空调工程图纸识读方法的图书。为此，我们编写了这本书。

暖通空调工程包括的内容比较多，如建筑给水排水、供暖、燃气、通风、空调、锅炉房、市政给水排水管网、热力管网、燃气管网等。本书从这几个方面出发，力求做到系统性、全面性、实用性。书中收集图纸量多、介绍详细、涉及范围广，可作为从事暖通空调设计、施工、预算、管理人员的培训教材，也可供建筑环境与设备工程专业、给水排水专业、建筑造价专业的学生及有关人员参考。

在识读暖通空调工程施工图之前，首先应了解建筑施工图的相关知识。本书共分为八章，第一章主要介绍建筑施工图的基础知识，如图纸的相关知识、投影原理等，另外介绍了建筑平面图、建筑立面图、建筑剖面图的识读方法；第二章简单介绍了暖通空调系统的组成及设备；第三章介绍了暖通空调施工图的基本知识；第四章介绍了建筑给水排水、供暖及燃气施工图的识读方法和实例；第五章介绍了通风空调施工图的实例，包括通风空调平面图、空调水系统图、空调机房施工图、制冷机房施工图；第六章介绍了锅炉房施工图的实例解读；第七章介绍了市政给水排水管网、市政供热管网、市政燃气管网的施工图识图方法；第八章介绍了暖通空调系统常用材料，包括风管材料、水管材料、焊接材料和保温材料。

本书由山东建筑大学曲云霞主编，参编人员如下：曲云霞（第二章、第三章、第六章、第七章、第八章），杨勇（第四章）、楚广明、谢晓娜（第五章）、徐琳（第三章）、郭柱道（第七章）、黄峰、秦兴红（第一章）、崔勇章（第四章第三节、第七章第三节）冯原、魏晓真（第八章）。

由于编者的水平有限，书中错误和不足之处，敬请专家和读者批评指正。

编者

2008.12

目　　录

第一章　建筑施工图基础

第一节　图　纸　知　识

工程图是设计人员依据一定的规则表达自己设计内容的一种手段。作为一个施工预算人员，要想通过识图获得工程信息，就必须首先了解制图的基本知识，了解设计人员的设计意图。因此，在学习识图前，首先了解一些制图的基本知识是非常有必要的。

一、图纸基础知识

图纸作为承载设计意图的媒介，要为设计者和使用者共同服务，就必须符合一些共同遵守的规范。国家对此制定了一系列的标准，规定了图幅、图纸内容等。这些标准是大家必须遵守的。

1. 图幅

制图时，可根据实际需要采用不同尺寸的图纸。图纸的大小称为图幅。国家标准规定了常用的图纸尺寸，见表1-1。表1-1中出现的符号为图1-1中所示尺寸。

常用图纸尺寸　　　　　　　　　　　　　　　　　　表1-1

图幅代号		A0	A1	A2	A3	A4	A5
工程名称		零号图	1号图	2号图	3号图	4号图	5号图
$B(\text{mm}) \times L(\text{mm})$		841×1189	594×841	420×594	297×420	210×297	148×210
周边代号	$a(\text{mm})$	25					
	$c(\text{mm})$	10			5		
	$e(\text{mm})$	20		10			

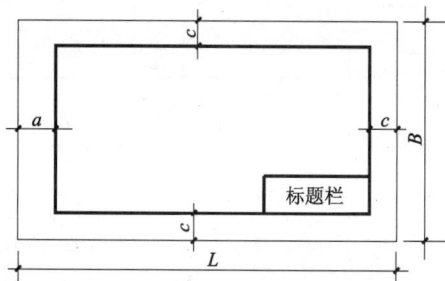

图1-1　常用图样样式

2. 图纸内容

对于一般的工程图纸，其内容主要包括图样、标题栏和文字说明三部分。图样就是设计人员为表达设计内容而绘制的图形。文字说明是指为了进一步说明图样内容或做特殊说明时所做的文字注释。标题栏一般由名字、代区号、会签栏及其他区域等组成，不同的单位根据自身的需要可以使用不同的样式的标题栏。图1-2为标题栏的示例。

(设计单位名称)			
(工程名称)		图号	(图号)
批准			
审核		(图纸名称)	
校核			
设计		比例	

图1-2 标题栏示意图

3. 线型

在工程图纸中，所有的东西都是用线条来表达。如果仅仅使用单一的线条来表达，那么反映在图纸上必然是错综复杂、难以辨认的。因此，在国家制图标准中，根据不同的需要规定了不同的线条类型，常用线型及其用途见表1-2。

常用线型及其用途　　　　　　　　　　　表1-2

名　　称		线　　型	线　　宽	一　般　用　途
实线	粗	——	b	主要可见轮廓线
	中	——	$0.5b$	可见轮廓线、尺寸起止符号等
	细	——	$0.25b$	可见轮廓线、图例线、尺寸线和尺寸界线
虚线	粗	-------	b	见有关专业制图标准
	中	-------	$0.5b$	不可见轮廓线
	细	-------	$0.25b$	不可见轮廓线、图例线
点划线		—·—·—	b	见有关专业制图标准
		—·—·—	$0.5b$	见有关专业制图标准
		—·—·—	$0.25b$	中心线、对称线等
双点划线		—··—··—	b	见有关专业制图标准
		—··—··—	$0.5b$	见有关专业制图标准
		—··—··—	$0.25b$	假想轮廓线、成型前原始轮廓线
折断线		—√—	$0.25b$	断开界限
破浪线		～～～	$0.25b$	断开界限

表1-2中线宽b应该从规定的线宽系列中选取，常用线宽见表1-3。

常用线宽　　　　　　　　　　　　　　　表 1-3

线宽比	线 宽 组 （mm）				
b	2.0	1.4	1.0	0.7	0.5	0.35
$0.5b$	1.0	0.7	0.5	0.35	0.25	0.18
$0.25b$	0.5	0.35	0.25	0.18	(0.13)	—

4. 比例

为了完整地表达实际物体，有时需要将实物适当地缩小，这时就需要使用到图形比例。图形比例是指图形中线性尺寸与实物线型尺寸之比。比例是不能随意选择的，国家制图标准对此有所规定，一般应从表 1-4 所列出的比例中选择，并应优先选择常用比例。

绘图时的比例　　　　　　　　　　　　　表 1-4

常用比例	1:1, 1:2, 1:5, 1:10, 1:20, 1:50, 1:100, 1:200, 1:500, 1:1000, 1:2000, 1:5000, 1:10000, 1:20000, 1:50000, 1:100000, 1:200000
可用比例	1:3, 1:15, 1:25, 1:30, 1:40, 1:60, 1:150, 1:250, 1:300, 1:400, 1:600, 1:1500, 1:2500, 1:3000, 1:4000, 1:6000, 1:15000, 1:30000

一般情况下，在一个图样中应选用同一种比例。有时为了表达的需要，也可以在一个图样中选用不同的比例。

二、投影知识

投影是日常生活中一种常见的现象。当一束光线照到物体上时，在地面或墙面上就会产生该物体的影子，这个影子就称为投影。为了将现实生活中的物体表达在图纸上，在工程中就利用这个方法，称之为投影法。照射光线称为投影光线，接受投影的平面称为投影面。

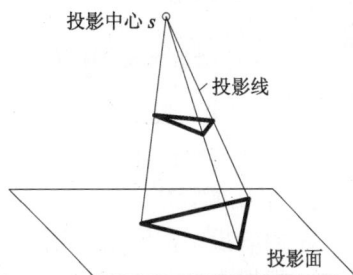

图 1-3 中心投影法

1. 投影的分类

投影法根据投影光线的不同，可以分为多种类型，工程中常用的是中心投影法和平行投影法。

（1）中心投影法

中心投影法是指光线从有限远处的点出发，为点光源，此时产生的投影图称为透视图，如图 1-3 所示。

（2）平行投影法

平行投影法是指投射光线从无限远处出发，为平行光线。根据光线与投影面之间的位置不同，又可以分为斜投影法和正投影法。

1）斜投影法

当投影光线的方向倾斜于投影面时，称所用的投影法为斜投影法，如图 1-4 所示。

2）正投影法

当投影光线的方向垂直于投影面时，称所用的投影法为正投影法，如图 1-5 所示。

在通风空调安装工程施工图中，一般采用的均为正投影法，因此，在本书中仅介绍正投影法。

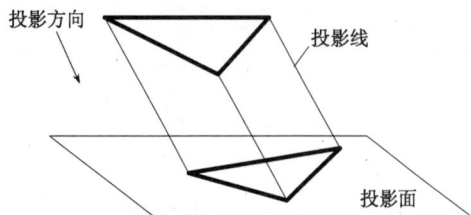

图 1-4 斜投影法

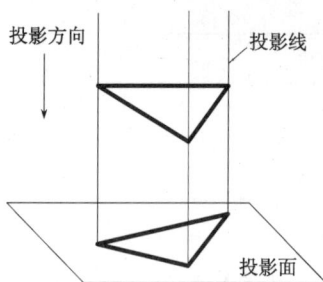

图 1-5 正投影法

2. 直线的投影

根据直线与投影面相对位置的不同，直线的投影具有不同的特点。

（1）直线与投影面平行

当直线与投影面平行时，其投影表现为长度等于直线实长的一条直线，如图 1-6 所示。

（2）直线与投影面不平行（但不垂直）

当直线与投影面不平行（但不垂直）时，其投影表现为长度小于直线实长的一条直线，如图 1-7 所示。

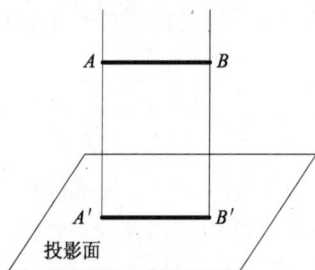

图 1-6 直线与投影面平行时的正投影

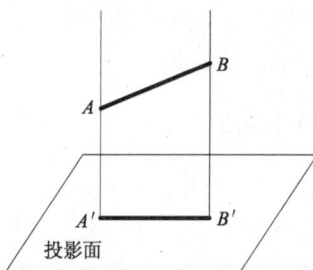

图 1-7 直线与投影面不平行时的正投影

（3）直线与投影面垂直

当直线与投影面垂直时，其投影聚集于一点，如图 1-8 所示。

3. 平面的投影

平面的投影实际上可以看作是平面轮廓线投影的集合。根据平面与投影面相对位置的不同，其投影也具有不同的特点。

（1）平面与投影面平行

当平面与投影面平行时，其投影为与平面完全相同的图形，如图 1-9 所示。

（2）平面与投影面不平行（但不垂直）

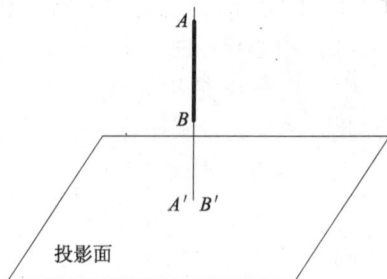

图 1-8 直线与投影面垂直时的正投影

当平面与投影面不平行（但不垂直）时，其投影为面积小于原平面、但形状类似的图形，如图 1-10 所示。

（3）平面与投影面垂直

当平面与投影面垂直时，其投影聚集为一条直线，如图 1-11 所示。

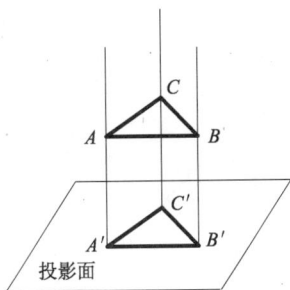

图 1-9　平面与投影面平行时的正投影　　　图 1-10　平面与投影面不平行时的正投影

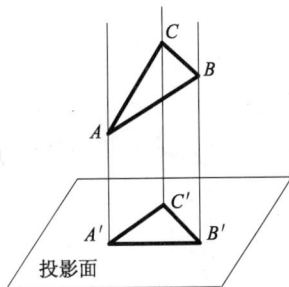

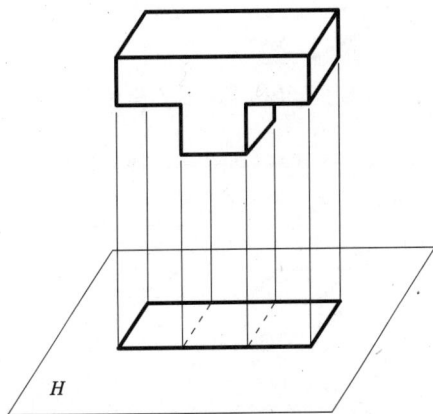

4. 立体的投影

当对立体进行投影时，可以把它看作是对组成立体的各个表面分别进行投影。实际上，也就是对组成立体的各轮廓进行投影。在投射光线方向上可见的轮廓用实线来表达，不可见的轮廓线用虚线来表达，如图 1-12 所示。

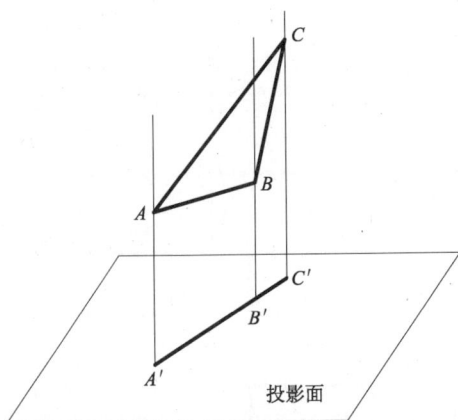

图 1-11　平面与投影面垂直时的正投影　　　图 1-12　立体的投影

5. 三面投影

由于投影方法的局限性，经常出现不同形状的物体在投影面上产生相同的投影图，如图 1-13 所示。

从图中我们可以看到，有时仅仅依靠一个正投影图还无法正确、清晰地表达实际的物体。因此，为了完整地表达物体的形状特征，往往需要补充其他方向上的正投影图，以描述物体的实际特征。最常使用的方法就是三面投影法。

（1）三面投影体系

三面投影体系就是有三个互相垂直的投影面构成的正投影体系，如图 1-14 所示。其中 *XOZ* 构成正投影面，*XOY* 构成了水平投影面，*YOZ* 构成了侧立投影面。每两个投影面之间的交线分别表示了长、宽、高三个方向。

（2）三视图的形成

将物体放置于三面投影体系中，通过在三个投影面上对物体进行正投影，就可以形成三个投影图。正投影面上的投影称为正视图或主视图；水平投影面上的视图称为水平投影图或俯视图；侧立投影面上的视图称为侧视图。在暖通空调专业中通常也把这三种视图分别称为立面图、平面图和侧立面图。然后将互相垂直的三个投影图展开到同一平面上，就形成了三视图，如图1-15所示。

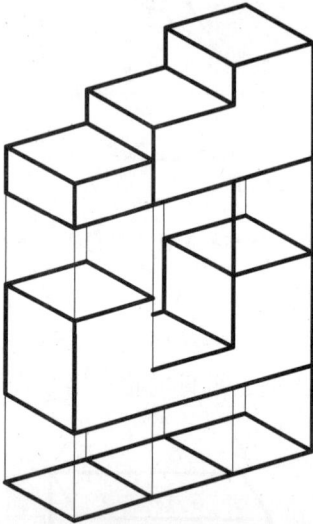

图1-13 不同形状的物体可能产生相同的投影图

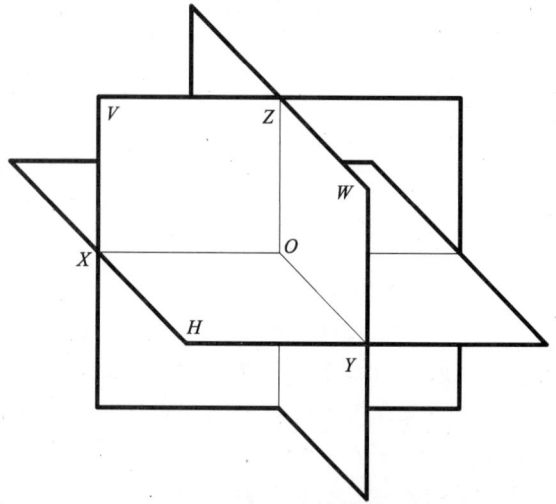

图1-14 三面投影体系

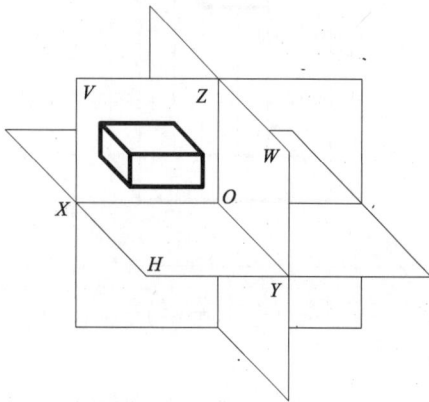

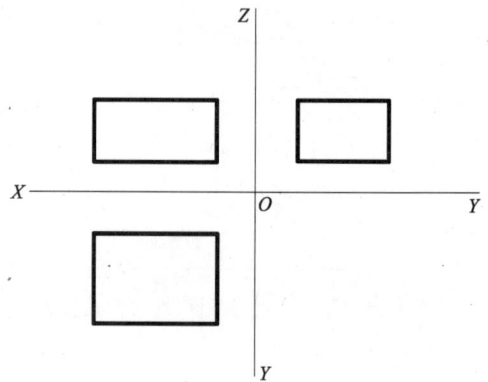

图1-15 三视图

在一般情况下，三视图能够准确地反应物体的形状和大小，而且作图简单、便于度量，因此在通风空调安装工程施工图中大多数为三视图。

（3）三视图的投影规律

组成三视图的三个投影图，在每一个投影图表达的为物体的长、宽、高中两个方向上的形状和尺寸，其中主视图上反映了物体的长度和高度，俯视图上表达了物体的长度和宽度，侧视图表达了物体的高度和宽度。因此，三个视图之间存在着"长对正、高对齐、宽相等"的投影规律，如图1-16所示。

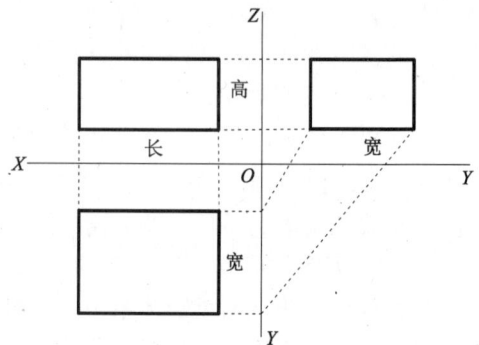

图1-16 三视图投影规律

三视图的投影规律是绘制和识读投影图最基本的规律，因此必须熟练掌握。

6. 直线在三面投影体系中的投影

根据所处位置的不同，直线在三面投影体系中可分为一般位置直线、投影面平行线和投影面垂直线三种。

（1）一般位置直线

一般位置直线是指在投影体系中与三个投影面均处于倾斜位置的直线，其投影特性如表 1-5 所示。

一般位置直线的投影特性   表 1-5

轴 侧 图	投 影 图	投 影 特 性
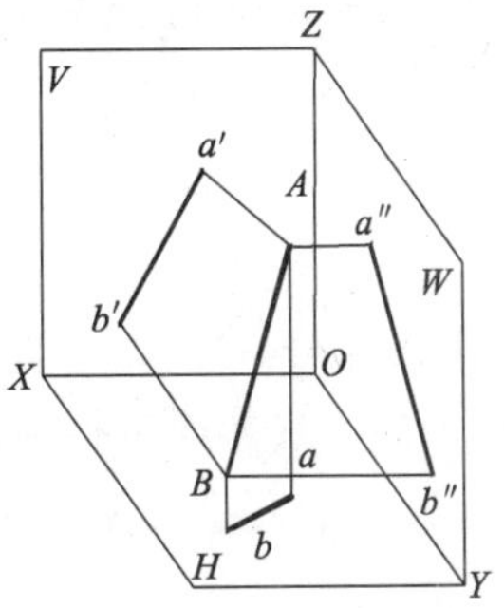	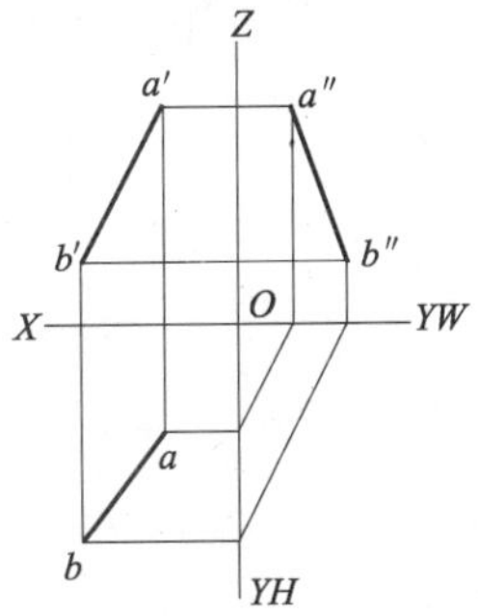	① 在投影面上三个投影均不反映直线的实长； ② 在投影面上的三个投影均倾斜于投影轴

（2）投影面平行线

投影面平行线是指平行于三个投影面中的一个投影面，而倾斜于其他两个投影面的直线。投影面平行线可分为正平线、水平线和侧平线三种类型，这三类直线分别平行于正立投影面、水平投影面和侧立投影面，其投影特性如表 1-6 所示。

投影面平行线的投影特性（以正平线为例）   表 1-6

轴 侧 图	投 影 图	投 影 特 性
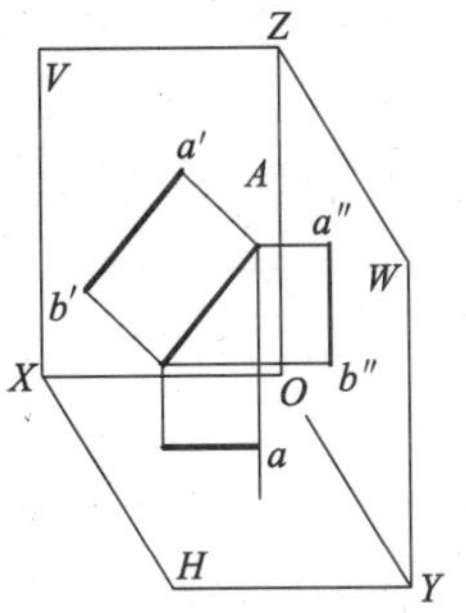	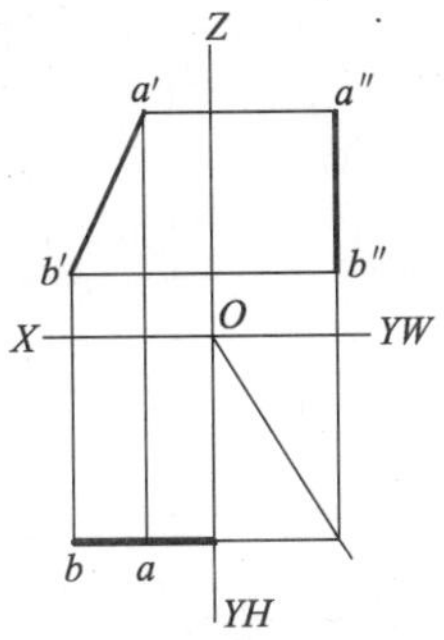	① 在与直线所平行的投影面上的投影反映了直线的实长； ② 在与直线不平行的投影面上的投影为水平线、垂直线或聚于一点

（3）投影面垂直线

投影面垂直线是指垂直于三个投影面中的一个投影面，而与其他两个投影面平行的直线。投影面垂线可分为正垂线、铅垂线和侧垂线三种类型，这三类直线分别垂直于正立投影面、水平投影面和侧立投影面，其投影特性如表1-7所示。

投影面垂直线的投影特性（以正垂线为例） 表 1-7

轴 侧 图	投 影 图	投 影 特 性
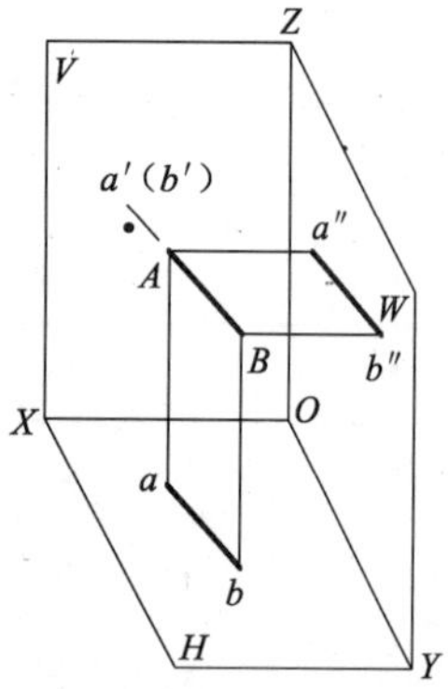	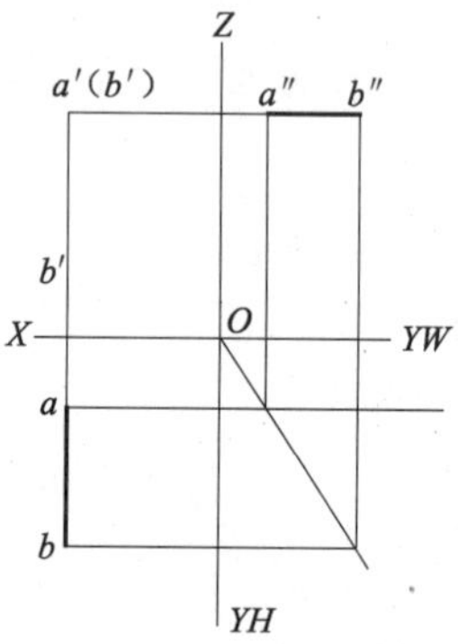	① 在与直线所垂直的投影面上的投影反映为一个点； ② 在与直线所平行的投影面上的投影反映为直线的实长

7. 平面在三面投影体系中的投影

根据所处位置的不同，平面在三面投影体系中可分为一般位置平面、投影面平行平面和投影面垂直平面三种。

（1）一般位置平面

一般位置平面是指在投影体系中与三个投影面均处于倾斜位置的平面，其投影特性如表1-8所示。

一般位置平面的投影特性 表 1-8

轴 侧 图	投 影 图	投 影 特 性
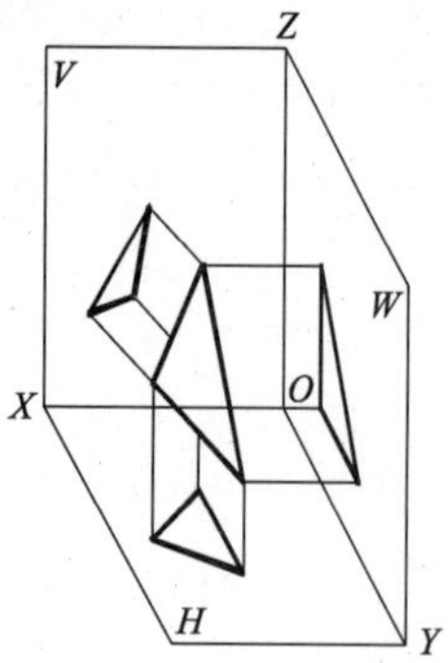	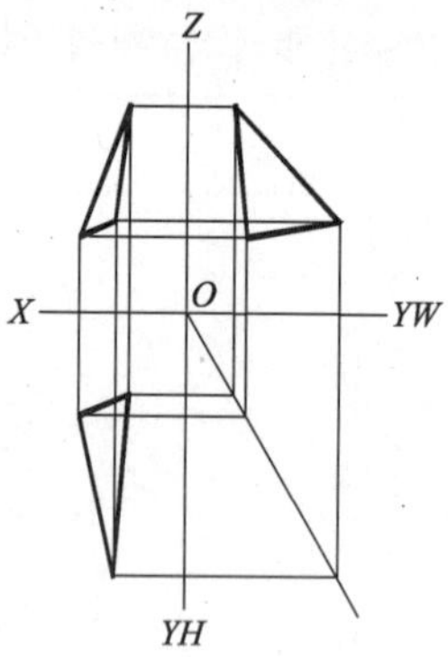	在投影面上三个投影均为平面，但均小于实际图形

（2）投影面平行平面

投影面平行平面是指平行于三个投影面中的一个投影面，而倾斜于其他两个投影面的平面，投影面平行平面可分为正平面、水平面和侧平面三种类型，分别平行于正立投影面、水平投影面和侧立投影面，其投影特性如表1-9所示。

投影面平行平面的投影特性（以正平面为例）　　　　　　　表1-9

轴　　侧　　图	投　　影　　图	投　影　特　性
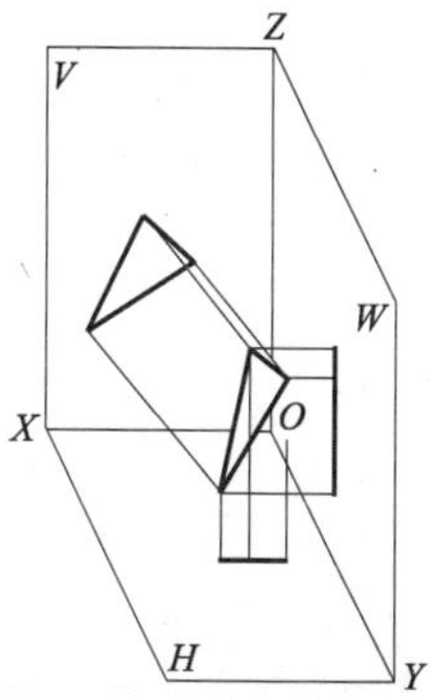	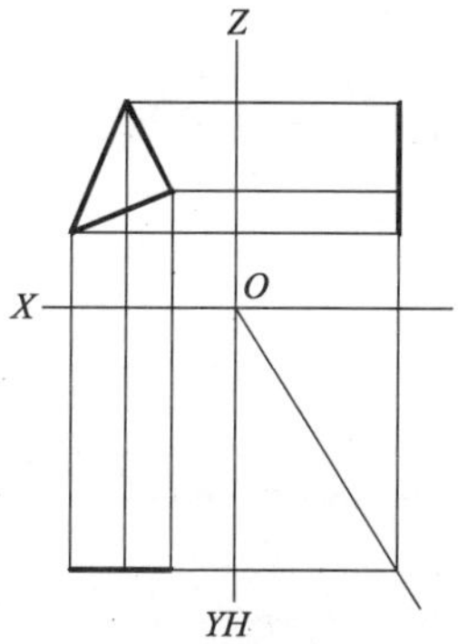	① 在与平面平行的投影面上的投影反映了平面的实际形状； ② 在与平面不平行的投影面上的投影聚集为一条直线

（3）投影面垂直平面

投影面垂直平面是指垂直于三个投影面中的一个投影面，而与其他两个投影面倾斜的平面。投影面垂直平面可分为正垂面。铅垂面和侧垂面三种类型，它们分别垂直于正立投影面、水平投影面和侧立投影面，其投影特性如表1-10所示。

投影面垂直平面的投影特性（以正垂面为例）　　　　　　　表1-10

轴　　侧　　图	投　　影　　图	投　影　特　性
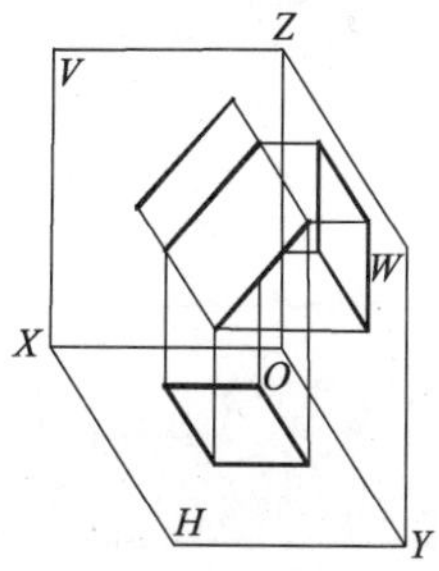	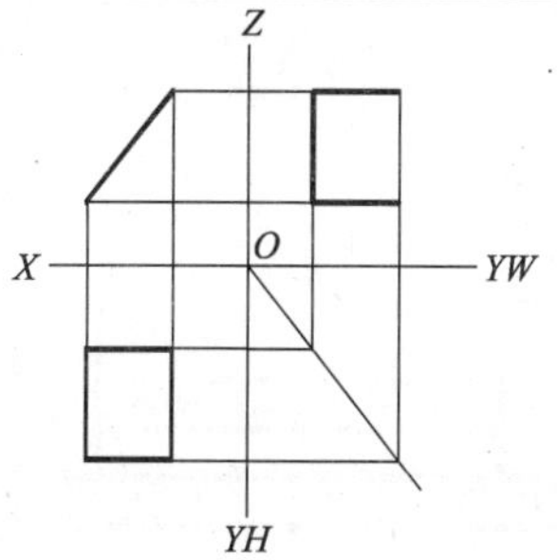	① 在与平面垂直的投影面上的投影聚集为一条直线； ② 在与其不平行的投影面上的投影小于平面的实际形状

三、剖面图知识

当用三视图来表达结构比较复杂的形体或暖通空调系统时，在图中可能会出现大量的虚线或有大量线条重合的情况，这不但会影响视图的清晰性、不利于尺寸标注，而且给识图也带来很大难度。为此，在暖通空调安装工程施工图中用大量的剖面图和剖视图来表达设备和复杂系统的细部特征。

1. 剖面图

用假想的平面在适当的位置将物体剖开，然后把观察者与剖面图之间的部分移开，再按投影的规律将物体的断面在投影面上进行投影，这样所得到的投影图就称为剖面图，如图1-17所示。剖面图多用于表达复杂形体的细部结构，在暖通空调安装工程施工图中经常会出现在设备或部件详图和安装详图中。

在绘制物体的剖面图时，需要在原图上用剖切符号标注出剖切面的位置。如图1-17所示，平面图中有两条短粗线、两个箭头和两个相同的数字"1"组成的符号即为剖切符号。两条短粗线用以表达物体被剖开的位置，其线条方向和剖切方向垂直；箭头所指方向为投影方向，即观测者观测的方向；数字表达了剖切面的名称，其编号一般采用阿拉伯数字（也可用罗马数字、大写汉语拼音字母或文字表示）按顺序由左至右，由下至上连续编排，如 1—1 剖面、Ⅰ—Ⅰ 剖面、A—A 剖面。

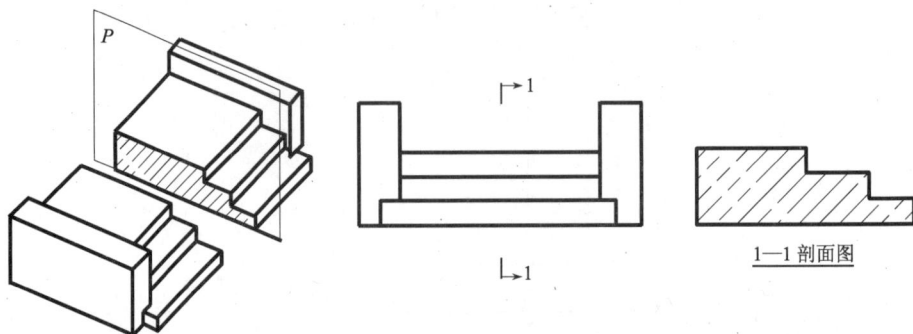

图 1-17 剖面图

2. 剖视图

用假想的平行于投影面的平面，在适当位置将物体或系统剖开，然后把观测者与剖面图之间的部分移开，再按投影的规律将剩下的物体或系统在投影面上进行投影，这样所得到的投影图就称为剖视图。剖视图多用于表达复杂系统的细部结构，也可用于表达形体的细部结构，如图 1-18 所示。

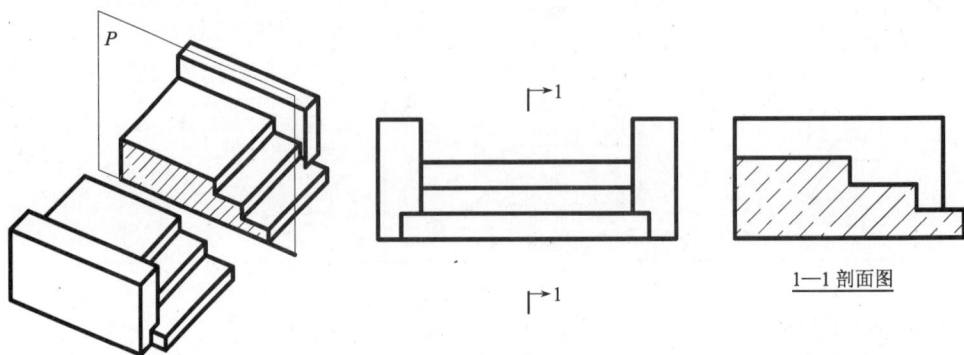

图 1-18 剖视图

在绘制物体的剖视图时，也需在原图上标注出剖切面的位置，其表达方法与剖面图类似。在暖通空调安装工程中，剖视图主要用来反映空间管道、配件以及设备之间的关系。通过使用剖视图，不但可以清晰地表达出各管道、设备之间的相对位置，而且还有利于尺寸对齐标注。在暖通空调安装工程中，剖面图和剖视图有时也被统称为剖视图。

四、轴测图和流程图知识

轴测图能同时表达物体的长、宽、高三个方向上的尺度，富有立体感。因此，在暖通空调安装工程施工图中，轴测图通常作为辅助性的图样，用来形象描述管道系统的空间位置和相对位置。

1. 轴测图的形成和分类

（1）轴测图的形成

轴测图是将物体连同确定该物体的直角坐标系，用平行投影法投影到单一投影面（称之为轴测投影图）上所形成的投影图，如图 1-19 所示。图中，坐标轴 O_1X_1、O_1Y_1、O_1Z_1 的轴侧投影 OX、OY、OZ 称为轴侧轴；两投影轴之间的夹角称为轴间角；轴侧轴上的线段长度与坐标轴上对应线段长度之比，称为轴向变形系数。

（2）轴侧投影的特性

1）直线的轴测投影一般仍为直线。当空间直线与投影直线平行时，其轴侧投影为一点。

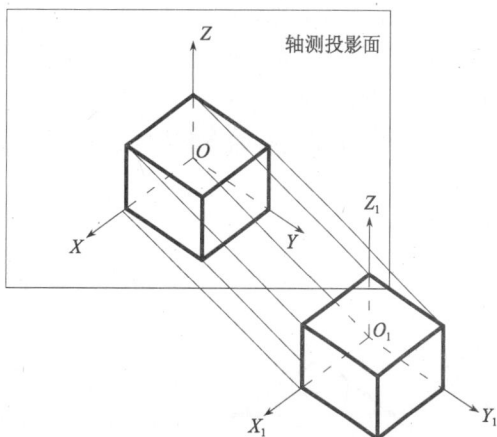

图 1-19 轴测图的形成

2）形体上相互平行的线段，其轴侧投影仍相互平行；若直线平行于坐标轴，则在轴测图中该直线也平行于轴侧轴。

（3）轴测图的分类

根据投影方向是否垂直于投影面，轴测图可分为正轴测图和斜轴测图两类。用正投影法得到的投影图称为正轴测图；按斜投影法得到的投影图称为斜轴测图。

根据各轴向变形系数是否相等，轴测图可分为等轴测图、二测轴测图和三测轴测图三种类型。等测轴测图是指 X、Y、Z 三轴的轴向变形系数中有两个相等的轴测图；三测轴测图是指 X、Y、Z 三轴的轴向变形系数均不相等的轴测图。目前在暖通空调安装工程施工图中通常使用的为正等测轴测图和斜二侧轴测图。

（4）正等测轴测图

当物体的三个坐标轴与轴测投影面的倾角均相同时，用正投影法在轴测投影面上投影所得到的图形称为正等测轴测图。

正等测轴测图有以下特点：

1）三条轴测图之间的轴间角均为 120°，其中 Z 轴一般为垂直线，X 轴和 Y 轴与水平线成 30°的夹角，如图 1-20 所示。

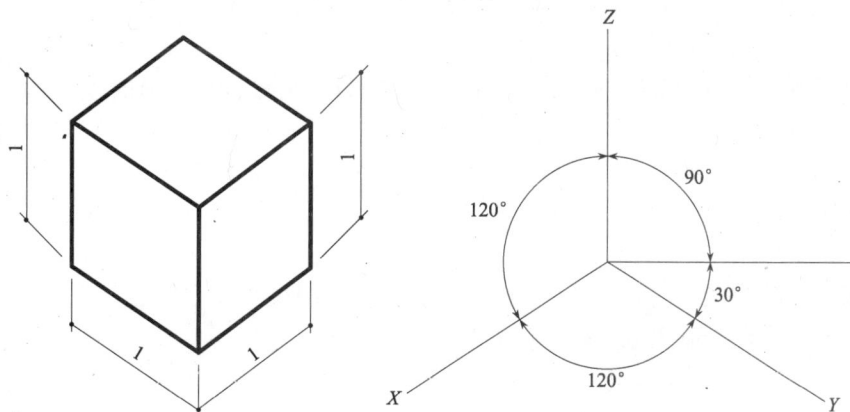

图 1-20 正等测轴测图的夹角

2）在各轴上轴向变形系数均为 0.82，但为了避免计算，在作图时通常将轴向变形系数放大到 1，即在各轴侧轴上的物体的尺寸均为实际物体尺寸。

（5）斜二测轴测图

斜二测轴测图有如下特点：

1）X 轴为水平方向，Z 轴为垂直方向，Y 轴与水平方向成 45°或 135°的夹角，如图 1-21 所示。

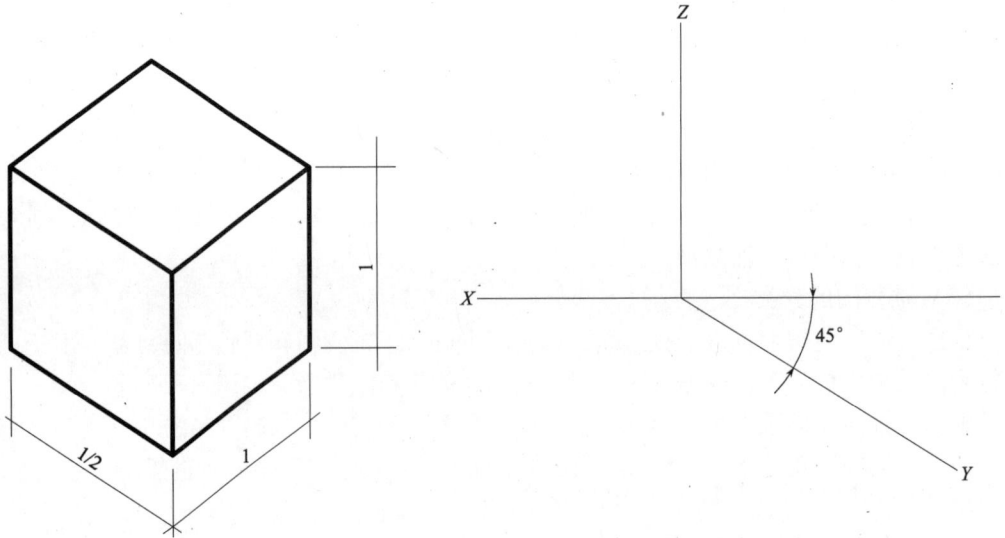

图 1-21　斜二测轴测图的夹角

2）在作图时，X 轴与 Z 轴的轴向变形系数取 1，即物体的实际尺寸。Y 轴的轴向变形系数为 0.5，即为物体的实际尺寸的一半。

2. 管道系统的轴测图

在暖通空调安装工程施工图中，轴测图通常用来形象地表达管道系统，包括冷冻水系统、冷却水系统和制冷剂系统等。风管系统一般很少使用轴测图来表达。

绘制管道系统的轴测图时应注意以下几点：

1）通常情况下用单线条来表达管道，有时在绘制风管轴测图时使用双线条表达管道。

2）当两条管线交叉时，将远离观察者的管线在交叉点处断开。

3）根据所选轴侧图类型的不同，注意管线长度的缩放。例如使用斜二测轴测图时，Y 轴上的长度应减半。

4）管线上所有配件（如弯头、阀门等）也应绘制成轴测图的形状。

图 1-22 所示为一简单的冷冻水系统的轴测图。

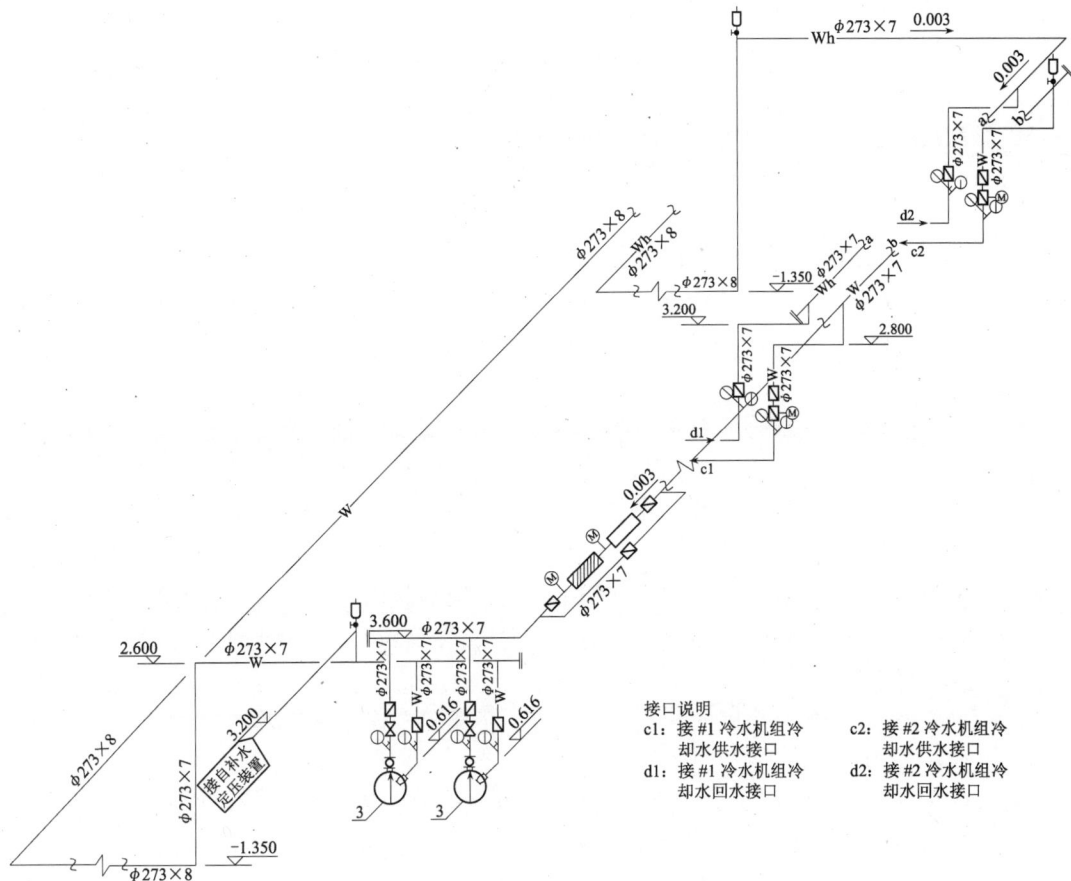

图 1-22 某冷冻水系统轴测图（节略）

第二节 建筑施工图

建筑施工图就是在建筑工程中所使用的一种用于表达建筑物外形轮廓、尺寸大小、结构构造和材料做法的样图。通过识读建筑施工图，不但可以了解到各房间的用途、尺寸以及结构形状，而且有助于深入理解暖通空调施工图的内容。因此，在学习暖通空调施工图的识读之前就首先应该读懂建筑施工图。

一、建筑施工图的基本知识

1. 建筑物的分类

建筑物按照其使用性质，一般可分为生产性建筑和非生产性建筑两大类。生产性建筑是指用于生产目的的建筑物，一般可分为工业建筑和农业建筑两类，主要包括各类工业厂房和农业用房。非生产性建筑是指不用于生产目的的建筑物。按照其使用性质，一般可分为居住建筑、公用建筑和特殊建筑三种类型。

（1）居住建筑

居住建筑是指供人们生活起居使用的建筑物，包括住宅、宿舍、别墅等。

（2）公用建筑

公用建筑是指供人们进行各种社会活动的建筑物。根据其使用功能，可分为以下一些类型。

1）商业建筑：商场、市场、金融建筑、旅馆、餐厅等。

2）行政办公建筑：行政机关、各党派团体、人大、政协、法院、检察院等部门的办公楼。

3）商务办公建筑：各种写字楼等。

4）文化娱乐建筑：新闻传媒建筑、文化馆、艺术馆、公共图书馆、博物馆、科技馆、纪念馆、电影院、剧场、游乐场、舞厅、俱乐部、文化宫、青少年宫、老年活动中心等。

5）体育运动建筑：综合体育馆、游泳场馆、各类球馆、溜冰场馆、赛马场馆、跳伞场馆、射击场馆、水上运动场馆以及田径场馆等，但不包括学校单位内的体育用房。

6）医疗卫生建筑：指各类医院和卫生防疫用建筑，包括综合医院、专科医院、太平间、卫生防疫站、防治所、检验中心、急救中心、休养所、疗养院等。

7）教学科研建筑：各类大学、中学和小学的校园建筑以及各类科研院所的建筑。

8）市政设施建筑：供应设备建筑（水、电、燃气等）、交通设施建筑、邮政电信建筑、环境卫生建筑等。

9）仓储建筑：指各类仓库，包括普通仓库、危险品仓库、冷库等。

（3）特殊建筑

特殊建筑是指拥有特殊使用功能的建筑物，主要包括以下几类。

1）军用建筑：指用于军事目的的建筑物，包括军事指挥机关用房、营房、训练用房、实验用房、军用机场、军用港口、军用码头、军用仓库等。

2）军事建筑：指用于军事目的的建筑物，包括外国领事馆及其配套建筑。

3）保安建筑：拘留所、看守所、劳改所、劳改学校及其配套建筑。

2. 建筑施工图中的常用符号

（1）定位轴线

在施工图中通常将房屋的基础、墙、柱、墩和屋架等承重结构的轴线画出，并进行编号，以便于施工时定位放线和查阅图纸，这些轴线称为定位轴线。

国家标准规定，定位轴线用细点划线绘制，轴线编号的圆圈用细实线绘制，其直径为 8mm，在圆圈内写上编号，如图 1-23 所示。

平面图上水平方向的编号用阿拉伯数字从左向右依次编号；垂直方向的编号用大写拉丁字母自下而上顺次编写。I、O 及 Z 三字母不得作轴线编号，以免与数字 1、0 及 2 混淆。

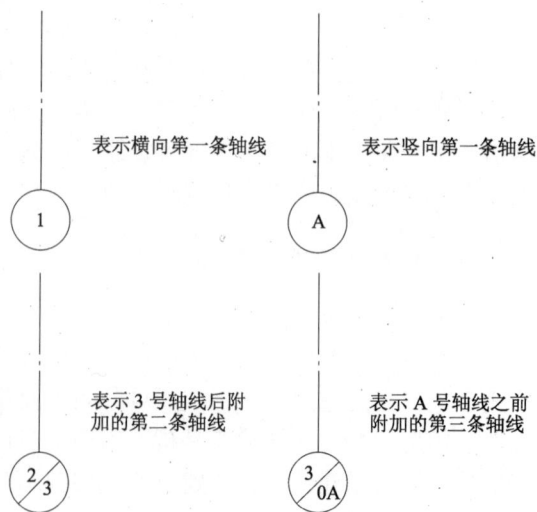

图 1-23 定位轴线

对于一些与主要承重构件相联系的次要构件，它的定位轴线一般作为附加轴线，编号用分数表示，如"1/A"。分母表示前一轴线的编号，如"A"；分子表示附加轴线的编号，用阿拉伯数字顺序编写。

（2）标高符号

标高符号通常用在总平面图、平面图、立面图、剖面图上来表示某一部位的高度，如图 1-24 所示。标高符号通常以细实线绘制，标高数值以"m"为单位，一般标至小数点后三位（总平面图中为两位数）。标高数字表示该部位于制定基准面的高度差，基准面的标高为 0。如标高数字前有"—"号，则表示该部位低于基准面；如数字前没有符号，则表示该部位高于基准面。

图 1-24　标高符号

（3）索引符号

在建筑平面图、剖面图和立面图中，通常反映的是建筑的全貌，比例通常都比较小。有时了为反映房屋详细的局部构造和施工要求，就需要使用建筑详图。索引符号就是为了方便在施工时查阅详图而表达基本图与详图之间关系的一种符号。

索引符号用单圆圈表达，其直径通常为 8～10mm。圆圈内过圆心处画出一条引出线，该引出线指在需索引的位置上。圆圈上半圆中的阿拉伯数字表示该详图的编号，圆圈下半圆中的阿拉伯数字表明该详图所在图纸的编号，如图 1-25 所示。其中，图 1-25（a）表示此处为 4 号详图，详图在本张图纸中；图 1-25（b）表示此处为 5 号详图，详图在第 6 张图纸内；图 1-25（c）表示此处为 6 号详图，详图位于 7 号图纸中，另外详图采用了标准详图，该标准详图所在的标准图册的编号为 J103。

当索引符号用于索引剖面详图时，应在被剖切的部位用粗实线绘制剖切位置线，引出线所在一侧应为剖视方向，如图 1-25（d）、图 1-25（e）所示。

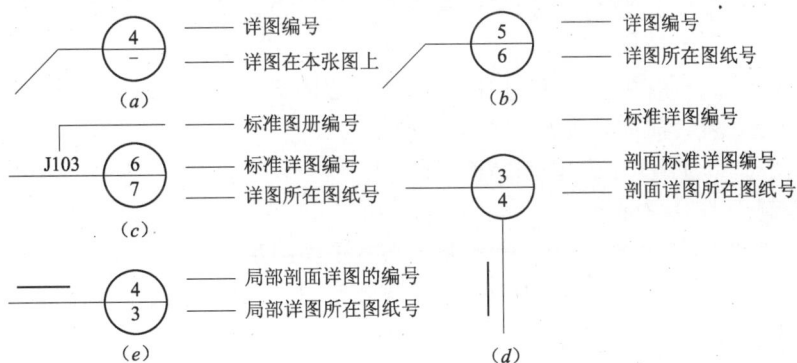

图 1-25　索引符号

（4）指北针

指北针通常出现在底层建筑平面图上，其样式如图 1-26 所示。指北针的主要用途是指出建筑物的方位，箭头所指的方向为正北方向。

（5）风向频率玫瑰图

风向频率玫瑰图（简称风玫瑰图）通常出现在建筑总平面图上，其样式如图 1-27 所示。风玫瑰图的主要用途是表达该建筑物所处地理位置风向的频率以及房屋的朝向。风玫瑰图是根据统计的当地多年各个方向平均吹风次数的百分比、按一定比例绘制的，风的吹向是从外吹向中心。实线表示全年风向频率，虚线表示按 6、7、8 三个月统计的夏季风向频率。

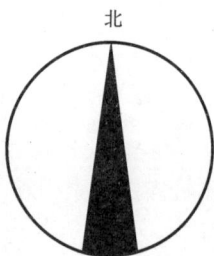

图 1-26　指北针

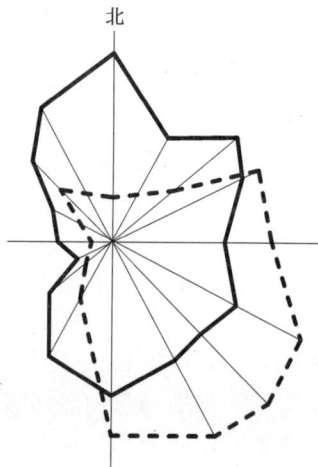

图 1-27　风向频率玫瑰图

3. 施工图的主要内容

一套完整的施工图一般包括以下内容。

（1）图纸目录

列出了各专业图纸名称、张数以及图号顺序。

（2）设计总说明（即首页）

包括施工图的设计依据、本项目的设计规模和建筑面积、本项目的相对标高与绝对标高的对应关系、室内室外的用料说明、门窗表。

（3）建筑结构图（简称建施）

包括总平面图、平面图、立面图、剖面图和构造详图。

（4）结构施工图（简称结施）

包括结构平面布置图和各构件的结构详图。

（5）设备施工图（简称设施）

包括给水排水、暖通空调、电气等设备的布置平面图和详图。

本章主要介绍与暖通空调施工图相关的建筑施工图中总平面图、平面图、立面图以及剖面图的识读方法。

二、建筑总平面图解读

建筑总平面图是新建建筑物、构筑物和其他设施，在有关的一定范围基地上的总体布置的水平正投影图。它表达了新建房屋的平面轮廓形状以及与原有建筑物的相对位置、周围环境、地貌地形、道路和绿化等布置等情况，是施工定位、土方施工以及设计水、电、供暖、空调等总平面图的依据。

1. 建筑总平面图包含的内容

建筑总平面图中一般包含以下内容：

1）图名和比例。

2）带指北针的风向频率玫瑰图。

3）建设地段的地形图及其有城市规划管理部门用"红线"限定的建设用地范围。

4）使用图例表达的基地范围内的总体布置，包括新建建筑、已有建筑和道路的布置。

5）新建筑物、构筑物规划设计布置的定位。一般有两种定位方式：一种是根据城市坐标系统，在房屋的转角处标注坐标数；另一种是根据该地原有的永久性建筑物或道路，用坐标定位尺寸的方式定位。

6）拟拆除的旧建筑的范围边界。

7）新建建筑物的室内底层地面标高、层数以及室外整平地面的绝对标高。

8）当地形复杂时，有时还绘制地形等高图。

9）与新建建筑物相邻的建筑物名称、性质以及层数等。

10）绿化、挡土墙等设施的规划设计。

11）其他内容，包括补充的图例和一些必要的说明等。

2. 建筑总平面图中的图例和线型的使用

（1）图例

《总图制图标准》（GB/T 50103—2001）详细规定了建筑总平面图中所使用的标准图例符号，表1-11列出了其中的一部分。在绘制建筑总平面图时，应优先使用标准中规定的图例。当标准图例不能满足要求时，也可自行绘制图例，但必须在总平面图上专门绘制该自定图例，并标注其名称。

总平面图图例　　　　　　　　　　　　　　　　　　表1-11

名　称	图　例	说　　明
新建建筑物	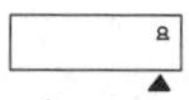	① 需要时，可用"▲"表示出入口，可在图形的右上角用点数或数字表示底层数； ② 建筑物外形用粗实线表示。需要时地面以上建筑用中粗线表示，地面以下建筑用细实线表示
原有建筑物	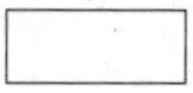	用细实线表示
计划扩建的预留地或建筑物		用中粗虚线表示
拆除的建筑物	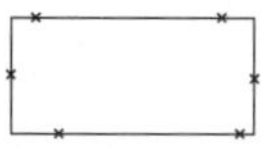	用细实线表示
孔洞	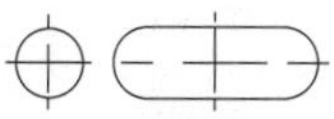	左图为水塔或立式贮罐，右图为卧式贮罐
雨水口		
消火栓井		

续表

名　　称	图　　例	说　　明
新建道路	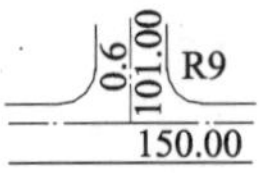 0.6 / 101.00 / R9 / 150.00	"R9"表示道路转弯半径为9m，"150.00"为路面中心控制点标高，"0.6"表示0.6%的纵向坡度，"101.00"表示变坡点间距
计划扩建道路		——
原有道路		——
拆除道路		——
常绿针叶林		——
落叶阔叶乔木		——
常绿阔叶灌木		——
草坪	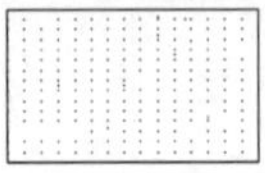	——

（2）线型的使用

在建筑总平面图中，线型的使用有其不同的侧重点。线型的选用规定见表1-12。

总图常用线型　　　　　　　　　　　　　　　　　　　　　　**表1-12**

名　　称		线　型	线　宽	用　　途
实线	粗	——	b	① 新建建筑物的可见轮廓线； ② 新建的铁路、管线
	中	——	$0.5b$	① 新建构筑物、道路、桥涵、边坡、围墙等的可见轮廓线； ② 场地、区域分界线、用地红毯、建筑红线、尺寸起止符号
	细	——	$0.25b$	① 人行道、排水沟、树丛、草地、花坛等的可见轮廓线； ② 坐标网线、图例线、尺寸线，尺寸界线，引出线、索引符号； ③ 原有建筑物、构筑物、道路等的可见轮廓线
虚线	粗	----------	b	新建建筑物、构筑物的不可见轮廓线
	中	----------	$0.5b$	计划扩建建筑物、构筑物、预留地、道路等的轮廓线
	细	----------	$0.25b$	原有建筑物、构筑物、道路、围墙的不可见轮廓线线
折断线		—/\—	$0.5b$	断开界限
波浪线		～～	$0.5b$	断开界限

3. 建筑总平面图的识读步骤

建筑总平面图的识读有其基本的规律和步骤。

1）阅读文字说明、图例和比例，了解工程性质。

2）了解场地的地形地貌、用地范围、新旧建筑物的布置、拆除建筑物的位置，新旧道路布置情况以及四周环境。

3）了解新建建筑物的定位情况。

4）了解新建建筑物的室内外标高以及附近道路的标高。

5）了解新旧建筑物的性质、层高和朝向。

6）了解该处常年和夏季风向等其他内容。

通过以上步骤进行阅读，就可以基本了解建筑总平面图的内容。

4. 建筑总平面图识读示例

图 1-28 所示为某厂区的建筑总平面图，该图的识读步骤为：

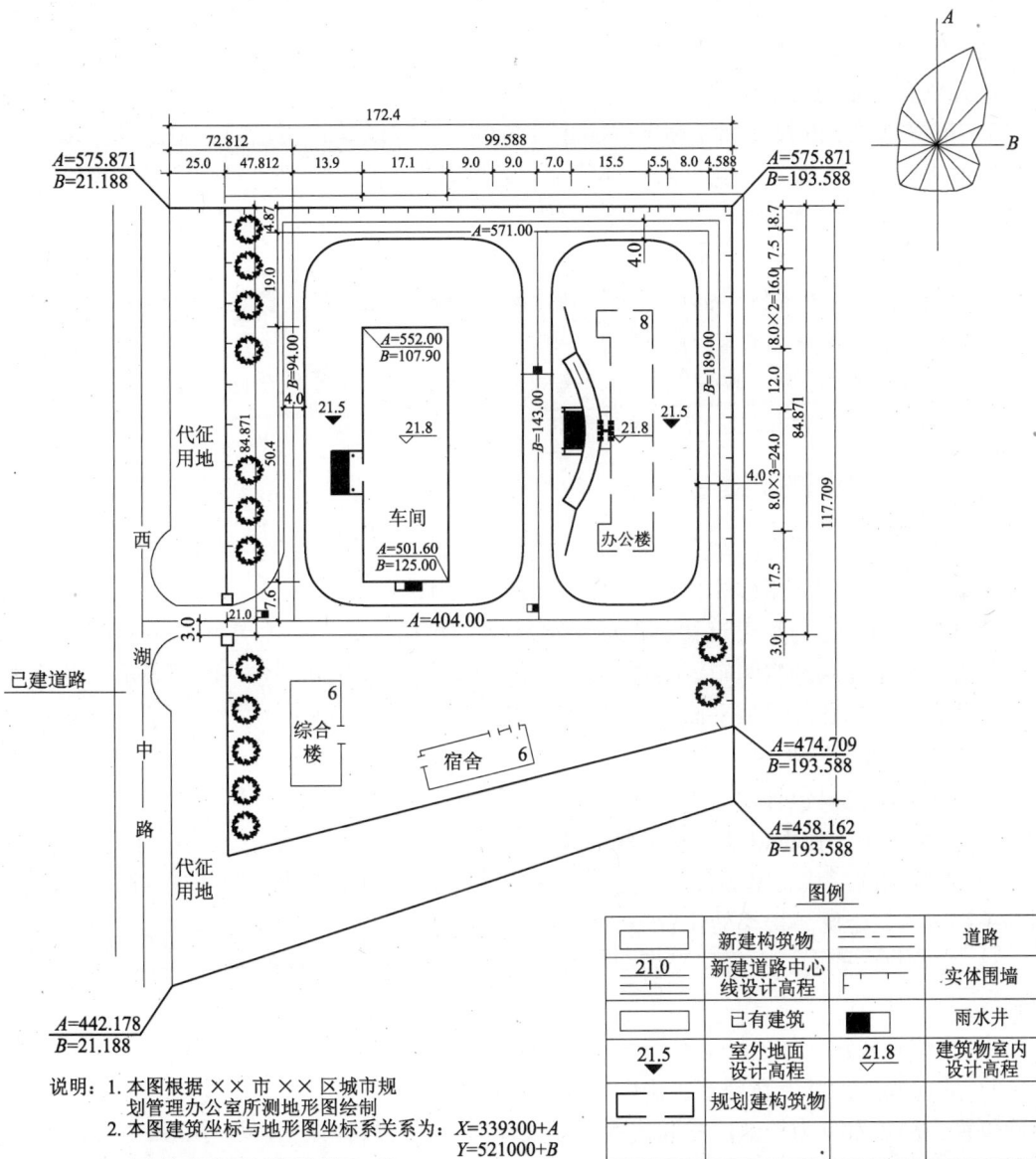

说明：1. 本图根据××市××区城市规
　　　　划管理办公室所测地形图绘制
　　　2. 本图建筑坐标与地形图坐标系关系为：$X=339300+A$
　　　　　　　　　　　　　　　　　　　　　　$Y=521000+B$
　　　3. 本图高程系与地形图高程系一致
　　　4. 本图尺寸单位为米

总平面图 1:1000

图 1-28　某厂区施工总平面图

1）通过阅读图名和比例，可知本图为某厂区改造的总平面图，本图是以 1∶1000 的比例绘制的。

2）通过阅读总图中的说明，可以知道该工程中建筑物的建筑坐标与地形图坐标的关系为 $X = 3393000 + A$，$Y = 521000 + B$，图中所标高程为测绘实际高程。

3）通过阅读图例可以了解到在此总图中所用到的图例的含义。

4）在阅读完说明和图例后，开始识读图样，可以知道这是一个工厂和生活区在一起的工程，车间是新建的建筑物，办公楼是预留的建筑物，综合楼和宿舍楼是原有的建筑物。整个厂区和生活区由围墙与外界隔开，厂区和生活区由道路隔开。在新建车间和预留办公楼的四周均新建道路。在西侧围墙内侧和生活区东侧围墙内侧种有常绿针叶树。在西侧围墙外侧有一条南北走向的公路。

5）根据总图上的尺寸标注和定位标注可知整个工程以及新建车间、预建办公楼、新建道路的用地面积、长度、宽度和外部特征。通过看室内标高和室外地坪标高，可以知道该建筑物的室外地坪绝对标高为 2.15m，建筑物室内地坪标高为绝对标高（21.8m），比室外高出 0.30m。

6）根据建筑物上的楼层标记，可知新建车间为两层建筑物，待建办公楼为八层建筑物，已建的综合楼和宿舍楼均为六层建筑物。

7）通过阅读风向频率玫瑰图可知，车间、办公楼、综合楼是东西朝向，宿舍是西北和东南朝向；该地区常年的主导风向是东北风向。

三、建筑平面图的识读

将建筑物用一个假想的水平面沿窗口（比窗台稍高一点）的地方切开，对剖切面以下部分作出的水平剖面图称为建筑平面图，简称平面图。

建筑平面图表达的是建筑物每层的平面结构。通常建筑物有几层就有几个建筑平面图，但有时其中几层的房间布置条件完全相同，这时也可以用同一张平面图表示。另外对于屋顶还有一张单独的屋顶平面图。

1. 建筑平面图包含的内容

建筑平面图主要包含以下一些内容。

1）图纸名称、比例以及一些必要的文字说明。

2）建筑物的形状、内部布置：主要包括建筑物的平面形状，各房间的名称、布置及相互关系，入口走廊、楼梯的位置等。

3）建筑物的朝向。在底层平面图上通常有指北针表明建筑物的朝向，或在总平面图中查找。

4）定位轴线。

5）建筑物的尺寸。在建筑平面图中，用定位轴线和尺寸线表示各部分的长宽尺寸和准确位置，通常可分为外部尺寸和内部尺寸。外部尺寸一般标注三道尺寸：最外侧的尺寸为建筑物的总尺寸；第二层尺寸为轴线尺寸，即房间的开间（深度）尺寸；最内侧的尺寸为门窗洞宽、窗间墙、墙垛以及墙厚等详细尺寸。内部尺寸标明墙面、孔洞以及固定设备（如厕所、洗漱室内的设备等）的大小与位置。另外，在底层平面图上标注有室外台阶、散水等尺寸。

6）建筑物的标高。在各层的平面图上标注有各层的地面标高，首层室内地面标高一般定为±0.00，并标注有室外地坪标高。

7）门窗的编号及门的开启方向。

8）剖面图的剖切位置和方向以及索引符号。

9）构配件等的详细索引符号。

2. 建筑平面图的常用比例

建筑施工图中常用的部分图例见表1-13，详细的图例可参考《建筑制图标准》（GB/501014—2001）。

建筑平面图常用图例

表 1-13

名　称	图　例	说　明
墙体	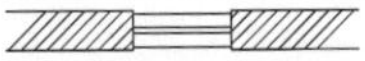	可以加注文字或填充图例表示墙体材料
栏杆	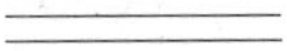	——
楼梯	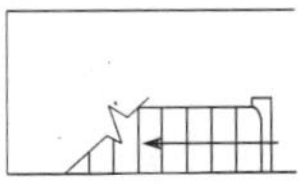 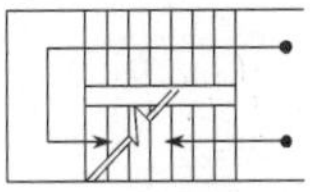 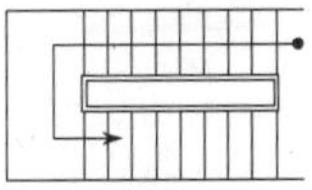	① 上图为底层楼梯平面图，中图为中间层楼梯平面图，下图为顶层楼图平面图； ② 楼梯及栏杆扶手的形式和梯段踏步数应按实际情况绘制
检查孔	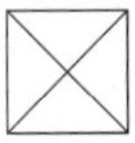 	上图表示可直接看到的检查孔，下图表示不可直接看到的检查孔
孔洞	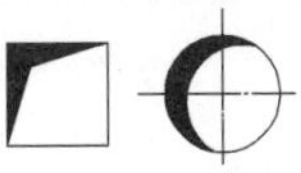	阴影部分可以涂色代替
坑槽	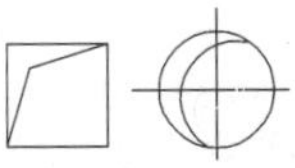	——
墙上预留洞	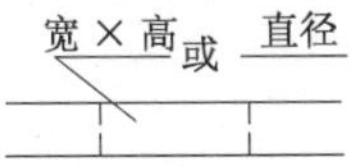 宽×高或 直径	——
单扇门	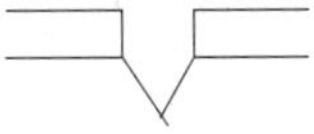	平面图
	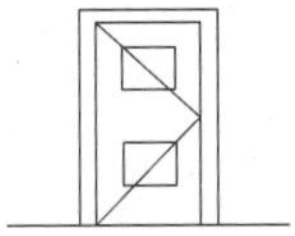	剖面图
	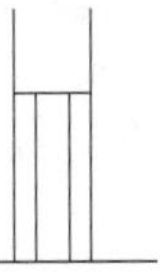	立面图

续表

名　称	图　例	说　明
双扇门		平面图
		剖面图
		立面图
单层固定窗		平面图
		剖面图
		立面图
单层外开平开窗		平面图
		剖面图
		立面图
厕所间		卫生用具及门的开关方向应按设计的实际情况绘制

3. 建筑平面图的识读步骤

建筑平面图一般采用以下顺序和步骤进行识读：

1）识读图纸的标题栏，了解图名、设计人员、比例、图号、设计日期等内容。

2）若有文字说明，则阅读文字说明。

3）通过底层指北针或总平面图中带指北针的风向频率玫瑰图了解房屋的朝向。

4）了解定位轴线情况。

5）从图中墙的位置及分割情况和房间的名称，可以了解到建筑内部各房间的配置、用途及其相互间的联系情况。

6）根据定位轴线和尺寸标注了解各承重部件的位置、房间的尺寸、门窗的位置和尺寸、窗间墙的尺寸和外墙厚度等。

7）了解门窗的类型、数量、位置及开启方向。

8）了解室外台阶、花池、散水和雨水管的大小与位置。

9）了解剖切线的位置和方向以及索引符号，以便结合剖面图进行识图。

10）根据索引符号了解局部构件的详图位置并查找详图。

4. 建筑平面图识读示例

图 1-29 ~ 图 1-32 为某三层办公楼的建筑平面图和屋顶平面图。由于本书篇幅有限，略去了标题栏的图框。

（1）一层平面图

1）本图的图名为一层平面图，比例为 1：100。

2）一层平面图图中未画出指北针，房屋的朝向只有通过查阅总平面图得到。

3）从图中可以看到办公室在 X 轴方向有 12 条定位轴线 (1) ~ (12)；办公楼在 Y 轴方向上有 3 条定位轴线 (A) ~ (C)

4）根据建筑物内墙的布置情况，可以看到建筑物的下方为走廊，上方分割为 9 个房间，从左至右依次为楼梯间、3 个办公室、楼梯间、仪表间、卫生间、实验室、楼梯间。

5）建筑物有 3 个入口，其中在走廊的左侧和右侧分别有两个小的入口，在走廊的中间有一条主入口。

6）除了⑥、(B) 和⑦、(B) 的交点处，其他 X 轴方向的定位轴线和 Y 轴方向的定位轴线的交点均有柱。

7）由图中建筑物外侧的三层尺寸中的最外层尺寸可知，建筑物长度为 49.2m，宽度为 9m，由中间一层的尺寸可知道各定位轴线之间的距离；从最内侧的尺寸可知建筑物外侧门窗的位置。

8）由建筑物内部标注的尺寸可知楼梯、建筑物门、卫生间器具的大小和位置以及内墙厚度。如最左端楼梯的宽度为 1.3m，楼梯分为 13 步，共 3.9m 长，楼梯下沿距出口 0.9m。

9）从图中门窗旁标注的符号可知：建筑物上侧窗的编号均为 C—1；建筑物下侧窗的编号均为 C—2；建筑物内部办公室、仪表间和实验室各开有一门，编号均为 M—3，开门方向为向内开启；卫生间设有两个门，编号为 M—4，开门方向为向内开启；走廊左右两侧各有一个门，编号为 M—2，开门方向为向外开启；走廊正中有 3 个门，编号均为 M—1，开启方向为向外开启。根据门窗编号查阅施工图中的门窗表可知各门窗为何种类型。

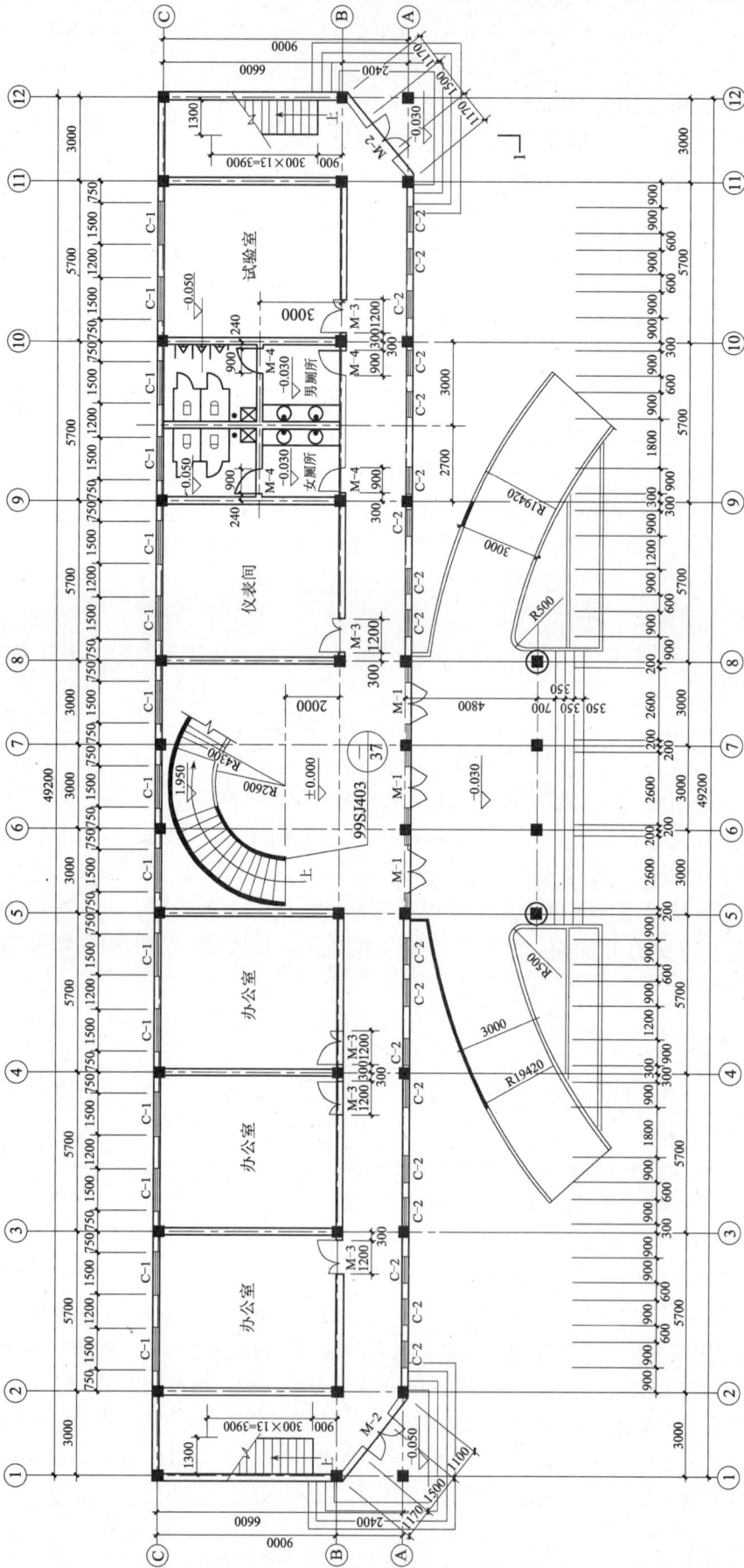

生产办公楼一层平面图 1:100

图 1-29 某办公楼一层建筑平面图

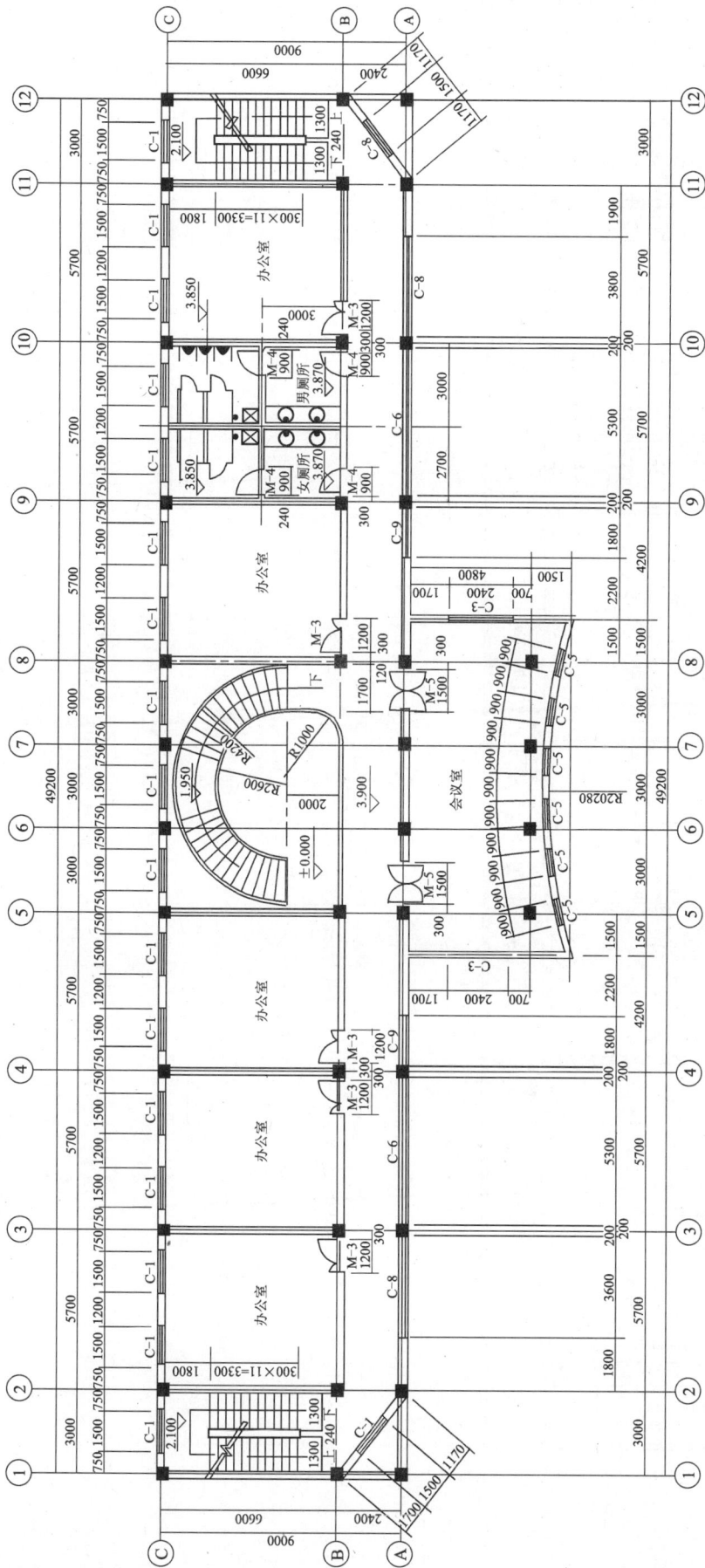

生产办公楼二层平面图 1:100

图 1-30　某办公楼二层建筑平面图

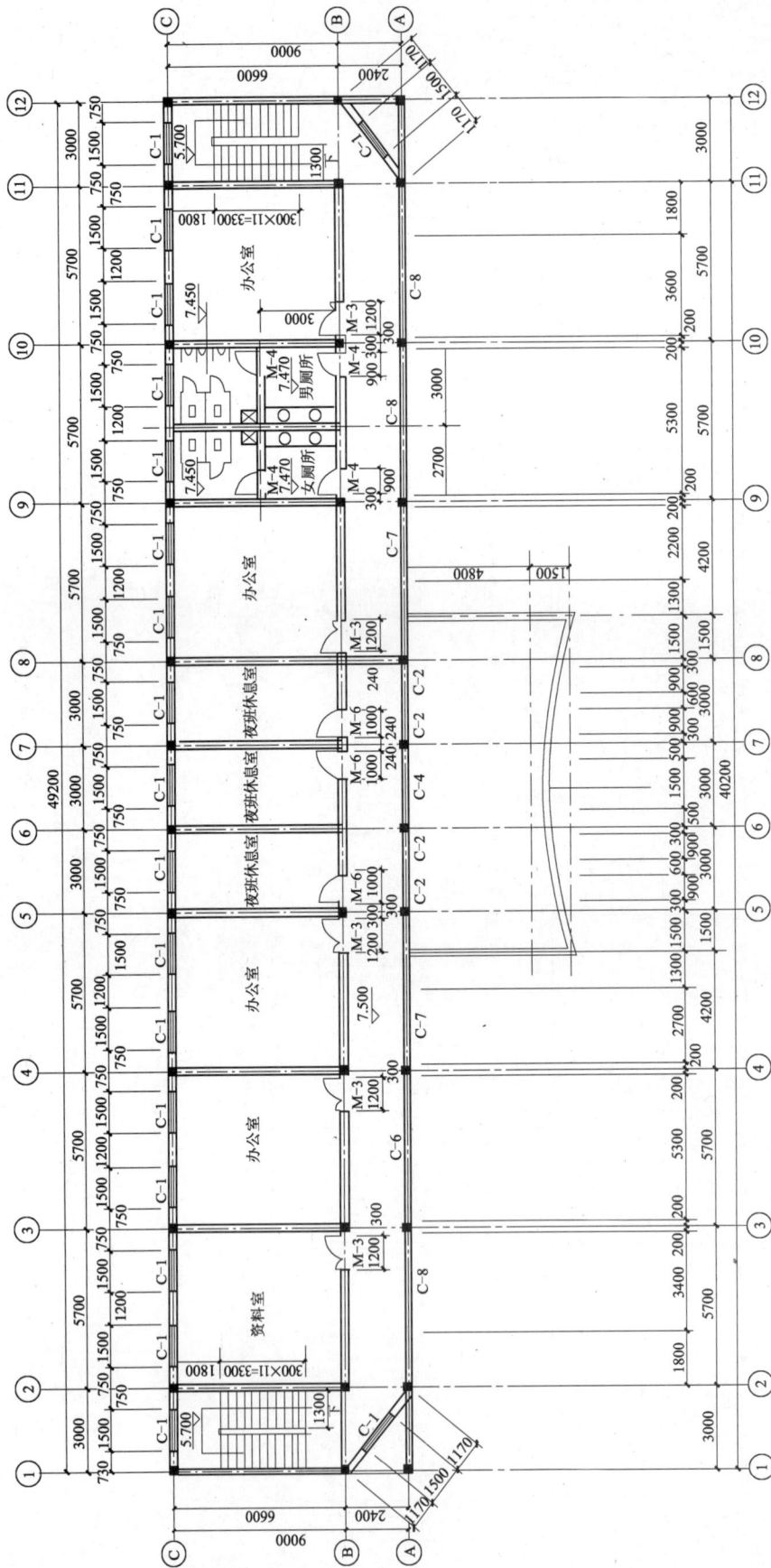

生产办公楼三层平面图 1:100

图 1-31 某办公楼三层建筑平面图

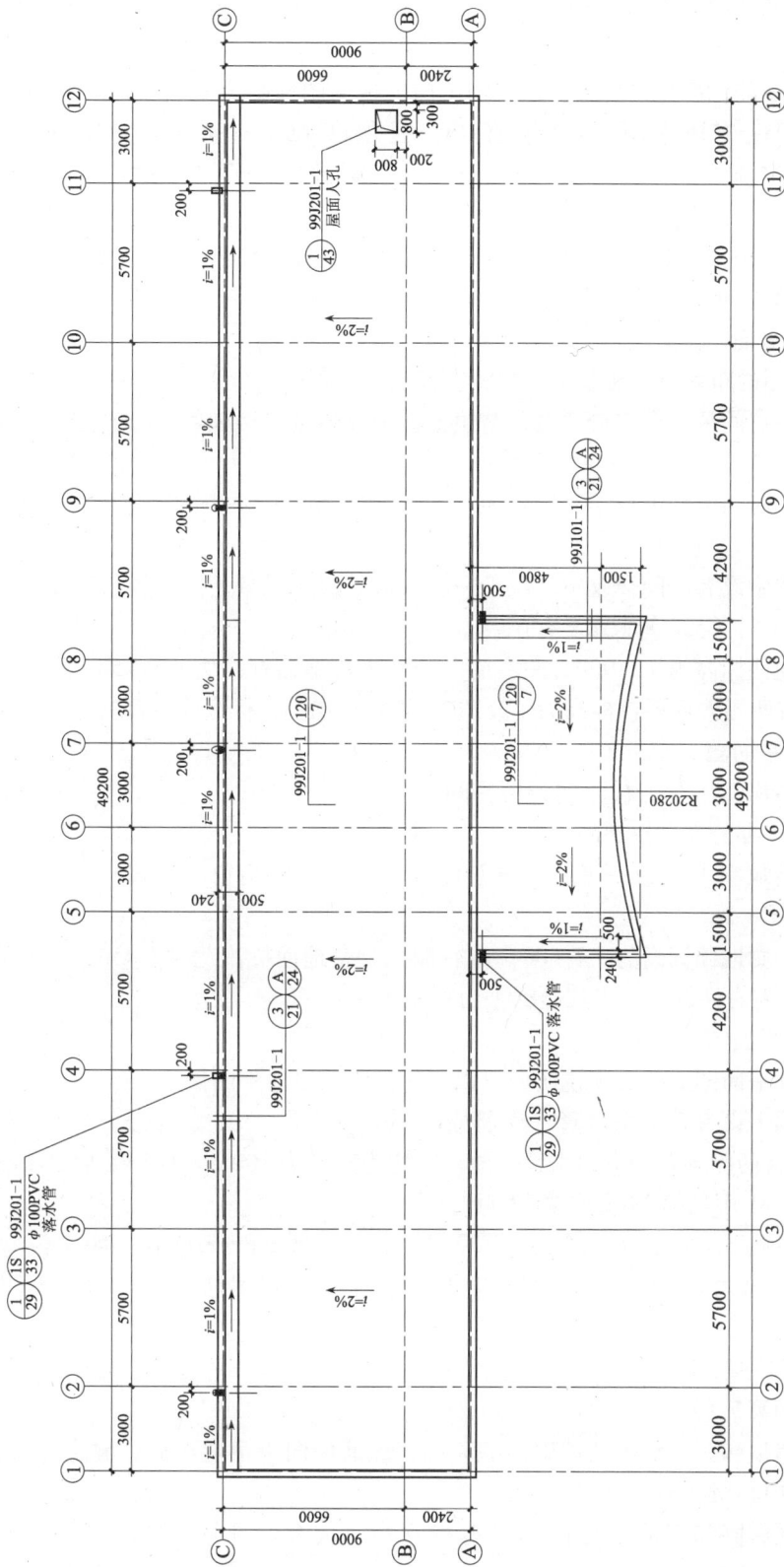

图 1-32 某办公楼屋顶建筑平面图

注: 1. 女儿墙压顶四周四周每隔 1000mm 预埋 φ20mm 圆钢, 高 150mm。
2. 接地引下线埋铁从屋顶四角处至地面 1m 每隔 1000mm 预埋 D1010 一块。

10）走廊两侧偏门外均设有台阶可供上下，正门外设有车道和台阶供车辆和行人入内。

11）从图中的标高可以看出：建筑物正门内地面的标高为 ±0.000；实验室、卫生间的标高为 −0.05；其他各房间的标高未标出，视为 ±0.000；正门外标高为 −0.03。

12）在定位轴线（11）和（12）之间有一条剖切线，说明有一张 1—1 剖面图与此处对应。

13）建筑物正中的旋转楼梯上有一个索引符号，说明旋转楼梯的做法见标准图集 99SJ403 中的第 37 页。

（2）二层平面图

二层平面图的布置与一层基本相似，在此只提及不同之处。

1）二层各房间从左至右分别为楼梯间、3 个办公室、楼梯间、办公室、卫生间、办公室、楼梯间。

2）走廊左右两侧为窗户，其编号为 C—1；建筑物走廊下侧的窗户分为 3 种，编号分别为 C—8、C—6、C—9。

3）走廊正中设有一间会议室，位于一层入口外遮雨平台上方。会议室设有双开门两扇，编号为 M—5；会议室下方设有 6 扇门，编号为 C—5。

4）二层地面标高为 +3.900，左右侧办公室内部地面标高为 +3.850，卫生间标高为 +3.850，左右两侧楼梯平台标高为 +2.100，旋转楼梯平台标高为 +1.950。

（3）三层平面图

1）三层各房间从左至右分别为楼梯间、资料室、2 个办公室、3 个夜班休息室、办公室、卫生间、办公室、楼梯间。

2）二层会议室上方为一平台，原开门处在三层为五扇窗，其编号为 C—2、C—2、C—4、C—2、C—2。

3）三层走廊地面标高为 +7.500，最右侧办公室地面标高为 +7.450，卫生间地面标高为 +7.450，左右两侧二、三层楼梯平台标高为 +5.700。

（4）屋顶平面图

1）从屋顶平面图上的文字说明中可以了解到屋顶预埋件的做法。

2）在屋顶上设有 5 个雨水管，分别位于②、④、⑦、⑨、⑪轴线和（C）轴线交点旁边。三层平台两侧各有一个雨水管。雨水管均为直径为 100mm 的 PVC 管，其做法见标准图集 99J201—1 中的第 29 页和第 33 页。

3）屋顶右侧下方设置了一个屋面人孔，尺寸为 800mm×800mm，距定位轴线（B）200mm，距定位轴线⑫300mm，其索引符号说明屋面人孔的做法见标准图集 99J201—1 中的第 43 页。

4）屋面和三层平台上各有一索引符号，说明屋面和平台表面做法见标准图集 99J201—1 中的第 7 页。

5）图中屋顶和三层平台的坡度标识说明：屋面坡向为由前至后，坡度为 2%；三层平台坡向为由中心至两侧，坡度为 2%。

6）在屋顶后侧和三层平面两侧设有排水沟，从索引符号可知其做法见标准图集 99J201—1 中的第 21 页和 24 页。

7）排水沟中的坡向符号表明排水沟有一定的坡向并以定位轴线为分界线，分别坡向雨水口，坡度为 1%。三层平台的排水沟的坡向为由前至后，坡向雨水口，坡度为 1%。

8）从图中的尺寸标注可以识读各构件的定位尺寸和定性尺寸。

四、建筑立面图的识读

建筑立面图（简称立面图）是在与建筑物立面平行的投影面上得到的建筑物的投影图。建筑立面图主要反映建筑的外部特征和局部构件的图形（如门窗、阳台、檐口、花纹等）。在建筑立面图中不画出内部不可见的虚线。

1. 建筑立面图包含的内容

1）图名、比例及必要的文字说明。建筑立面图的图名有 3 种表达形式：一是把建筑主要出入口或反映主要造型的立面图称为正立面图，相应地有侧立面图和背立面图；二是按建筑物的朝向命名，如南向立面图、北向立面图等；三是当建筑物有定位轴线及编号时，按立面图两端轴线号命名，如①—⑩立面图、"A—E"立面图等。

2）建筑物室外地坪线以上的全貌，包括室外的勒脚、台阶、阳台、门、窗、雨篷、花台、外墙装饰物、檐口和屋顶等。

3）建筑物两端或分段的定位轴线及编号。

4）标高尺寸。建筑物立面图上一般标注有室内外地坪、楼梯面、阳台、檐口、门、窗等处的标高，有时候也标注相应的高度尺寸和局部尺寸。

5）外墙做法，包括外墙面、阳台、雨篷、勒脚和引线等的面层材料和颜色。

6）细部详图的索引符号。

2. 建筑立面图的识读步骤

建筑立面图的识读一般采用以下步骤：

1）阅读标题栏和图标，了解图名、立面图名称、比例、设计单位和设计人员等。

2）通过定位轴线了解该立面图与平面图的对应关系。

3）了解建筑物的层数。

4）了解门窗的形式和位置。

5）阅读标高尺寸，了解各主要部位的标高以及局部构件（预留孔洞、雨水管等）的定性、定位尺寸。

6）了解外墙装修做法。

7）从详图碎银符号了解详图的表达部位和详图所在图纸的编号。

3. 建筑立面图的识读示例

图 1-33 和图 1-34 为该建筑物的立面图，这里以图 1-33 中表达的"①~⑫"立面图为例进行说明。

1）图中建筑物左侧的定位轴线为①，右侧定位轴线为⑫，结合建筑平面图可知该立面图为建筑物的正立面图，表达的是建筑物正面的形状。

2）可以很清楚地看到该建筑物分为三层。

3）图中清晰地表达出了建筑物正面门窗的样式形状。由于在平面图中清楚地表达了各窗的尺寸，因此在立面图中未表达。

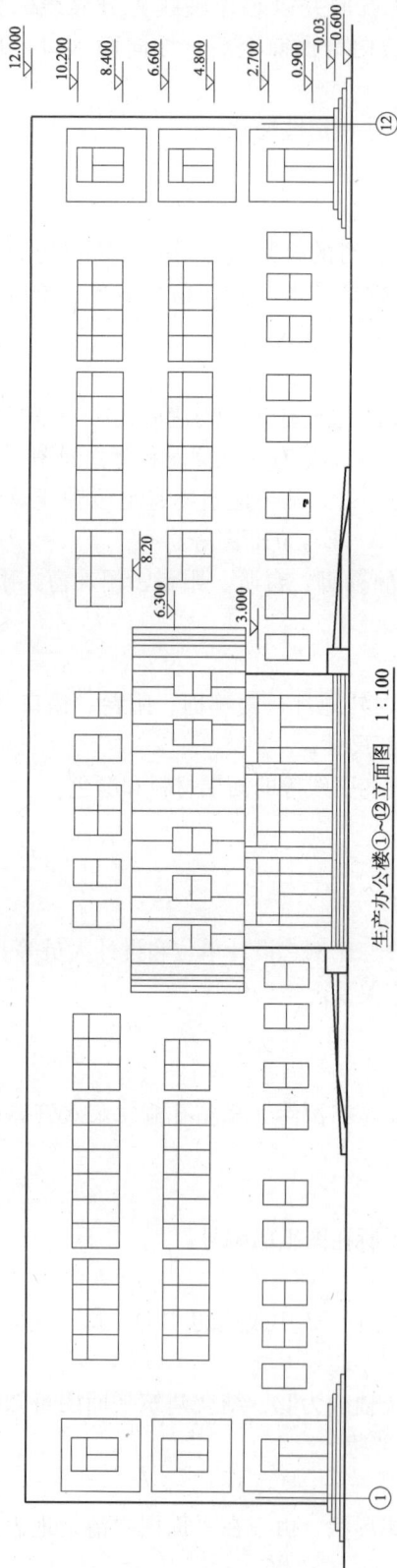

图 1-33 某办公楼①~⑫立面图

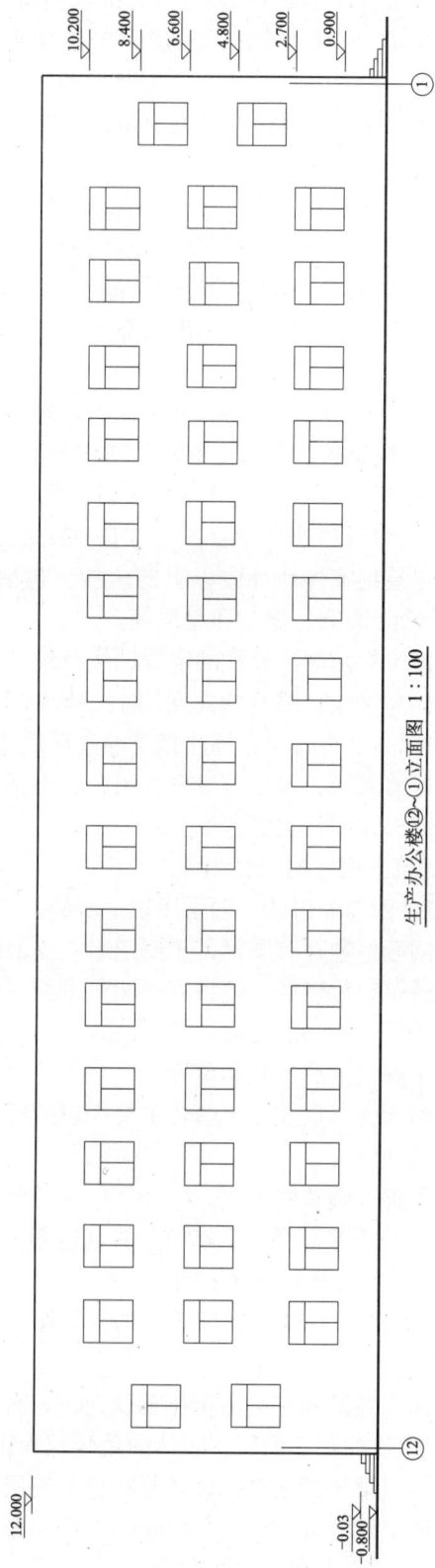

生产办公楼①~⑫立面图 1:100

图 1-34 某办公楼⑫~①立面图

生产办公楼⑫~①立面图 1:100

4）图中共有 12 处标高，从下到上依次为：－0.600 为室外地面标高；－0.030 为台阶上沿标高；＋0.900 为一层窗的下沿标高；＋2.700 为一层窗及建筑物两侧门的上沿标高；＋3.000 为一层正门上沿标高；＋4.800 为二层窗下沿标高；＋6.300 为二层会议室窗上沿标高；＋6.000 为二层其他各窗的上沿标高；＋8.200 为三层平台上沿标高；＋8.400 为三层窗下沿标高；＋10.200 为三层窗上沿标高；＋12.000 为屋顶女儿墙上沿标高。

五、建筑剖面图的识读

建筑剖面图是用一个或多个假想的平行于正立投影面或侧立面投影面的竖直剖切面剖开建筑物，移去剖切面与观察者之间的部分，将剩下的部分按剖视方向向投影面作正投影所得到的图样。建筑剖面图用于表达建筑物内部的内部分层、结构分层、构造方法、材料做法以及尺寸标高等。

1. 建筑剖面图所包含的内容

建筑剖面图主要表达以下内容：

1）图名和比例。

2）竖向承重构件的图形及其定位轴线。

3）建筑物剖切构件（楼面、顶棚、门窗、楼梯、阳台等）的断面图形及剖视方向可见构配件的图形。

4）竖直方向上的尺寸、标高和其他必要的尺寸。

5）用文字说明的复杂构件的结构形式、材料及做法。例如，地面、楼面、屋顶等，由引线从所指的部位引出，按其构造层次的顺序，逐层用文字说明其材料和做法。若另有详图或施工总说明中已经阐述清楚，则没有这一部分。

6）索引符号。

2. 建筑剖面图识读的步骤

建筑剖面图的识读一般可以按以下步骤进行：

1）找出该剖面图是从哪里剖切、向哪个方向投影得出来的。在剖切面的下方一般均标有图名，如 1—1 剖面图、2—2 剖面图。根据剖面图的图名就可以在平面图中找出相应的剖切线。一般来说，剖切线绘制在底层平面图上。通过阅读该平面图了解剖切的位置和剖视的方向。

2）了解房屋主要构件的结构形式、位置及相互关系。有时在剖切图中会用文字标注出结构的形式和用料方法，在阅读时需要注意。

3）阅读各部位的尺寸和标高。

3. 建筑剖面图的识读示例

图 1-35 所示为某办公楼的 1—1 剖面图。

1）从一层平面图中剖切线可以看到，该剖切面位于右侧楼梯间，视图方向为从右至左。

2）从 1—1 剖面图中可以看到楼梯的结构形式。

3）图中最左侧 5 个标高尺寸由下至上分别表达了侧门上标高、会议室窗下沿标高、会议室窗上沿标高、三层平台上沿标高和三层前侧窗上沿标高；最右侧 6 个标高尺寸由下至上分别表达可室外地坪标高、一二层楼梯间窗下沿标高、一二层楼梯间窗上沿标高、二三层楼梯间窗下沿标高、二三层楼梯间窗上沿标高、女儿墙上沿标高；中间的 6 个标高由下至上分别为室外台阶上沿标高、室内地坪标高、二层楼面标高、三层楼面标高、三层平台上沿标高、楼顶标高。

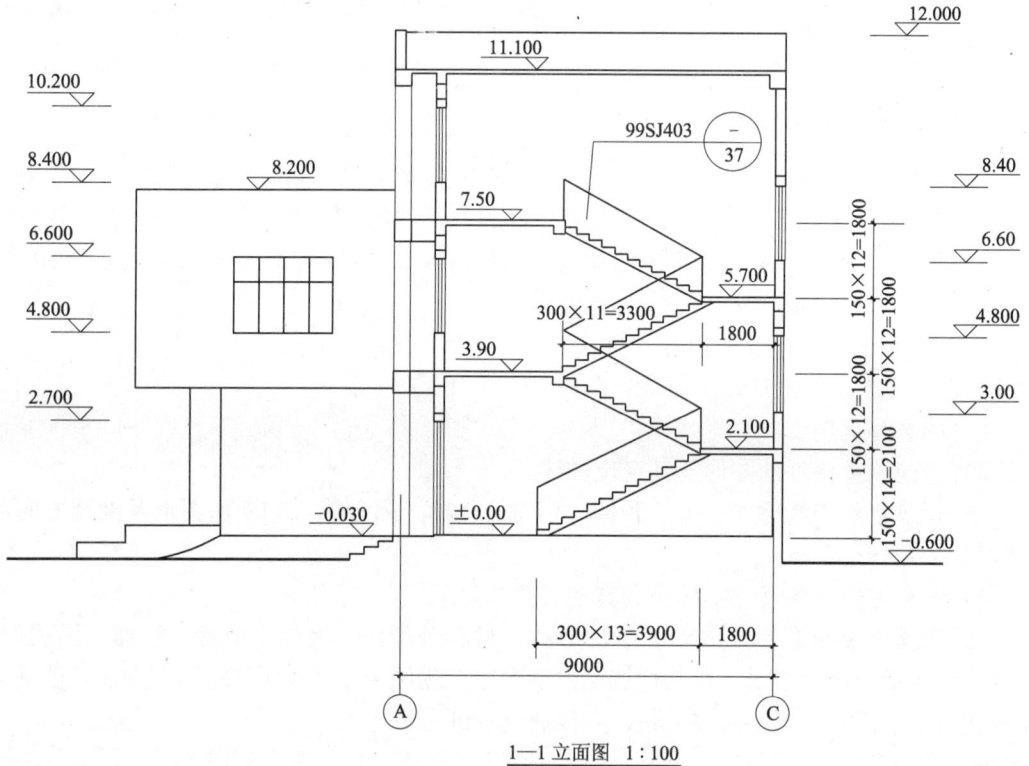

1—1 立面图 1：100

图 1-35　某办公楼的 1—1 剖面图

第二章　暖通空调系统组成及设备

第一节　通风系统组成及设备

通风是指利用室外空气来置换建筑物内的空气，以改变室内空气品质的过程。通风系统就是实施通风过程的所有设备和管道的统称。

一、通风系统组成

通风系统实现的主要功能包括：

1）提供建筑物内人员呼吸所需的氧气。

2）稀释室内污染物或气味。

3）排除室内工艺过程产生的污染物，并补充排除的空气量。

4）取出建筑物内多余的热量，降低湿度。

5）提供室内燃烧设备所需的空气。

按照空气流动的动力分类，通风可以分为自然通风和机械通风两类。自然通风是指依靠室外风力造成的风压或室内外温差造成的热压使室外的新鲜空气进入室内，使室内的空气排到室外的过程。机械通风是指依靠风机的动力来向室内送入空气或向室外排出空气的过程。

机械通风系统主要由风机、空气处理设备、管道及配件、风口四部分组成。

二、通风系统主要设备

1. 风机

风机是确保空气在系统中正常流动的动力源，它所提供的动力包括动压和静压两部分。动压是使空气产生流动的压力；静压则是用于克服空气在管道中流动的阻力，二者之和称为全压。

风机主要分为离心风机、轴流风机和其他风机。

（1）离心风机

离心风机的空气流向垂直于主轴，它主要由叶轮、机壳、出风口、进风口和电动机组成。叶轮安装在电动机主轴上，随电动机一起高速转动。叶轮上的叶片将空气从进风口吸入，然后被甩向机壳，并由机壳收集，增压后由出风口排出。

离心式风机的特点是风压高，风量可调，噪声相对较低，可将空气进行远距离输送。适用于要求低噪声、高风压的场合。按离心风机的出口方向可分为左旋和右旋。从电动机一端正视，叶轮顺时针旋转称为右旋，逆时针方向旋转称为左旋。

（2）轴流风机

空气流向平行于主轴，它主要由叶片、圆筒型出风口、钟罩形进风口、电动机组成。叶片安装在主轴上，随电动机高速转动，将空气从进风口吸入，沿圆筒型出风口排出。

轴流式风机的特点是风压较低、风量较大、噪声相对较大、耗电少、占地面积小、便于维修。

（3）其他风机

贯流式风机采用一个筒型叶轮，其噪声介于离心风机和轴流风机之间，可获得扁平而高速的气流，出风口细长，结构简单，常用于风幕机、风机盘管和家用空调室内侧风机。

混流式风机也称为子午加速轴流风机。其出风筒为锥形，空气在其中被加速，它既能产生高风压，又能维持轴流风机的高风量，所以它兼有离心风机和轴流风机的优点。另外，混流式风机还具有结构简单、造价低、维修方便的特点。

2. 风道

（1）风道的材料

按风道所用的材料分，有金属风道和非金属风道。金属风道的材料有镀锌薄钢板、薄钢板和不锈钢板等。非金属风道的材料有玻璃钢、塑料、混凝土风道等。在新型空调中，也有用玻璃纤维板或两层金属间加隔热材料的预制保温板做成的风道，但造价较高。

（2）风道的形式

按风道的几何形状分，有圆形风道和矩形风道两类。圆形风管的强度大，耗材料少，但加工工艺复杂些，占用空间大，不易布置，常用于民用建筑的暗装、或用于工业厂房、地下人防的暗装管道。矩形风管易于布置，便于与建筑空间配合，且容易加工，因而目前使用较为普遍。

（3）风道的保温

风管的保温是为了减少管道的能量损失，防止管道表面产生结露现象，并保证进入空调房间的空气参数达到规定值。

目前常用的保温材料有阻燃性聚苯乙烯或玻璃纤维板，以及较新型的高倍率的独立气泡聚乙烯泡沫塑料板。

风管的保温结构由防腐层、保温层、防潮层和保护层组成。防腐层一般为 1～2 道防腐漆。常用的保护层和防潮层有金属保护层和复合保护层两种。所用的金属保护层常采用镀锌薄钢板或铝合金板；而复合保护层有玻璃丝布、复合铝箔及玻璃钢等。

3. 风口

（1）风口的作用

经过热湿处理的空气通过送风口送入室内，进行热湿交换后，空气通过回风口回到空调机组中再进行处理。合理地选择送、回风口的形式，确定送、回风口的位置，就可以在整个房间形成均匀的温度、湿度、气流速度和空气洁净度，以满足生产工艺的要求和人员的舒适要求。

（2）风口的类型

暖通空调工程中所用的送风口的类型有格栅送风口、百叶送风口、条缝形百叶送风口、散流器、喷口、旋流送风口等。常用的回风口有网格式、固定百叶式和活动百叶式。

格栅送风口有叶片固定和叶片可调两种，不带风量调节阀，用于一般通风空调工程。

百叶风口包括单层百叶和双层百叶风口，单层百叶风口可调节横向或竖向扩散角度，双层百叶风口可同时调节横向或竖向气流扩散角度，用于舒适性空调或精度较高的工艺性空调。散流器有圆形散流器和方形散流器两种，常用于公共建筑的舒适性空调和工艺性空调。喷口有圆形、矩形、球形喷口，一般用于公共建筑和高大厂房的通风空调。

4. 风阀

风系统的阀门可分为一次调节阀、开关阀、自动调节阀和防火防烟阀等。其中，一次调节阀主要用于系统调试，调好后阀门位置就保持不变，如三通阀、蝶阀、对开多叶阀、插板阀等。自动调节阀是系统运行中需要经常调节的阀门，它要求执行机构的行程与风量成正比或接近成正比，多采用顺开式多叶调节阀和密闭对开多叶调节阀；新风调节阀常采用顺开式多叶调节阀；系统风量调节阀一般采用密闭对开多叶调节阀。

通风系统风道上还需设置防火防烟阀门。防火阀用于与防火分区贯通的场合。当发生火灾时，火焰侵入烟道，高温使阀门上的易熔合金熔解，或使记忆合金产生变形使阀门自动关闭。防火阀与普通的风量调节阀结合使用可兼起风量调节的作用，则可称为防火调节阀。防火阀的动作温度一般为70℃。防烟阀是与烟感器连锁的阀门，即通过能够探知火灾初期发生的烟气的烟感器来关闭风门，以防止其他防火分区的烟气侵入本区。排烟阀应用于排烟系统的管道上，火灾发生时，烟感探头发出火灾信号，控制中心接通排烟阀上的电源，将阀门迅速打开进行排烟。当排烟温度达到280℃时，排烟阀自动关闭，排烟系统停止运行。

第二节　空调系统组成及设备

一、空气调节系统分类

空气调节简称空调，是指为满足生产、生活要求，改善劳动卫生条件，采用人工的方法使室内空气的温度、相对湿度、洁净度、气流速度等参数达到一定要求的工程技术。空气调节系统一般由空气处理设备和空气输送管道以及空气分配装置组成，根据需要，它能组成许多种不同形式的系统。在工程上应考虑建筑物的用途和性质、热湿负荷特点、温湿度调节和控制的要求、空调机房的面积和位置、初投资和运行维修费用等许多方面的因素，选择合理的空调系统。因此，首先要研究一下空调系统的分类。

1. 按所用介质分类

按负担室内负荷所用的介质不同，空气调节系统可分为全空气系统、全水系统、空气—水系统和冷剂系统四种类型。

（1）全空气系统

全空气系统是指空调房间的负荷全部由经过处理的空气来负担。其基本工作流程是：空气从房间通过回风管道送至空调机房，在空调机房内将空气处理到合适的温度和湿度，然后由送风管道通过风口送至各房间。全空气系统分为送风系统和回风系统两部分，主要由送、回风管道、空气处理设备、风口及其他配件组成。

（2）全水系统

全水系统是指空调房间的负荷全部由水来负担，空调房间内设有风机盘管或其他末端装置。空调制冷机组（或热源）将冷冻水（或热水）处理到合适的温度，通过冷冻水（或热水）供水管送至各房间的风机盘管或其他末端装置，在末端装置中与室内空气进行热交换后，经冷冻水（或热水）回水管回到制冷机组（或热源）。冷却系统的任务是对制冷机组中的冷凝器进行降温。冷却系统可分为水冷系统和风冷系统两类，全水系统由冷热源、水泵、相关水处理设备、管路系统、室内末端装置构成。

（3）空气—水系统

空气—水系统是指空调房间内的空调负荷由空气和水共同负担的空调系统，通常是指带有新风系统的水系统，其主要设备包括新风机组、送风管道、空调冷热源、水泵、相关水处理设备、管路系统、风机盘管或其他末端装置。

（4）冷剂系统

冷剂系统也称为直接蒸发式空调系统，是指空调房间内的空调负荷全部由制冷剂负担的空调系统。室外主机由压缩机、冷凝器及其他制冷附件组成。室内机则由直接蒸发式换热器和风机组成。室外机通过制冷剂管道与分布在各个房间内的室内机连接在一起。这种方式通常用于分散安装的局部空调机组。例如普通的分体式空调器、水环热泵机组等都属于冷剂系统。日本的大金公司最早开发出由一台室外机连接多台室内机的VRV（变制冷剂）空调系统，这种系统也是典型的冷剂系统。目前国内已有多个厂家生产这种空调机组。

2. 按空气处理设备的设置分类

按空气处理设备的设置情况来分，可分为集中式空调系统、半集中式空调系统和分散式空调系统。

（1）集中式空调系统

集中式空调系统的所有空气处理机组及风机都设在集中的空调机房内，通过集中的送、回风管道实现空调房间的降温和加热。集中式空调系统的优点是作用面积大，便于集中管理与控制。其缺点是占用建筑面积与空间，且当被调房间负荷变化较大时，不易精确调节。集中式空调系统适用于建筑空间较大，各房间负荷变化规律类似的大型工艺性和舒适性空调。

（2）半集中式空调系统

半集中式空调系统除设有集中空调机房外，还设有分散在各房间内的二次设备（又称末端装置），其中多半设有冷热交换装置（也称二次盘管），其功能主要是处理那些未经集中空调设备处理的室内空气，例如风机盘管空调系统和诱导器空调系统就属于半集中空调系统。半集中式空调系统的主要优点是易于分散控制和管理，设备占用建筑面积或空间少、安装方便。其缺点是无法常年维持室内温湿度恒定，维修量较大。这种系统多半用于大型旅馆和办公楼等多房间建筑物的舒适性空调。

（3）分散式空调系统

分散式空调系统是将冷热源和空气处理设备、风机以及自控设备等组装在一起的机组，分别对各被调房间进行空调。这种机组一般设在被调房间或其邻室内，因此不需要集中空调机房。分散式系统使用灵活，布置方便，但维修工作量较大，室内卫生条件有时较差。

二、集中式空气调节系统的组成

集中式空调系统是典型的全空气系统，它广泛应用于舒适性或工艺性空调工程中，例如商场、体育场馆、餐厅以及对空气环境有特殊要求的工业厂房中。它主要由五部分组成，进风部分、空气处理设备、空气输送设备、空气分配装置、冷热源。

1. 进风部分

空气调节系统必须引入室外空气，常称"新风"。新风量的多少主要由系统的服务用途和卫生要求决定。新风的入口应设置在其周围不受污染影响的建筑物部位。新风口连同新风道、过滤网及新风调节阀等设备，即为空调系统的进风部分。

2. 空气处理设备

空气处理设备包括空气过滤器、预热器、喷水室（或表冷器）、再热器等，是对空气进行过滤和热湿处理的主要设备。它的作用是使室内空气达到预定的温度、湿度和洁净度。

3. 空气输送设备

它包括送风机、回风机、风道系统以及装在风道上的调节阀、防火阀、消声器等设备。它的作用是将经过处理的空气按照预定要求输送到各个房间，并从房间内抽回或排出一定量的室内空气。

4. 空气分配装置

它包括设在空调房间内的各种送风口和回风口。它的作用是合理组织室内空气流动，以保证工作区内有均匀的温度、湿度、气流速度和洁净度。

5. 冷热源

除了上述四个主要部分以外，集中空调系统还有冷源、热源以及自动控制和检测系统。空调装置的冷源分为自然冷源和人工冷源。自然冷源的使用受到多方面的限制。人工冷源是指通过制冷机获得冷量，目前主要采用人工冷源。

空调装置的热源也分为自然的和人工的两种，自然热源指太阳能和地热，它的使用受到自然条件等多方面的限制，因而使用并不普遍。人工热源指通过燃煤、燃气、燃油锅炉或热泵机组等所产生的热量。

三、集中式空气调节系统设备

集中式空调系统的主要设备包括空气处理设备、空气输送设备、室内空气处理末端设备、空气分配设备。

1. 空气处理设备

空气处理设备包括热湿处理设备、空气净化设备、消声设备等。在中央空调系统中，常采用组合式空气处理机组，即将空气热湿处理设备、净化设备、风机等组合在一起称为组合式空调机组或装配式空调机。组合式空调机组根据用户的需要不同而采用不同的组合段，如空气过滤段、混合段、热湿段、风机段等。

（1）空气热湿处理设备

热湿段一般包括空气的热湿处理设备，如表面式换热器、加湿器、喷水室等。

1）表面式换热器

表面式换热器包括空气加热器和表面冷却器两类。前者用热水或蒸汽作热媒，后者以冷水作冷媒。因此表面式空气换热器既能对空气进行加热，又能对空气进行减湿和冷却处理。

表面式换热器有光管式和肋管式两种。光管式表面换热器由于传热效率低已很少应用。肋管式表面换热器由管子和肋片构成，见图 2-1。

2）喷水室

集中空调系统的喷水室是一种直接接触式的空气热湿处理设备。喷水室不仅能够实现对空气的加热、冷却、加湿或减湿等多种处理，而且还具有净化空气的能力。但是它也有对水质要求高、占地面积大、水泵耗能多等缺点。所以，目前在一般建筑中已不常使用或仅作为加湿设备使用。在以调节湿度为主要目的的纺织厂、卷烟厂仍大量使用。

图 2-1　肋管式换热器

3）电加热器

在空调系统中，除了利用表面式换热器加热空气外，还采用电加热器对空气进行加热。电加热器是通过电阻丝将电能转化为热能来加热空气的设备。它具有结构紧凑、加热均匀、热量稳定、控制方便等优点。但由于电加热器是利用高品位能源，所以只宜在一部分空调机组和小型空调系统中采用。在温度精度要求较高的大型空调系统中，也常用电加热器控制局部或做末级加热器。

4）空气的加湿设备

空气的加湿设备主要有干蒸汽加湿器、电极式加湿器、电热式加湿器等。干蒸汽加湿器具有加湿速度快，均匀性好，能获得高湿度，安装方便，节能等优点，广泛用于医院手术室、电子生物实验室及精密仪器、元件的制造车间等。

电极式加湿器是利用三根铜棒或不锈钢棒插入盛水的容器中作电极。将电极与三相电源接通后，就有电流从水中通过。在这里水是导体，由于水的电阻比较大，因而能被加热蒸发成蒸汽。电极式加湿器结构紧凑，而且加湿量也容易控制，所以用得较多。它的缺点是耗电量较大，电极上易积水垢和腐蚀，因此，宜用在小型空调系统中。

电热式加湿器是用管状电热元件置于水盘中做成的，元件通电之后便能将水加热而产生蒸汽。补水靠浮球阀自动控制，以免发生断水空烧现象。此种电热式加湿器的加湿量大小取决于水温和水表面积。

（2）空气净化设备

空调系统中使用的空气一般是由室外新风和室内回风两部分组成。新风因室外环境有尘埃而被污染，回风因室内人员的活动和工艺过程也受到污染。这些被污染的空气中所含的灰尘不仅有害于人体健康，影响到加热器和表冷器等设备的传热效果，而且还将妨碍某些工作和工艺过程的顺利进行。因此，必须在空调系统中设置空气净化装置，将其中所含的一部分灰尘滤掉。

根据过滤器的过滤效果，一般将其分为粗效、中效和高效过滤器三种。对室内空气中含尘浓度要求不同，所采用的空气过滤器种类也不同。

粗效过滤器适用于一般的空调系统，对尘粒较大的灰尘（≥5μm）可以有效过滤。在净化空调系统中，一般作为更高级过滤器的预过滤，起到一定的保护作用，一般安装在

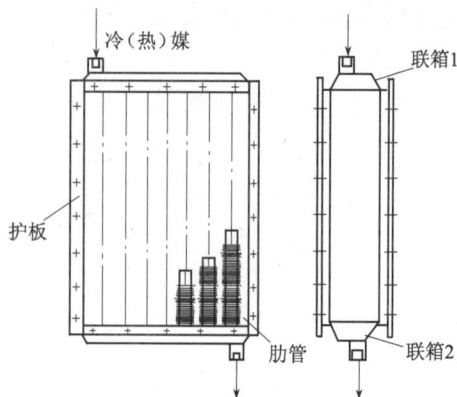

机组的进口处。

中效过滤器的滤料一般采用玻璃纤维、中细孔聚乙烯泡沫塑料和无纺布，滤料厚度比粗效过滤器厚，过滤速度也比粗效过滤器低，主要用于过滤直径为 $1 \sim 10\mu m$ 的灰尘，大多数情况下，用于高效过滤器的前级保护，在净化空调系统中一般安装在送风机的出口处。

高效过滤器可分为亚高效、高效和超高效过滤器。滤料一般均为超细玻璃纤维或合成纤维，加工成纸状，称为滤纸。高效过滤器主要用于过滤直径为 $1\mu m$ 以下的尘粒，一般安装在室内送风口处。

（3）消声设备

当系统产生的噪声经过管道和房间衰减后，仍满足不了室内噪声标准时，就需要增设消声器，以消除过大的噪声。目前空调系统中常用的消声器大致可分为以下三类：

1）阻性消声器

阻性消声器借助于吸声材料的吸声作用而消声。吸声材料之所以能够把入射在其上的声能部分地吸收掉，是由于吸声材料的多孔性和松散性。当声波进入孔隙，引起孔隙中的空气和材料产生微小的振动，由于摩擦和黏滞阻力，使相当一部分声能转化为热能而被吸收掉。所以吸声材料大都是疏松或多孔性的，如玻璃棉、泡沫塑料、矿渣棉、毛毡、吸声砖、木丝板、甘蔗板等。其主要特点是具有贯穿材料的许许多多细孔，即所谓开孔结构。而大多数隔热材料则要求有封闭的空隙，故两者是不同的。阻性消声器对于消除低频的消声效果比较差。

目前，国内常用的阻性消声器有管式、片式和格式以及消声弯头。片式消声器构造比较简单，消声量和空气阻力均较小。

2）共振型消声器

共振型消声器是利用共振原理将某些特定频率的噪声消除掉。这种消声器具有较强的频率选择性，即有效的范围很窄，一般用以消除低频噪声。

3）膨胀型消声器

膨胀型消声器的原理是利用管道截面的突变，使沿着管道传播的声波向声源方向反射回去，从而起到消声作用，对消除低频有一定的效果。但一般要管截面变化 4 倍（甚至 10 倍）以上才有效。所以在空调工程中，膨胀式消声器的应用常受到机房面积和空间小的限制。

4）复合式消声器

复合式消声器集中了阻性、共振型和膨胀型消声器的优点以便在低频到高频范围内均有良好的消声效果。复合式消声器的优点是消声频带宽、消声量较大。试验证明，长度为 1.2m 的复合式消声器，低频消声量可达 $10 \sim 20dB$，中高频消声量可达 $20 \sim 30dB$。因此这种消声器目前在国内得到了广泛的应用，其主要缺点是体积较大。

5）消声弯头

消声弯头克服了声波平行掠过吸声材料，增加了声波入射角，使声波与吸声材料接触机会增加，从而提高了中、高频消声量。由于消声弯头构造简单，价格便宜，占用空间少，噪声衰减量大，与其他同样长度的消声器比较，消声弯头对低频部分的消声效果好，压力损失小，故目前在集中式空调系统中的应用较多。

2. 空气输送与分配设备

中央空调系统空气的输送与分配设备与通风系统相同，在此不再赘述。

3. 室内末端设备

系统的末端设备主要有风机盘管机组。风机盘管机组由风机和表面式热交换器组成，其构造如图 2-2 所示。它使室内回风直接进入机组进行冷却去湿或加热处理。和集中式空调系统不同，它采用就地处理回风的方式。与风机盘管机组相连接的有冷、热水管路和凝结水管路。由于机组需要负担大部分室内负荷，盘管的容量较大，而且通常都是采用湿工况运行。

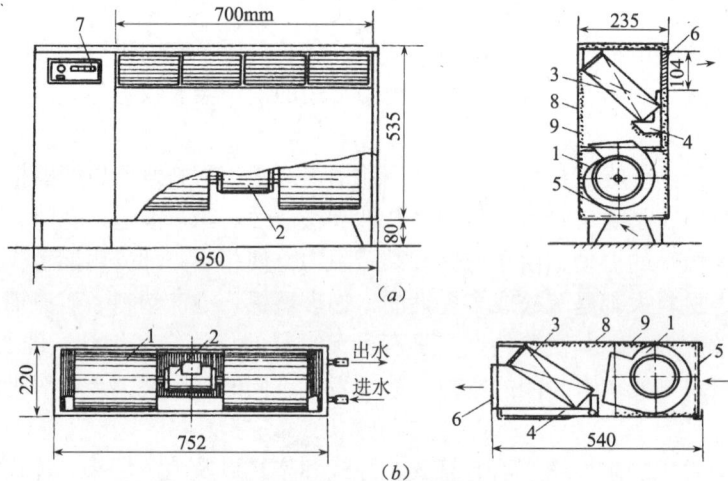

图 2-2　风机盘管构造示意图

（a）立式；（b）卧式

1—风机；2—电机；3—盘管；4—凝水盘；5—循环风进口及过滤器；
6—出风栅；7—控制器；8—吸声材料；9—箱体

风机盘管采用的电机多为单相电容调速电机，通过调节输入电压改变风机转速，使通过机组盘管的风量分为高、中、低三档，达到调节输出冷热量的目的。

风机盘管有立式、卧式等型式，可根据室内安装位置选定，同时根据室内装修的需要可做成明装或暗装。近几年又开发了多种形式，如立柱式、顶棚式以及可接风管的高静压风机盘管，使风机盘管的应用更加灵活、方便。

第三节　制冷机房设备及流程

一、冷源的分类

空气调节系统的冷源有天然冷源和人工冷源，天然冷源主要有地下水或深井水。在地面下一定深度处，水的温度在一年四季中几乎恒定不变，接近于当地年平均气温，因此它可作为空调系统中喷水室或表冷器的冷源，而且所花的成本较低、设备简单、经济实惠。但这种利用通常是一次性的，也无法大量获取低温冷量；而且我国地下水储量并不丰富，有的城市因开采过量，造成地面下陷。

对于大型空调系统，利用天然冷源显然是受条件限制的，因此在多数情况下必须建立人工冷源，即利用制冷机不间断地制取所需低温条件下的冷量。人工制冷设备种类繁多，形态各异，所用的制冷机也各不相同，有以电能制冷的，如用氨、氟利昂为制冷剂的压缩式制冷机；有以蒸汽为能源制冷的，如蒸汽喷射式制冷机和蒸汽型溴化锂吸收式制冷机等；还有以其他热能为能源制冷的，如热水型和直燃型溴化锂吸收式制冷机以及太阳能吸收式制冷机。

根据人工制冷设备的制冷原理来分，在中央空调系统中常用的人工制冷设备有如下几类：

1）蒸汽压缩式制冷机；

2）溴化锂吸收式制冷机。

二、制冷机房主要设备

1. 冷水机组

把压缩机、辅助设备及附件紧凑地组装在一起、专供各种用冷目的使用的整体式制冷装置称为制冷机组。制冷机组具有结构紧凑、外型美观、配件齐全、制冷系统的流程简单等特点。机组运到现场后只需简单安装，接上水、电即可投入使用。采用水作为被冷却介质的制冷机组称为冷水机组。目前，空调工程中应用最多的是蒸汽压缩式冷水机组和溴化锂吸收式冷水机组。蒸汽压缩式冷水机组又分为活塞式、离心式和螺杆式三种；溴化锂吸收式冷水机组可分为蒸汽型、热水型和直燃型三种。

活塞式冷水机组系统装置简单，润滑容易，不需要排气装置，压缩比低，单机制冷量小。单机头部分负荷下调节性能差，卸缸调节，不能无级调节，属上下往复运动，振动较大，单位制冷量的重量指标较大。

螺杆式压缩机是一种回转式的容积式气体压缩机。它与活塞式压缩机相比，其特点是：运转部件少（仅有 2 ~ 7 个）；结构简单、紧凑、重量轻、可靠性高；维修周期长；由于采用滑阀装置，制冷量可在 10% ~ 100% 范围内进行无级调节，可在无负荷条件下启动；容积效率高；绝对无"喘振"现象，对湿冲程不敏感，当湿蒸气或少量液体进入机内，没有"液击"的危险；排气温度低（主要因油温控制 < 100℃）。

离心式制冷压缩机是一种速度型压缩机，它通过高速旋转的叶轮对气体做功，使其流速增加，然后通过扩压器使气体减速，将气体的动能转化为压力能，这样就使气体的压力得到提高。离心式制冷机组大多用于大型空调系统的制冷站。

溴化锂吸收式冷水机组是利用水在低压状态下（当绝对压力为 6.54mmHg 时，水的蒸发温度为5℃）低沸点汽化吸取被冷却物质的热量，从而制取温度较低的冷水。冷水机组是以水为制冷剂，溴化锂溶液为吸收剂，以热能为能源，一般制取 5℃ 以上冷水的制冷设备。溴化锂吸收式冷水机组可以直接利用热能代替电能，节电显著，能源利用范围广，能利用余热、废热等低位热。在供电紧张、电力紧缺的条件下，使用这种机型更有现实意义。机组制冷量调节范围广，在 20% ~ 100% 的负荷内可进行冷量的无级调节。直燃型机组直接用燃料加热，无需用户另备锅炉或蒸汽，只需少量电能，即可连续运转。一机多用，可以同时制冷、供热、供卫生热水，使用方便。

2. 冷却塔

冷却塔的作用就是通过接触散热、辐射热交换以及蒸发散热而降低水温。根据通风方式有自然通风式、机械通风式、机械和自然联合式。自然通风式主要利用风和局部自然对流来散热，因此它的冷却能力受到气候条件的限制。空调中常用的是机械通风冷却塔，它是利用风机造成空气快速流动而达到降低水温的目的。根据形状，冷却塔有圆形和方形之分。

3. 冷却水循环泵

用于空调水系统的水泵，一般多为离心水泵和管道泵。

离心水泵是叶片式泵，按轴的位置不同，分卧式与立式两大类。

最常见的离心水泵是单吸单级泵，它能提供的流量范围为 $4.5 \sim 900 m^3/h$，扬程范围为 $8 \sim 150 m$。这种泵的泵轴水平地支承在托架内的轴承上，泵轴的另一端为悬臂端，端部装有叶轮。为了减少泵内高压液体的外泄及空气渗入，悬臂端的泵轴上还装有填料密封机构。另外，叶轮上一般开有平衡孔，以平衡轴向推力。这种泵结构简单、工作可靠、部件较少。

4. 冷却水水处理设备

暖通空调水循环系统一般设有水处理设备，如软化水处理装置（见本章第四节）、循环水处理器、电子或静电水处理器、臭氧发生器等。

（1）循环水处理器

循环水处理器是通过循环水将化学药剂带入系统内对水质进行处理的一种方式。它广泛用于海水冷却水系统、空调冷却水系统及低温热水供暖系统。它的主要作用是防垢、阻垢、防腐、防锈及防藻类等。

（2）静电水处理器

静电水处理法又称高压静电法。静电水处理器由两部分组成：一是供给高电压、用于产生强电场的高压直流电源；二是使水静电化的装置。静电水处理器是将一根绝缘良好的铁芯置于聚四氟乙烯圆筒内作正极，将镀锌无缝钢管制成的壳体作负极。在正、负极上施加高电压（大于 3400V），正、负极之间则保持一定距离，以便要进行处理的水能从正、负极之间的腔体内流过。水在腔体内经受强电场处理后，再进入用水设备。静电水处理的外加静电压通常为 $3400 \sim 6000 V$。

（3）电子水处理器

电子水处理法的设备与静电水处理的相似，由直流电源和水处理两部分组成。静电水处理器采用的是高压直流电源；而电子水处理器采用的是低压稳压电源。静电水处理器和电子水处理器都应安装在水泵出口之后，并尽量靠近需要防垢除垢的管段和用水设备。如果水泵也需要防垢除垢，则最好在水泵之前，另外安装一台水处理器。

（4）离子棒静电水处理器

目前，高压静电以其简便、效果好、无二次污染等优点正逐渐用于水处理中。离子棒静电水处理器是一种利用高压静电作用的新型水处理设备。1978 年由加拿大设计并正式投入市场，20 世纪 90 年代初引进我国。离子棒具有一定的防垢、除垢、缓蚀及杀菌灭藻性能。

（5）臭氧发生器

从 20 世纪 80 年代起，臭氧法处理冷却水技术在欧美等一些发达国家兴起，大量应用于实际工程中。冷却水系统腐蚀主要是由于水中存在的溶解氧与金属反应形成的化学和电化学腐蚀。臭氧是一种强氧化剂，其强氧化性有效地控制了循环水中微生物的生长，减轻了生物污垢及其引起的垢下腐蚀。臭氧不能直接氧化钙、镁盐类的水垢成分，只能氧化垢层基质中的有机物成分，使垢层变松脱落，从而起到阻垢的作用。臭氧法水处理作为单一使用的水处理方法，应用于空调冷却水循环中，具有良好的杀菌、防腐、阻垢功能，它既能减轻由于腐蚀、污垢造成的能源浪费，又能消除军团病菌，因此，在空调冷却水系统中，具有很好的应用前景。

5. 定压装置

（1）开式高位膨胀水箱

膨胀水箱的作用是用来储存热水供暖系统加热的膨胀水量，另一个作用是恒定供暖系统的压力。开式膨胀水箱适用于中小型低温水供暖及空调系统，有方形和圆形之分。

（2）闭式低位膨胀水箱

当建筑物顶部安装开式高位膨胀水箱有困难时，可采用气压罐方式。采用这种方式时，不仅能解决系统中水的膨胀问题，而且可与系统的补水和稳压结合起来。气压罐一般安装在空调机房内，其工作原理见图2-3。

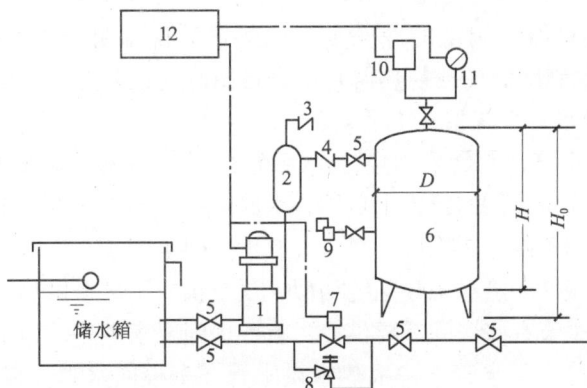

图 2-3　气压罐的工作原理图

1—补给水泵；2—补气罐；3—吸气阀；4—止回阀；5—闸阀；
6—气压罐；7—泄水电磁阀；8—安全阀；9—自动排气阀；
10—压力控制器；11—电接点压力表；12—电控箱

6. 冷冻水循环泵

冷冻水循环泵同冷却水循环泵一样，一般也采用离心水泵或管道泵，请参阅冷却水泵部分。

三、制冷机房主要流程

中央空调的水系统一般分为冷冻水系统和冷却水系统两个部分，根据不同情况可以设计成不同的型式。

1. 冷却水系统流程

空调冷却水系统一般分为两类，即直流式供水系统和循环式供水系统。前者适用于水源水量特别充足的地区，例如以江、河、湖、海的水源作为冷却水，城市自来水作为冷却水源时则不应选用，而且它一般用于采用立式冷凝器的供冷系统，直流式冷却水系统见图 2-4。循环式供水系统是将来自冷凝器的冷却水通过冷却塔或冷却水池冷却后循环使用，在使用过程中只需要少量的补充水，但需增设冷却塔和水泵等。供水系统比较复杂，常在水源水量较小、水温较高时采用，它在目前空调系统中应用最多，其系统流程见图 2-5。

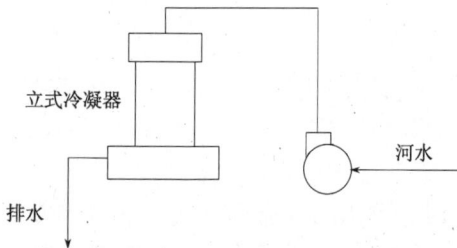

图 2-4　直流式冷却水系统

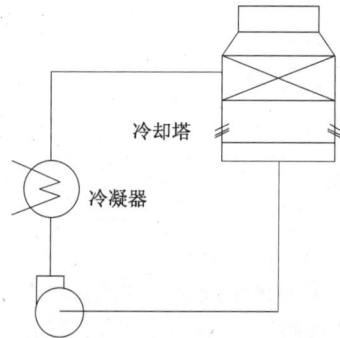

图 2-5　循环式冷却水系统

2. 冷冻水（或热水）系统流程

经制冷机（或换热器）制得的冷冻水（或热水）由水泵送到空调系统，放出冷量（或热量）后，再回到制冷机（或换热器）中进行制冷（或制热），如此循环。

3. 冷冻水（或热水）系统型式

对舒适性空调的建筑，大量采用空气-水系统形式，即风机盘管加新风的空调方式，室内冷负荷主要由制冷机提供的冷冻水负担，因此冷冻水系统比较复杂。空调冷冻水系统可分为二管制、三管制和四管制系统。对于具有供、回水管各一根的风机盘管水系统称为二管制系统，它与机械循环热水采暖系统相似，夏季供冷、冬季供热；对于全年要求有空调的建筑物，在过渡季节有些房间需要供冷，有些房间要求供热，为了使用灵活，常采用三管制系统，即一根冷水供水管、一根热水供水管、一根回水管，根据房间温度控制设备，控制是冷水还是热水进入风机盘管；更为完善的方式是四管制系统，即冷热水供、回水管各自独立，根据室内温度控制进入风机盘管的是热水或冷水。

根据系统内管路是否与大气相通，空调水系统可分为开式和闭式系统，见图 2-6、图 2-7。

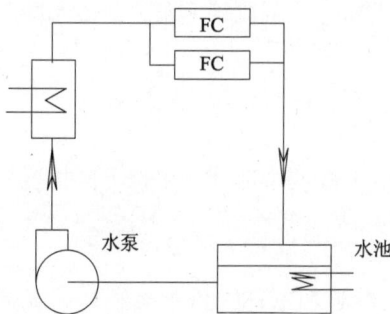

图 2-6　开式水系统

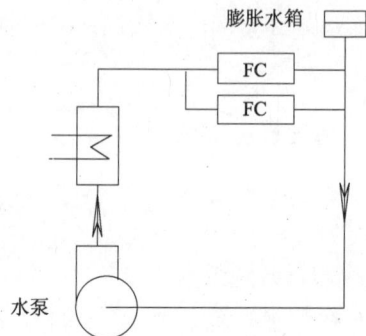

图 2-7　闭式水系统

根据供、回水管所走路线的长短不同，空调水系统分为异程和同程系统，见图2-8、图2-9。在大型建筑物中，为了保持水力工况的稳定性，水系统常采用同程式。

另外，还有单级循环泵系统和双级循环泵系统。

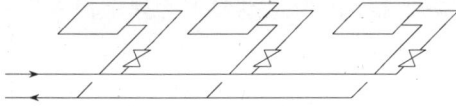

图2-8 异程式水系统   图2-9 同程式水系统

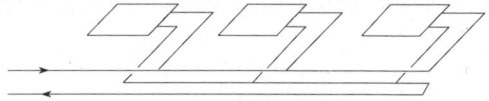

第四节 锅炉房设备及组成

一、锅炉房组成

锅炉房是供热之源，它在工作时，源源不断地产生蒸汽（或热水），供应用户的需要。工作后的冷凝水（或称回水）又被送回锅炉房，与经处理后的补给水一起，再进入锅炉继续受热、汽化。因此，锅炉房设备由锅炉本体和锅炉房辅助设备组成。图2-10为燃煤锅炉房设备简图。锅炉房辅助设备由以下几个系统组成：

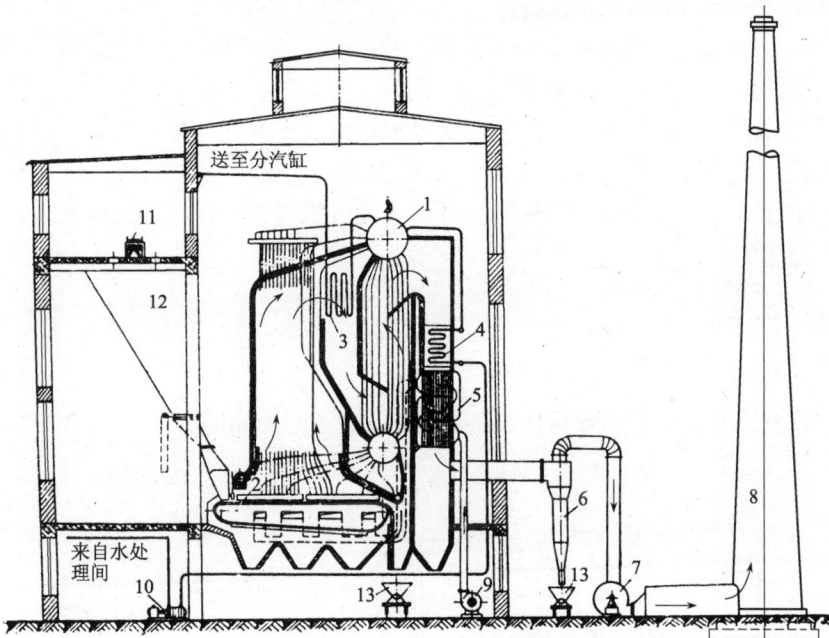

图2-10 锅炉房设备简图

1—锅筒；2—链条炉排；3—蒸汽过热器；4—省煤器；5—空气预热器；
6—除尘器；7—引风机；8—烟囱；9—送风机；10—给水泵；
11—运煤皮带运输机；12—煤仓；13—灰车

（1）运煤除渣灰统

其作用是保证为锅炉送入燃料和送出灰渣，如图2-10所示，煤是由运煤皮带运输机11送入煤仓12，而后借自重下落，再通过炉前小煤斗而落入炉排上。燃料燃尽后的灰渣，则由灰斗放入灰车送出。

（2）送、引风系统

为了给炉子送入燃烧所需空气和从锅炉引出燃烧产物——烟气，以保证燃烧正常进行，并使烟气以必需的流速冲刷受热面，锅炉的通风设备有送风机9、引风机7和烟囱8。为了改善环境卫生和减少烟尘污染，锅炉还设有除尘器6，为此也要求必须保持一定的烟囱高度。除尘器除下的飞灰由灰车13送走。

（3）水、汽系统（包括排污系统）

汽锅内具有一定的压力，因而给水必须借助给水泵提高压力后送入。此外，为了保证给水质量，避免汽锅内壁结垢和腐蚀，锅炉房内还设有水处理设备（包括给水软化设备和除氧设备）。为了储存给水，也需要设置一定容量的水箱等。锅炉产生的蒸汽一般先送至锅炉房内的分汽缸，由此再接至各用户的管道。锅炉的排污水因具有相当高的温度和压力，因此必须接入排污降温池或专设的扩容器，进行膨胀减温。

（4）仪表控制系统

除了锅炉本体上装设的仪表外，为监督锅炉设备安全经济运行，还常设有一系列的仪表和控制设备，如蒸汽流量计、水量表、烟气温度计、风压计、排烟二氧化碳指示仪等常用仪表。在有的工厂锅炉房中，还设置有给水自动调节装置，烟、风闸门远距离操纵或遥控装置，以便更科学地监督锅炉运行。

以上所介绍的锅炉辅助设备，并非每一个锅炉房都千篇一律、配备齐全，而是随锅炉的容量、形式、燃料特性和燃烧方式以及水质特点等多方面的因素因地制宜、因时制宜。至于一些次要设备，就不一一介绍了。

燃煤锅炉对环境污染严重，有些锅炉房采用燃油或天然气、煤制气等。燃油或燃气锅炉房不需要设置运煤除灰和煤粉制备设备，不需要设贮煤场及贮灰场。只需要设置贮油罐、油泵、油管道及油过滤器、加热等装置；或设置贮气罐、气压调压装置及输送管道即可，设备比较简单。

二、锅炉房设备

1. 锅炉本体

我国供热锅炉型号由三部分组成，各部分之间用短横线相连，如下图2-11所示：

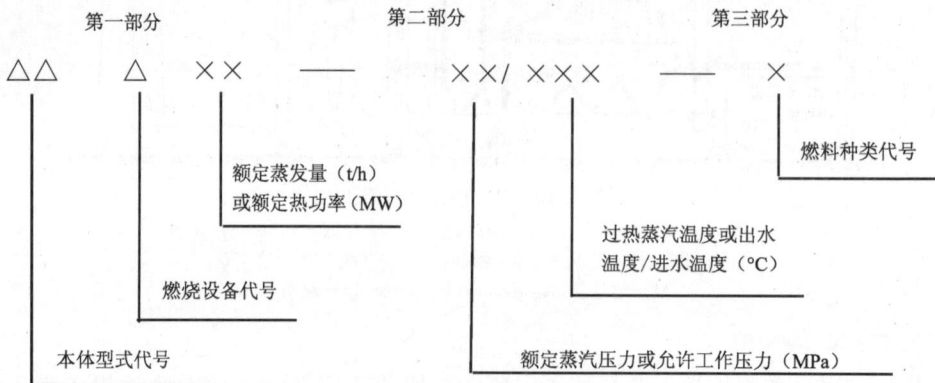

图2-11　锅炉型号表示

型号的第一部分表示锅炉形式、燃烧方式和蒸发量，共分三段：第一段用两个汉语拼音字母代表锅炉本体形式，其意义见表2-1；第二段用一个汉语拼音字母代表燃烧方式（废热锅炉无燃烧方式代号），其意义见表2-2；第三段用阿拉伯数字表示蒸发量为若干t/h，热水锅炉用热功率（MW）表示，废热锅炉则以受热面（m^2）表示。

锅炉本体形式代号　　　　　　　　　　　　　表 2-1

锅炉类型	锅炉本体形式	代　号	锅炉类型	锅炉本体形式	代　号
锅壳锅炉	立式水管	LS	水管锅炉	单锅筒立式	DL
	立式火管	LH		单锅筒纵置式	DZ
	立式无管	LW		单锅筒横置式	DH
	卧式外燃	WW		双锅筒横置式	SZ
	卧式内燃	WN		双锅筒纵置式	SH
				强制循环式	QX

注：水火管混合式锅炉，以锅炉主要受热面形式采用锅壳锅炉和水管锅炉本体形式代号。但在锅炉名称中应写明"水火管"字样。

燃烧设备形式或燃烧方式代号　　　　　　　　　表 2-2

燃 烧 设 备	代　号	燃 烧 设 备	代　号
固定炉排	G	下饲炉排	A
固定双层炉排	C	抛煤机	P
链条炉排	L	鼓泡流化床燃烧	F
往复炉排	W	循环流化床燃烧	X
滚动炉排	D	室燃炉	S

水管锅炉有快装、组装和散装三种形式。为了区别快装锅炉与其他两种型式，在型号的第一部分的第一段用K（快）代替锅筒数量代号，组成KZ（快装纵置）、KH（快装横置）、KL（快装立式）三个型式代号。

型号的第二部分表示蒸汽或热水参数，共分两段，之间以斜线分开，第一段用阿拉伯数字表示额定蒸汽压力或允许工作压力；第二段用阿拉伯数字表示过热蒸汽（或热水）的温度，生产饱和蒸汽的锅炉无第二段和斜线。

型号的第三部分表示燃料种类，以汉语拼音字母代表燃料类别，同时以罗马数字代表燃烧品种分类与其并列，见表2-3。如同时设计几种燃料，则主要燃料代号放在前面。

燃料品种代号　　　　　　　　　　　　表 2-3

燃 烧 种 类	代　号	燃 烧 种 类	代　号
Ⅱ类无烟煤	WⅡ	型煤	X
Ⅲ类无烟煤	WⅢ	水煤浆	J
Ⅰ类烟煤	AⅠ	木材	M
Ⅱ类烟煤	AⅡ	稻壳	D
Ⅲ类烟煤	AⅢ	甘蔗渣	G
褐煤	H	油	Y
贫煤	P	气	Q

2. 锅炉房辅助设备

（1）软化水处理设备

天然水中的溶解物质（主要是钙、镁、钾、钠等盐类）和一些溶解气体，这些盐类大都以离子状态存在，当含有这些离子的水被加热后，水中的溶解盐类就会析出或浓缩沉淀出来，附着在受热面的内壁上，形成水垢。水垢的导热性能很差，严重地影响了锅炉的热效率，甚至危及锅炉的安全，因此锅炉给水需进行软化处理，降低水中钙、镁离子的含量。常用的软化水处理设备有钠离子交换器，见图 2-12。

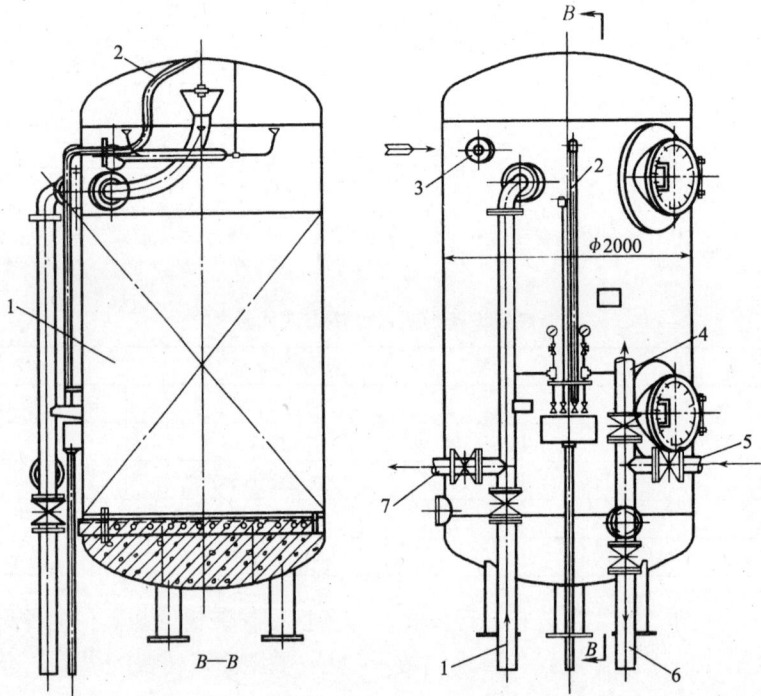

图 2-12　钠离子交换器
1—进水管；2—空气管；3—再生液进口；4—软水管；5—冲洗水管；6、7—排水管

（2）锅炉除碱装置

采用钠离子交换器的特点是只能使原水软化，而不能除去水中碱度。为了保证一定的锅水碱度，就必须增大锅炉的排污量，直接影响了锅炉的经济性。最简单的方法就是先在软水中加酸，但要控制加酸的量，一般锅炉房常采用氢-钠、氨-钠及部分钠离子交换系统，就能达到既软化水又减低锅炉碱度和含盐量的目的。

（3）给水除氧装置

水中溶解的氧、二氧化碳气体会对锅炉金属面产生化学腐蚀和电化学腐蚀，因此锅炉给水需采取除氧措施。

从气体溶解定律知，任何气体在水中的溶解度是与此气体在水解面上的分压力成正比的。在敞开的设备中将水加热，水温升高，会使汽水界面上的水蒸气分压力增大，其它气体的分压力降低，致使其他气体在水中的溶解度减小。但当水温达到沸点时，此时水界面上的水蒸气压力和外界压力相等，其他气体的分压力趋于零，水就不再具有溶解气体的能力。

要使水温达到沸点，通常可采用热力除氧、真空除氧和解吸除氧。除此之外，也有采用向水中加药来消除溶解氧的方法，即化学除氧。

第五节　供热系统组成及设备

一、供热系统分类

将热源和散热设备合并成一个整体，分散布置在各个房间，称为局部供暖系统。这类供暖系统包括火炉供暖、燃气供暖、电热供暖。这些供暖形式装置简单、容易实现，但有些不够卫生而且污染环境，可作为集中供暖系统的补充形式。由远离供暖房间的热源、输热管道和散热设备组成的供热系统称为集中供热系统。将热量从热源输送到用户的介质称为热媒。根据热媒的不同，可分为热水供热系统和蒸汽供热系统。民用建筑应采用热水供热系统。

热水供热系统，可按照下述方法分类：

按照热媒温度的不同，可分为低温热水供热系统和高温热水供热系统。在我国，习惯认为水温低于或等于100℃的热水，称为低温水，水温超过100℃的热水称为高温水。室内供热系统大多采用低温水作为热媒，高温水供热系统一般宜用在生产厂房中。

按照供水方式的不同，可分为单管系统和双管系统。热水经立管或水平管顺序流过多组散热器，并顺序地在各散热器中冷却的系统称为单管系统。热水经供水立管或水平供水管分别供给各组散热器，冷却后的回水自每个散热器直接沿回水立管或水平回水管流回热源的系统，称为双管系统。

二、室内供暖系统的分类

按照系统管道的敷设方式，可分为垂直式系统和水平式系统。

按照系统循环动力的不同，可分为自然循环系统和机械循环系统。自然循环系统靠供回水的密度差和热源与散热器的高差进行循环。机械循环则靠水泵的动力来循环。集中供热系统多采用机械循环，故本书主要介绍机械循环系统。

机械循环热水供暖系统常用以下几种形式：

1. 上供下回式系统

机械循环上供下回式系统是应用较多的形式之一，有单管式和双管式两种形式。单管顺流式（见图2-13中立管Ⅲ）流量不能局部调节，不适应计量供热的要求。单管跨越式（见图中立管Ⅳ）可局部调节，能够满足热计量的要求。在高层建筑中采用单管跨越式与单管顺流式结合的系统型式（见图2-13中立管Ⅴ），上部分为单管跨越式，下部为单管顺流式。这种形式可适当减轻系统中经常出现的上热下冷现象。图2-13立管Ⅰ和Ⅱ为双管式，可局部调节流量，但垂直失调比单管系统大。

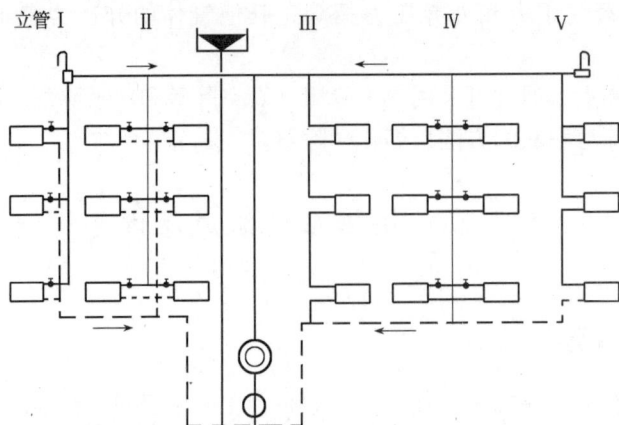

图 2-13　机械循环上供下回式热水供暖系统

2. 下供下回式系统

该系统的供水和回水管都敷设在底层散热器下面。在设有地下室的建筑物，或在平屋顶建筑物顶棚下难以布置供水干管的场合，常采用下供下回式系统，见图 2-14。与上供下回式系统比较，有如下特点：在施工中安装好一层散热器即可开始供暖，给冬季施工带来很大方便，但排除系统中的空气较难。通常用在作用半径小或系统压降小的热水供暖中。

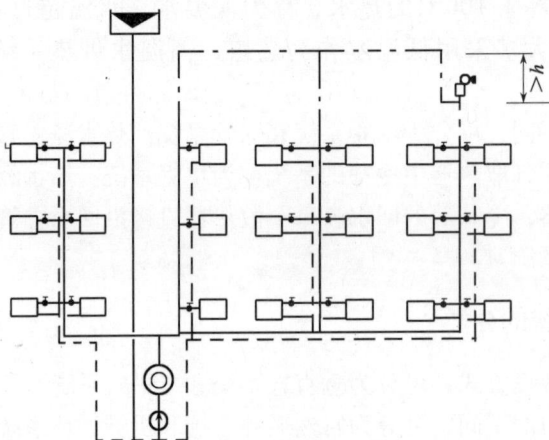

图 2-14　机械循环下供下回式系统

3. 中供式系统

从系统总立管引出的水平供水干管敷设在系统的中部，下部系统呈上供下回式，上部系统可采用下供下回式，也可采用上供下回式（见图 2-15）。中供式系统可避免由于顶层梁底标高过低，致使供水干管挡住窗户的不合理布置，并减轻了上供下回式楼层过多，易出现垂直失调的现象，但上部系统要增加排气装置。中供式系统可用于加建楼层的原有建筑物或品字形建筑的供暖。

4. 水平式系统

水平式系统按供水管与散热器的连接方式可分为水平顺流式和跨越式，图 2-16 为水平顺流式，图 2-17 为水平跨越式。

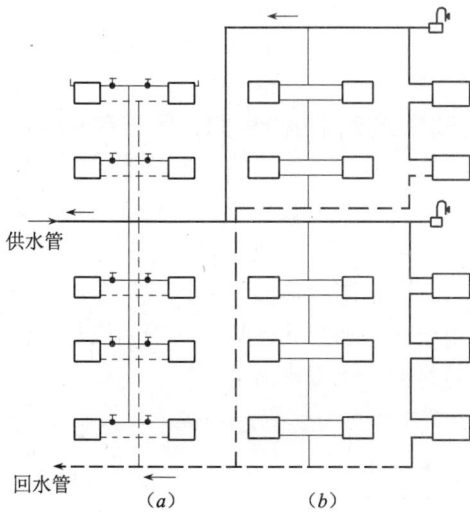

图 2-15　机械循环中供式热水供暖系统

(a) 上部系统—下供下回式双管系统；
(b) 下部系统—上供下回式单管系统

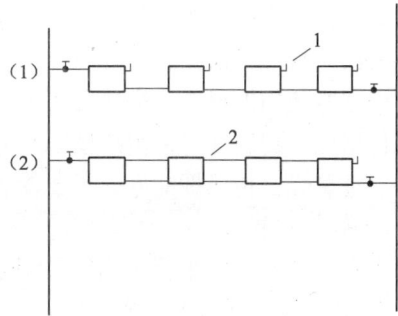

图 2-16　单管水平顺流式

1—跑风；2—空气管

水平式系统具有构造简单、节省管材、少穿楼板、便于施工与检修等优点。但是当散热器组数过多时，后部散热器内水温过低，需要增加散热器片数，因此也可采用水平双管式系统，能够有效减少末端散热器水温度过低的情况。

5. 同程式和异程式系统

如图 2-18 所示，在供暖系统中，各个循环环路热水流程基本相同的供暖系统，称之为同程式系统，各个热水环路流程不同的则称为异程式系统，见图 2-13。异程式系统供回水干管的总长度短，但在机械循环系统中由于作用半径大，连接立管数量多，因而通过各个立管环路的压力损失较难平衡，就容易造成系统近热远冷的现象，即环路短的阻力小，流量大，散热量多，房间热；而环路长的阻力大，流量小，房间温度低。为了消除或减轻系统的水平失调，在供回水干管的布置上采用同程系统，即使各个环路的总长度基本相等。虽然同程式系统要多耗费一些管材，但系统的水力平衡和热稳定性比较好。所以当系统较大时，多采用同程式系统。

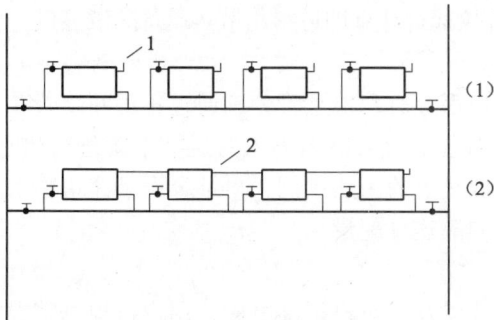

图 2-17　单管水平跨越式

1—跑风；2—空气管

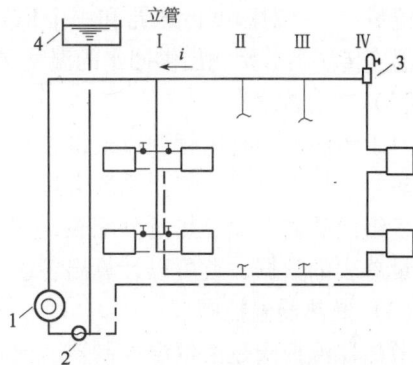

图 2-18　同程式系统

1—热水锅炉；2—循环水泵；3—排气装置；4—膨胀水箱

三、室内供暖系统主要设备

1. 散热器

散热器的功能是将热媒所携带的热量通过散热器壁面传给房间，保证室内所需的温度，达到供暖的目的。散热器是以对流和辐射的形式向室内散热的。散热器应具有较高的传热系数，有足够的机械强度，能够承受一定压力，耗费金属材料少，制造工艺简单，同时应表面光滑、易清扫，不积灰，占地面积小，安装方便，美观，耐腐蚀。

根据所使用的材料，散热器可分为铸铁散热器和钢制散热器。铸铁散热器制造工艺简单、价格低、耐腐蚀，但承压能力低、目前常用于住宅和公共建筑中。钢制散热器体积相对小、重量轻、传热性能好、承压能力高，但易腐蚀，使用寿命短。

2. 膨胀水箱

供暖系统的膨胀水箱作用同空调系统，见本章第3节。

3. 集气罐和自动排气阀

系统的水被加热后，会分离出空气，或在系统停止运行时间，会通过不严密处渗入空气。系统中积存空气就会形成气塞，影响水的正常循环，造成系统局部不热。另外空气与钢管内壁接触会引起内壁腐蚀，缩短管道使用寿命。为了保证采暖系统的正常工作，必须及时将系统中的空气排出，因此在系统的最高点和供水干管的末端设置排气装置。热水供暖系统的排气装置有集气罐、自动排气阀和手动跑风。集气罐一般设于系统的末端最高处，自动排气阀一般设于系统的最高点，手动跑风设于暖气片上。

4. 温控与热计量装置

根据我国《公共建筑节能设计标准》和《居住建筑节能设计标准》的要求，按照节能要求设计的公共建筑总体节能应达到50%，居住建筑应达到65%。为了实现这个目标，提高供热系统效率，采取供热按热计量收费是达到这一目标的重要手段。

为了实现室内温度控制的分户热计量，必须对我国传统的集中供热采暖形式进行改造。通过改变系统形式和通过增加一系列温度、流量压力控制设备与热计量仪表，将传统的静态系统改为动态控制的系统。

（1）热量表

进行热量测量和计算，并作为结算热量消耗依据的计量仪器称为热量表。热量表由一个热水流量计、一对温度传感器和一个积算仪组成。通过流量计测量流经散热设备的热水流量，温度传感器分别测出供回水的温度差，积算仪通过计算即可得出散热设备的散热量。

（2）热分配表

对于传统的垂直单管顺流式供暖系统，每户都会有几根立管分别通过各房间，若在每个散热器上均设置热量表。系统会过于复杂，而且造价太高。为了对这类系统进行改造，宜在各组散热器上设置热量分配表，测量每组散热器的用热比例，再结合设于建筑物入口的热量总表的数据，就可以计算出各组散热器的散热分配量。

（3）散热器温控阀

散热器温控阀是由恒温控制器、流量调节阀以及一对连接件组成，用户可根据室温的要求自行调节并设定室温，既可满足舒适度要求，又可以实现节能。散热器温控阀应安装在每组散热器的进水管上或分户供暖的总入口进水管上。

第三章 暖通空调施工图的基本知识

第一节 暖通空调施工图的有关规定

施工图纸是施工安装的依据，也是编制施工图预算的基础。因此，暖通空调施工图以统一规定的图形符号和简单的文字说明，将暖通空调工程的设计意图正确明了地表达，并用来指导暖通空调工程的施工。

暖通空调工程施工图是涉及特殊专业的图纸，为了使制图做到基本统一，清晰简明，提高制图效率，满足设计、施工、存档等要求，以适应工程建设需要，国家制定了《采暖通风与空气调节制图标准》（GB/T 50114—2001）。标准适用于供暖室内部分、通风与空调的下列工程制图：新建、改建、扩建工程的各阶段设计图、竣工图；通用图、标准图。

暖通空调专业制图还应符合《房屋建筑制图统一标准》（GB/T 50001—2001）及国家现行的有关标准、规范的规定。

一、线型

为区分不同管道、设备轮廓，暖通空调工程图常采用表 3-1 所列线宽组合。

暖通空调工程图常用线型 　　　　　　　　　　　　　表 3-1

名　称		线　型	线　宽	一　般　用　途
实线	粗	——————————	b	单线表示的管道
	中粗	——————————	$0.5b$	本专业设备轮廓线、双线表示的管道轮廓
	细	——————————	$0.25b$	建筑物轮廓；尺寸、标高、角度等标注线及引出线
虚线	粗	— — — — —	b	回水管线
	中粗	–·–·–·–·–	$0.5b$	本专业设备及管道被遮挡的轮廓
	细	·············	$0.25b$	地下管沟、改造前风管的轮廓线；示意性连线
波浪线	中粗	〜〜〜〜〜	$0.5b$	单线表示的软线
	细	〜〜〜〜〜	$0.25b$	断开界线
单点长画线		—·—·—·—	$0.25b$	轴线、中心线
双点长画线		—··—··—··	$0.25b$	假想或工艺设备轮廓线
折断线		———／————	$0.25b$	断开界线

二、比例

暖通空调工程总平面图、平面图等比例，尽可能与工程项目设计的主导专业一致，其余可按表 3-2 选用。

暖通空调工程常用比例   表 3-2

图　名	常　用　比　例	可　用　比　例
剖面图	1：50、1：100、1：150、1：200	1：300
局部放大图、管沟断面图	1：20、1：50、1：100	1：30、1：40、1：50、1：200
索引图、详图	1：1、1：2、1：5、1：10、1：20	1：3、1：4、1：15

三、图例

空调通风施工图上的图形不能反映实物的具体形象与结构，它应该采用国家规定的统一图例符号来表示。为了能够看懂图纸内容，应首先了解暖通空调工程相关图例。

表 3-3 为管道及附件图例，表 3-4 为阀门图例，表 3-5 为采暖设备图例，表 3-6 为风管图例，表 3-7 为通风管件图例，表 3-8 为风口图例，表 3-9 为通风空调阀门图例，表 3-10为通风空调设备图例，表 3-11 为传感元件图例，表 3-12 为仪表图例。

管道及附件   表 3-3

序号	名　称	图　例	说　明
1	管道		用于一张图内只有一种管道
		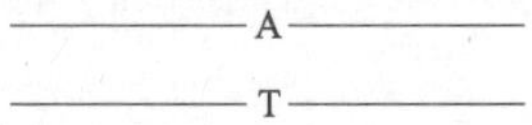 ——A—— ——T——	用汉语拼音字母表示管道类别
		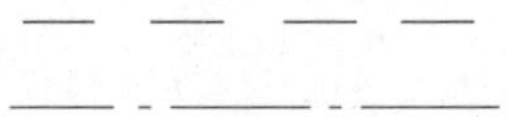	用图例表示管道类别
2	采暖供水（汽）管 回（凝结）水管	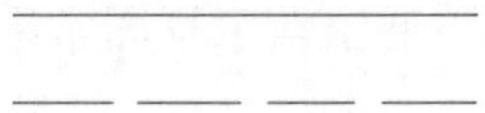	
3	保温管		可用说明代
4	软管		
5	方形伸缩管		
6	套管伸缩管	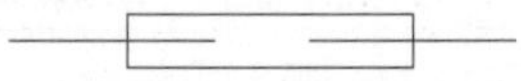	
7	波形伸缩管		
8	弧形伸缩管		
9	球形伸缩管		
10	流向		
11	丝堵	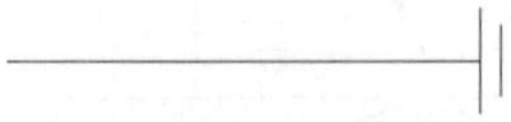	
12	滑动支架	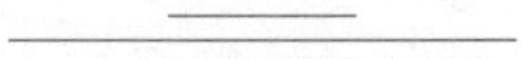	
13	固定支架	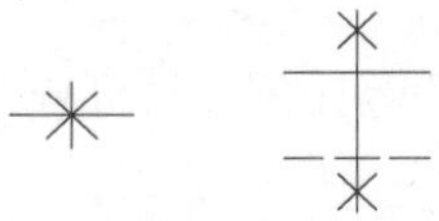	左图：单管 右图：多管

阀门   表 3-4

序 号	名 称	图 例	说 明
1	截止阀	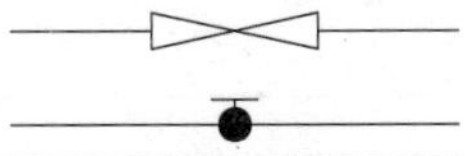	
2	闸阀		
3	止回阀		
4	安全阀	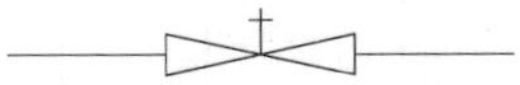	
5	减压阀	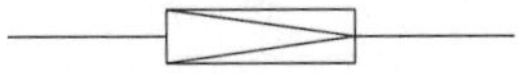	左侧：低压 右侧：高压
6	膨胀阀		
7	散热器放风门	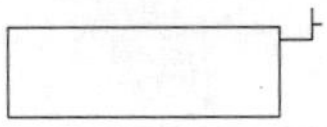	
8	手动排气阀	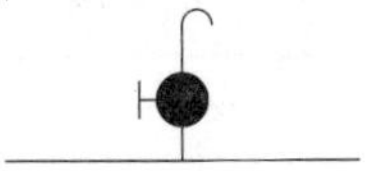	
9	自动排气阀	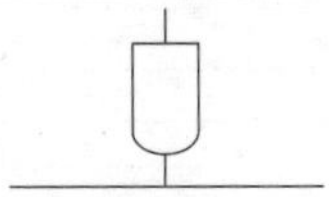	
10	疏水器	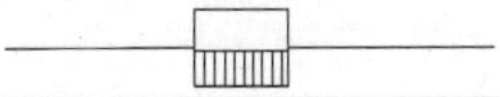	
11	散热器三通阀	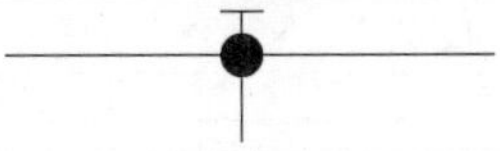	
12	球阀		
13	电磁阀		
14	角阀	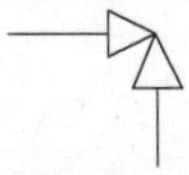	
15	三通阀	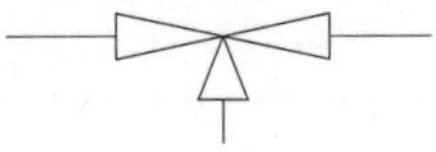	
16	四通阀	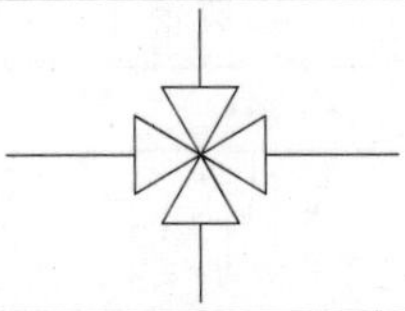	
17	节流孔	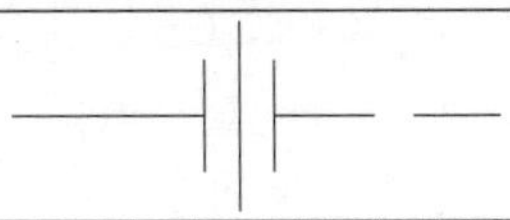	

采暖设备   表 3-5

序 号	名 称	图 例	说 明
1	散热器	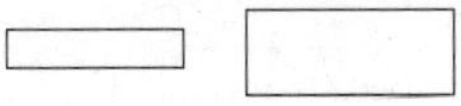	左图：平面 右图：立面
2	集气罐	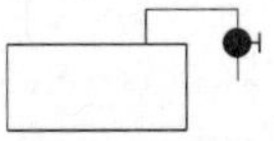	

续表

序 号	名 称	图 例	说 明
3	管道泵	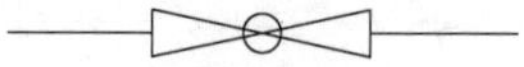	
4	过滤器	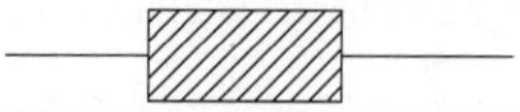	
5	除污器	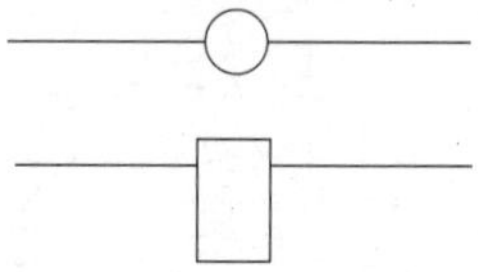	上图：平面 下图：立面
6	暖风机	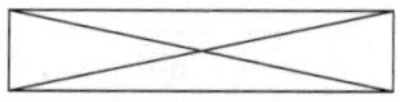	

风管 表 3-6

序 号	名 称	图 例	说 明
1	风管	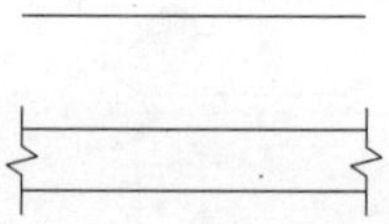	
2	送风管	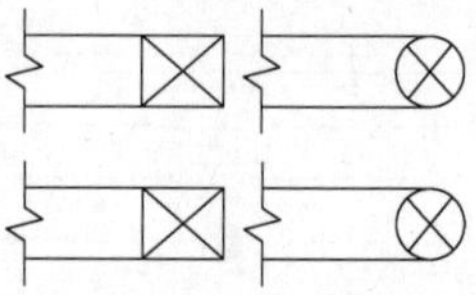	上图为可见剖面 下图为不可见剖面
3	排风管	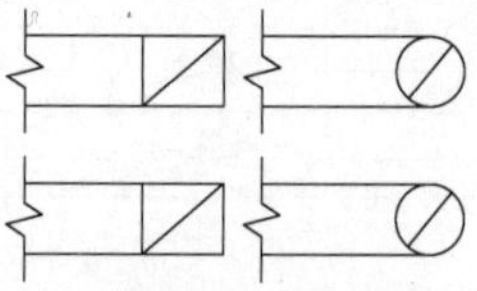	上图为可见剖面 下图为不可见剖面
4	砖、混凝土风道	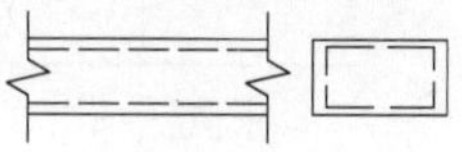	

通风管件 表 3-7

序 号	名 称	图 例	说 明
1	异径管	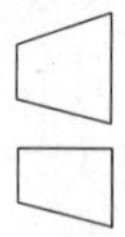	
2	异形管 （天圆地方）	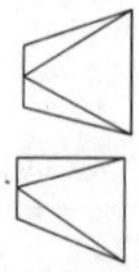	
3	带导流片弯头	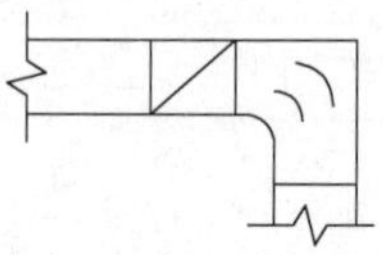	

续表

序　号	名　　称	图　例	说　明
4	消声弯头		
5	风管检查孔		
6	风管测定孔		
7	柔性接头		中间部分也使用与软风管
8	弯头		
9	圆形三通		
10	矩形三通		
11	伞形风帽		
12	筒形风帽		
13	锥形风帽		

风口 表3-8

序　号	名　　称	图　例	说　明
1	送风口		
2	回风口		

续表

序 号	名 称	图 例	说 明
3	圆形散流器	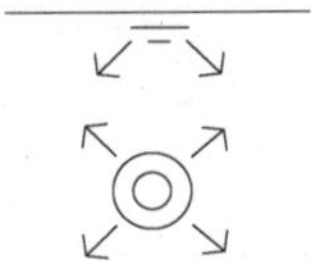	上图为剖面 下图为平面
4	方形散流器	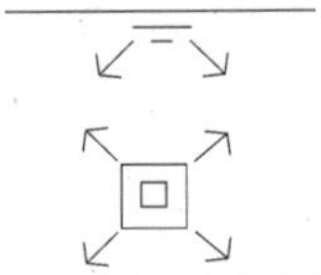	上图为剖面 下图为平面
5	百叶窗	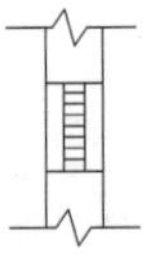	

通风空调阀门 表 3-9

序 号	名 称	图 例	说 明
1	插板阀	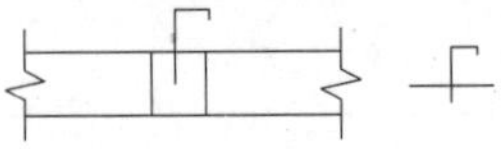	本图例也适用于斜插板
2	蝶阀	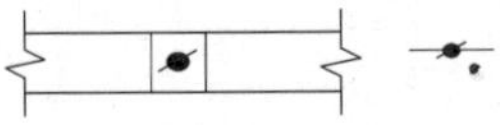	
3	对开式多叶调节阀	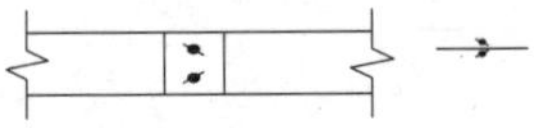	
4	光圈式自动调节阀	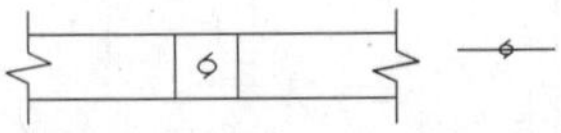	
5	风管止回阀	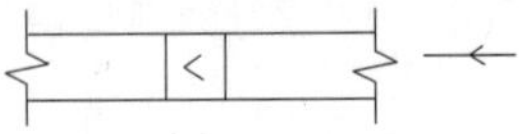	
6	防火阀	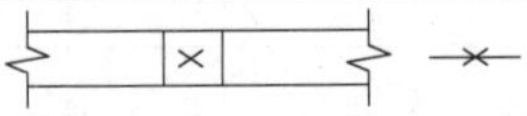	
7	三通调节阀	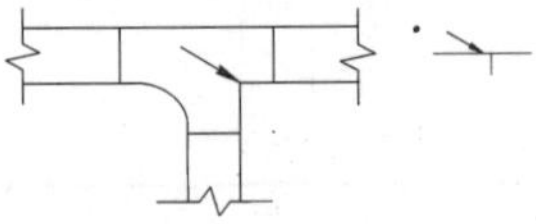	
8	电动对开多叶调节阀	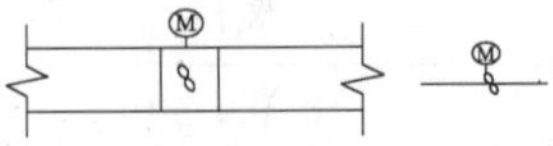	

通风空调设备 表 3-10

序 号	名 称	图 例	说 明
1	通风空调设备		① 本图例使用于一扎根图纸内置有序号 2 至 9、11、13、14、中的一种设备 ② 左图适用于带传动部分的设备，右图适用于不带传动部分的设备

续表

序 号	名 称	图 例	说 明
2	空气过滤器		
3	加湿器		
4	电加热器		
5	消声器		
6	空气加热器		
7	空气冷却器		
8	风机盘管		
9	窗式空调器		
10	风机		
11	压缩机		
12	减振器		
13	离心式通风机		
14	轴流式通风机		
15	喷嘴及喷雾排管		

续表

序 号	名 称	图 例	说 明
16	挡水板	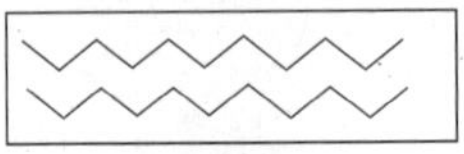	
17	喷雾室滤水器		

传感元件 表 3-11

序 号	名 称	图 例	说 明
1	温度传感元件		
2	压力传感元件		
3	流量传感元件		
4	湿度传感元件		
5	液位传感元件	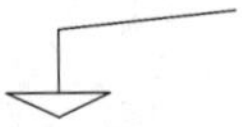	

仪表 表 3-12

序 号	名 称	图 例	说 明
1	指示器（计）		
2	记录仪		
3	温度计		
4	压力表		
5	流量计		

四、制图基本规定

1）图纸目录、设计施工说明、设备及主要材料表等，如单独成图时，其编号应排在他图纸之前。编排顺序应为图纸目录、设计施工说明、设备及主要材料表等。

2）图样需要的文字说明，宜以附注的形式放在该张图纸的右侧，并用阿拉伯数字进行编号。

　　3）一张图纸内绘制几种图样时，图样应按平面图在下、剖面图在上、系统图或安装图在右进行布置。如无剖面图时，可将系统图绘在平面图的上方。

　　4）图样的命名应能表达图样的内容。

　　5）采暖通风平、剖面图，应以直接正投影法绘制。

　　6）采暖通风系统图应以轴测投影法绘制，并宜用正面等轴测或正面斜轴测投影法。采用正面斜轴测投影法时，y 轴与水平线的夹角应选用 45°或 30°。

五、暖通空调工程设计常用规范和参考资料

　　1. 常用设计规范、行业标准

　　（1）《采暖通风与空气调节设计规范》（GB 50019—2003）

　　（2）《高层民用建筑设计防火规范》（GB 50045—2005）

　　（3）《建筑设计防火规范》（GBJ 16—87）（2001 年局部修订）

　　（4）《民用建筑热工设计规范》（GB 50176—93）

　　（5）《民用建筑节能设计标准（采暖居住建筑部分）》（JGJ 26—95）

　　（6）《公共建筑节能设计标准》（GB 50189—2005）

　　（7）《夏热冬冷地区居住建筑节能设计标准》（JGJ 134—2001）

　　（8）《建筑给水排水及采暖工程施工质量验收规范》（GB 50242—2002）

　　（9）《通风与空调工程施工质量验收规范》（GB 50243—2002）

　　（10）《地板辐射供暖技术规程》（JGJ 142—2004）

　　（11）《城市燃气设计规范》2002 版 （GB 50028 ~ 93）

　　（12）《输气管道工程设计规范》（GB 50251 ~ 2003）

　　（13）《洁净厂房设计规范》（GB 50073—2001）

　　（14）《冷库设计规范》（GB 50072—2001）

　　（15）《暖通空调制图标准》（GB/T 50114—2001）

　　（16）《采暖通风与空气调节术语标准》（GB 50155 ~ 92）

　　（17）《工业锅炉安装施工及验收标准》（GB 50273 ~ 98）

　　（18）《制冷设备、空气分离设备安装工程施工及验收规范》（GB 50274—98）

　　（19）《压缩机、风机、泵安装工程施工及验收标准》（GB 50273—98）

　　（20）《地源热泵系统工程技术规范》（GB 50366—2005）

　　（21）其他专项建筑设计规范、专门建筑的设计规范

　　（22）当地法规、技术标准、规章制度等

　　2. 暖通空调专业常用技术措施、设计手册

　　（1）《全国民用建筑工程设计技术措施（暖通空调·动力）》

　　（2）《实用供热空调设计手册》

　　（3）《采暖通风设计手册》

　　（4）《民用建筑工程暖通空调及动力施工图设计深度图样》

　　（5）《空调设计手册》

　　（6）《锅炉房设计手册》

3. 暖通空调专业常用标准图集和参考图集

（1）《建筑设备施工安装通用图集》(91SB 系列，新版），华北地区建筑设计标准化办公室，2005

（2）《国家建设标准设计图集》（暖通空调），中国建筑标准设计研究所，2002

（3）《建筑工程设计施工系列图集—采暖卫生给排水燃气工程》

（4）《民用建筑工程暖通空调及动力施工图设计深度图样》，中国建筑标准设计研究所，2004

（5）《集中供暖住宅分户热计量系统设计实例》

（6）《建筑供热采暖设计图集》

（7）《建筑通风空调设计图集》

（8）《民用建筑暖通及给排水设计实例》

第二节　暖通空调施工图的主要内容

暖通空调工程施工图一般由文字与图纸两部分组成。文字部分包括图纸目录、设计施工说明、设备及主要材料表。图纸部分包括基本图和详图。基本图主要是指空调通风系统的平面图、剖面图、轴测图、原理图等。详图主要是指系统中某局部或部件的放大图、加工图、施工图等。如果详图中采用了标准图或其他工程图纸，那么在图纸目录中必须附有说明。

一、文字说明部分

1. 图纸目录

图纸目录包括该工程的设计图纸目录、在该工程中使用的标准图纸目录或其他工程图纸目录。在图纸目录中必须完整地列出设计图纸的名称、图号、图幅大小、备注等。表 3-13 为图纸目录实例。

图纸目录　　　　　　　　　　　　　　　　　　　　表 3-13

序　　号	图纸编号	图纸内容	图　幅	备　注
01	NS-01	设计与施工说明、图例	A2	
02	NS-02	一层采暖平面图	A1	
03	NS-03	二～四层采暖平面图	A1	
04	NS-04	五层采暖平面图	A1	
05	NS-05	供暖系统图	A1	
…	…	…	…	

2. 设计施工说明

设计施工说明一般作为整套设计图样的首页，简单项目可不做首页，其内容可与平面图等合并。主要应包括下述内容：建筑概况、设计方案概述、设计说明、主要设计参数的选择、设计依据、施工时应注意的事项等。

（1）设计说明

暖通空调工程设计说明是为了帮助工程设计、审图、项目审批等技术人员了解本项目的设计依据、引用规范与标准、设计目的、设计思想、设计主要数据与技术指标等主要内容。作为设计成果，设计说明作为图样首页仅对整个工程项目的主要内容加以陈述，其设计结果与图表的计算过程应在设计计算说明书中作详细论述。

设计说明应包括：

1）设计依据：整个设计引用的各种标准规范、设计任务书、主管单位的审查意见等。

2）建筑概况：需要进行的空调通风工程范围简述（含建筑与房间）。

3）暖通空调室内外设计参数：室外计算参数说明暖通空调工程项目的气象条件（如室外冬夏季空气调节、通风的计算湿度及温度，室外风速等）。室内设计参数说明暖通空调工程实施对象需要实现的室内环境参数（如室内冬夏季空调通风温湿度及控制精度范围，新风量、换气次数，室内风速、含尘浓度或洁净度要求、噪声级别等）。

4）采暖、空调冷热负荷、冷热量指标：为整个工程的造价、装机容量提供依据。

5）采暖设计说明：采暖系统的形式；水力计算情况；管道敷设方式；散热器型号等。

6）空调设计说明：说明空调房间名称、性质及其产生热、湿、有害物的情况；空调系统的划分与数量；各系统的送、回、排、新风量，室内气流组织方式（送回风方式）；空气处理设备（空调机房主要设备）；系统消声、减振等措施、管道保温处理措施。

7）通风设计说明：通风系统的数量、系统的性质及用途等；通风净化除尘与排气净化的方案等措施；各系统送排风量，主要通风设备容量、规格型号等；其他如防火、防爆、防振、消声等的特殊措施。

8）热源、冷源情况；热媒、冷媒参数；所需的冷热源设备（冷冻机房主要设备、锅炉房主要设备等）容量、规格、型号；系统总热量、总冷量、总耗电量等系统综合技术参数。

9）系统形式和控制方法。必要时，需说明系统的使用操作要点，例如空调系统季节转换、防排烟系统的风路转换等。

（2）施工说明

施工说明所指内容是指施工中应当注意、用施工图表达不清楚的内容。施工说明各条款是工程施工中必须执行的措施依据，它有一定的法律依据。凡施工说明中未提及，施工中未执行，且其结果又引起施工质量等不良后果的，或者按施工说明执行且无其他因素引起的不良后果，设计方需承担一定责任，为此施工说明各条款的内容非常重要，应介绍设计中使用的材料和附件、连接方法、系统工作压力和特殊的试压要求等，如与施工验收规范相符合，可不再标注。说明中还应介绍施工安装要求及注意事项，一般含以下内容：

1）需遵循的施工验收规范。

2）各风管材料和规格要求，风管、弯头、三通等制作要求。

3）各风管、水管连接方式、支吊架、附件等安装要求。

4）各风管、水管、设备、支吊架等的除锈、油漆等的要求和做法。

5）各风管、水管、设备等保温材料与规格、保温施工方法。

6）机房各设备安装注意事项、设备减振做法等。

7）系统试压、漏风量测定、系统调试、试运行注意事项。

8）对于有安装于室外的设备，需说明防雨、防冻保温等措施及其做法。

对于经验丰富的施工单位，上述条款也可简化，但相应的施工要求与做法应指明需要遵循的国家标准或规范条款第几项。

由于施工需注意的事项有许多，说明中很容易遗留有关内容，施工说明末尾经常采用"本说明未尽事宜，参照国家有关规范执行"，以避免遗漏相关条款。

（3）设备与主要材料表

设备与主要材料表内的设备应包含整个暖通空调工程所涉及的所有设备，其格式应符合采暖通风与空气调节制图标准（GB/T 50114～2001）的要求。设备与主要材料表是工程各系统设备与主要材料的型号和数量上的汇总，应包括散热器、通风机、空调机组、风机盘管、冷热源设备、换热器、水系统所需的水泵、水过滤器、自控设备等，还应包含各种送回风口、风阀、水阀、风和水系统的各种附件等。风管与水管通常不列入材料表。

设备与材料表是业主投资的主要依据，也是设计方实施设计思想的重要保证，施工方订货、采购的重要依据，为此，各项目的描述不当、遗漏或多余均会带来投资的错误估计，可能造成工期延误，甚至造成设计方、业主方、施工方之间的法律纠纷。因此，正确无误地描述设备与主要材料表中的各项目非常重要。

二、图纸部分

1. 平面图

平面图包括建筑物各层楼面采暖、通风、空调系统的平面图、空调机房平面图、制冷机房平面图等。平面图应绘出建筑轮廓、主要轴线号、轴线尺寸、室内外地面标高、房间名称。首层平面图上应绘出指北针。平面图必须反映各设备、风管、风口、水管等安装平面位置与建筑平面之间的相互关系。一般规定如下：

1）平面图一般是在建筑专业提供的建筑平面图上，采用正投影法绘制，所绘的系统平面图应包括所有安装需要的平面定位尺寸。

2）绘制时应保留原有建筑图的外形尺寸、建筑定位轴线编号、房间和工段等各区域名称。

3）绘制平面图时，有关工艺设备画出其外轮廓线，非本专业的图（门、窗、梁、柱、平台等建筑构配件、工艺设备等）均用细实线表示。

4）若车间仅一部分或几层平面与本专业有关，可以仅绘制有关部分与层数，并画出切断线。对于比较复杂的建筑，应局部分区域绘制，如车间，应在所绘部分的图面上标出该部分在车间总体中的位置。

5）平面图中表示剖面位置的剖面线应在平面图中有所表示，剖视线应尽量少拐弯。指北针应画在首层平面上。

6）管道和设备布置平面图应按假想除去上层板后俯视规则绘制，否则应在相应垂直剖面图中表示平剖面的剖切符号。

室内暖通空调设计中平面图纸按其系统特点一般应包括：各层的设备布置平面图；管线平面图；空调水管布置平面图；空调通风工程平面图；风管系统平面图（根据系统的复杂程度有时又可分风口布置平面图、风管布置平面图、新风平面图或排风平面图，风管与水管也可以绘制在一个平面图上）；空调机房平面图；冷冻机房平面图等。

（1）采暖平面图

采暖平面图应绘出散热器位置，注明规格、数量和安装方式；采暖干管、立管、支管位置、编号、走向、管道安装方式；管道的阀门、放气、泄水、固定支架、补偿器、入口装置、减压装置、疏水器、管沟及监察人孔位置；注明干管管径及标高、坡度。二层以上的多层建筑，其建筑平面相同的，采暖平面二层至顶层可合用一张图纸，散热器数量应分层标注。当采用低温地板辐射采暖时，还应按房间标注出管道、发热电缆的定位尺寸、管（线）长度、管径或发热电缆规格、管线间距以及伸缩缝的位置等。当地板采暖厂家设计、施工时，图中应标出该房间的设计温度、设计热负荷等参数，供厂家使用。当采用分户计量时，应标出热量表位置，必要时，应画大样图表述。

（2）空调通风系统平面图

空调通风系统平面图主要说明通风空调系统的设备、系统风道、冷、热媒管道、凝结水管道的平面布置，它主要包括下述内容。

1）空调通风风管布置平面图

空调通风平面图是指风管系统管道布置。一般应按下列要求绘制：风管系统一般以双线绘出，包括风管的布置、消声器、调节阀、防火阀各部件设备的位置等，并且注明系统编号、送、回风口的空气流动方向。

① 风管按比例用中粗双线绘制，并注明风管与建筑轴线或有关部位之间的定位尺寸。

② 标注风管尺寸时，只注两风管变径前后尺寸。

③ 风管立管穿楼板或屋面时，除标注布置尺寸及风管尺寸外，还应标有所属系统编号及走向。

④ 风管系统中的变径管、弯头、三通均应适当地按比例绘制。

2）空调水管布置平面图

空调水系统包括空调冷热水、凝结水管道等，必须画出反映系统水管及水管上各部件、设备位置的平面布置图。下面以风机盘管系统的水系统平面布置图为例，说明空调系统中的水系统平面布置图绘制规则：

① 水管一般采用单线方式绘制，并以粗实线表示供水管、粗虚线表示回水管，并注明水管直径与规格以及管径中心离建筑墙、柱或有关部位的尺寸。

② 供水管、回水管、凝水管等应标注其坡度与坡向。

③ 风机盘管、管道系统相应的附件采用中粗实线按比例和规定符号画出，如遇特殊附件则按自行设计的图例画出。

④ 系统总水管供多个系统时，必须注明系统代号与编号。

此外，对于应用标准图集的图纸，还应注明所用的通用图、标准图索引号。对于恒温、恒湿房间，应注明房间各参数的基准值和精度要求。

当建筑装修未确定时，风管和水管可先画出单线走向示意图，注明房间送、回风量或风机盘管数量、规格，待建筑装修确定后，再按规定要求绘制平面图。对改造工程，由于现场情况复杂，可暂不标注详细定位尺寸，但要给出参考位置。

（3）空调冷冻机房平面图

冷冻机房平面图的内容主要有：制冷机组的型号与台数及其布置；冷冻水泵、冷凝水泵、水箱、冷却塔的型号与台数及其布置；冷（热）媒管道的布置；各设备、管道和管道上的配件（如过滤器、阀门等）的尺寸大小和定位尺寸。

空调冷冻机房平面图必须反映空气处理设备与风管、水管连接的相互关系及安装位置，同时应尽可能说明空气处理与调节原理。一般含下列内容：

1）空气处理设备：应注明机房内所有空气处理设备的型号、规格、数量，并按比例画出其轮廓和安装的定位尺寸。空调机组宜注明各功能段（风机段、表冷段、加热段、加湿段、混合段等功能）名称、容量。

2）风管系统：各送风管、回风管、新风管、排风管等采用双线风管画法，注明与空气处理设备连接的安装位置，对风管上的设备（如管道加热器、消声设备等）必须按比例根据实际位置画出，对于各调节阀、防火阀、软接头等可根据实际安装位置示意画出。

3）水（汽）管系统：采用单粗线绘制，如机房水汽管并存，则采用代号标注区分之。所画系统应充分反映各水（汽）管与空气热湿处理设备之间的连接关系和安装位置，对于管道上附件（如水过滤器、各种调节阀等）可按比例画出其安装位置。

4）轴线的尺寸：绘出连接设备的风管、水管位置及走向，注明尺寸、管径、标高。标注出机房内所有设备和各种仪表、阀门、柔性短管、过滤器等管道附件的位置。

（4）锅炉房平面图

锅炉房平面布置图应注明设备定位尺寸及设备编号，绘出燃气、水、风、烟、渣等管道平面图，并注明管道阀门、补偿器、管道固定支架的安装位置以及就地安装的测量仪表位置等，并注明各种管道管径、定位尺寸及安装标高，必要时还应注明管道坡度及坡向。

2. 剖面图

从某一视点，通过对平面图剖切观察绘制的图称为剖面图。剖面图是为说明平面图难以表达的内容而绘制的，与平面图相同，采用正投影法绘制。图中所说明的内容必须与平面图相一致。常见的有空调通风系统剖面图、空调机房剖面图、冷冻机房剖面图等，经常用于说明立管复杂、部件多以及设备、管道、风口等纵横交错时垂直方向上的定位尺寸。图中设备、管道与建筑之间的线型设置等规则与平面图相同，除此之外，一般还应包括以下内容：

1）注意剖视和剖切符号的正确应用。

2）凡在平面图上被剖到或见到的有关建筑、结构、工艺设备均应用细实线画出。标出地板、楼板、门窗、顶棚及与通风有关的建筑物、工艺设备等的标高，并应注明建筑轴线编号、土壤图例。

3）标注空调通风设备及其基础、构件、风管、风口的定位尺寸及有关标高、管径及系统编号。

4）标出风管出屋面的排出口高度及拉索位置，标注自然排风帽下的滴水盘与排水管位置、凝水管用的地沟或地漏等。

平面图、系统轴测图上能表达清楚地可不绘制剖面图，剖面图与平面图在同一张图上时，应将剖面图位于平面图的上方或右上方。

3. 系统轴测图

系统轴测图采用的坐标是三维的，其主要作用是从总体上表明系统的构成情况及各种尺寸、型号、数量等。具体地说，系统轴测图上包括系统中设备、配件的型号、尺寸、定位尺寸、数量以及连接于各设备之间的管道在空间的曲折、交叉、走向和尺寸、定位尺寸等。系统轴测图上还应注明该系统的编号。通过系统轴测图可以了解系统的整体情况，对系统的概貌有个全面的认识。

暖通空调系统轴测图可以用单线绘制，也可以用双线绘制。轴测图一般采用45°投影法，以单线按比例绘制，其比例应与平面图相符，特殊情况除外。主要有采暖水系统轴测图、空调风系统轴测图、空调冷冻水系统轴测图、冷却水系统轴测图、凝结水系统轴测图等。一般将室内输配系统与冷热源机房分开绘制。

（1）采暖系统图

采暖系统图，有的文献称为采暖系统轴侧图，主要表达采暖系统中的管道、设备的连接关系、规格与数量。不表达建筑内容。内容应包括：

1）采暖系统中的所有管道、管道附件、设备都要绘制出来。

2）标明管道规格、水平管道标高、坡向与坡度。

3）散热设备的规格、数量、标高，散热设备与管道的连接方式。

4）系统中的膨胀水箱、集气罐等与系统的连接方式。

采暖系统图的绘制方法如下：

1）采暖系统轴测图应以轴测投影法绘制，并宜用正等轴测或正面斜轴测投影法。当采用正面斜轴测投影法时，y轴与水平线的夹角应选用45°或30°。目前，多采用正面斜等测绘制，y轴与水平线的夹角为45°。

2）采暖系统轴测图宜用单线绘制。供水干管、立管用粗实线，回水干管用粗虚线，散热器支管、散热器、膨胀水箱等设备用中粗实线，标注用细线。

3）系统轴测图宜采用与相对应的平面图相同的比例绘制。

4）需要限定高度的管道，应标注相对标高。管道应标注管中心标高，并应标在管段的始端或末端。散热器宜标注底标高，对于垂直式系统，同一层、同标高的散热器只标右端的一组。

5）柱式、圆翼形式散热器的数量，应注在散热器内；光管式、串片式散热器的规格、数量，应注在散热器的上方。

6）当采用供热工程制图标准时，阀门应按其要求进行绘制，这时阀门宜按比例绘制阀体和阀杆。当采用暖通空调制图标准时，可按其所示的阀门轴测画法绘制，这时需绘制阀杆的方向，阀体和阀杆的大小依据其实际尺寸近似按比例绘制，即大致反映其大小。在工程实践中，许多时候可不绘制阀杆，阀门的大小也并不严格按比例绘制。

（2）空调水系统轴测图

空调水系统的轴测一般用单线表示，基本方法和采暖系统相似。联系平面图与轴测图一起识图，能帮助理解空调系统管道的走向及其与设备的关联。

（3）空调风系统轴测图

通风空调系统轴测图一般应包括下列内容：表示出通风空调系统中空气（或冷热水等介质）所经过的所有管道、设备及全部构件，并标注设备与构件名称或编号。绘制空调通风系统轴测图应注意下列事项：

1）用单线或双线按比例绘制管道系统轴测图，标注管径、标高，在各支路上标注管径及风量，在风机出口段标注总风量及管径。由于双线轴测图制图工作量大，所以在用单线轴测图能够表达清楚的情况下，很少采用。

2）按比例（或示意）绘出局部排风罩及送排风口、回风口，并标注定位尺寸、风口形式。

3）管道有坡度要求时，应标注坡度、坡向，如要排水，应在风机或风管上表示出排水管及阀门。

当系统较为复杂时会出现重叠，为使图面清晰，一个系统经常断开为几个子系统，分别绘制，断开处要标识相应的折断符号。也可将系统断开后平移，使前后管道不聚集在一起，断开处要绘出折断线或用细虚线相连。

4. 流程图

流程图，又常称原理图，主要包括：系统的工作原理及工作介质的流程；控制系统之间的相互关系；系统中的管道、设备、仪表、部件；控制方案及控制点参数等。它应该能充分表达设计者的设计思想和设计方案。原理图不按投影规则绘制，也不按比例绘制。原理图中的风管和水管一般按粗实线单线绘制，设备轮廓采用中粗线。原理图可以不受物体实际空间位置的约束，根据系统流程表达的需要，来规划图面的布局，使图面线条简洁，系统的流程清晰。如果可能，应尽量与物体的实际空间位置的大体方位相一致。对于垂直式系统，一般按楼层或实际物体的标高从上到下的顺序来组织图面的布局。

空调系统原理图一般包括下列内容：

1）系统中所有设备及相连的管道，注明各设备名称（可用符号表示）或编号，各空气状态参数（温湿度等）视具体要求标注。

2）绘出并标注各空调房间的编号，设计参数（冬夏季温湿度、房间静压、洁净度等），可以在相应的风管附近标注系统和各房间的送风、回风、新风与排风量等参数。

3）绘出并标注系统中各空气处理设备，有时需要绘出空调机组内各处理过程所需的功能段，各技术参数视具体要求标注。

4）绘出冷热源机房冷冻水、冷却水、蒸汽、热水等各循环系统的流程（包括全部设备和管道、系统配件、仪表等），并宜根据相应的设备标注各主要技术参数，如水温、冷量等。

5）测量元件（压力、温度、湿度、流量等测试元件）与调节元件之间的关系、相对位置。

在工程实践中，对于大型的工程，要在一张图上完整详细地表达全部的系统和过程几乎是不可能的。这时就可能要绘制多张原理图，各原理图重点表达通风空调工程的一个部分或者子项。例如，可以将冷热源机房的原理图与输配系统的原理图分开绘制；将水系统与风系统原理图分开绘制。水系统有时又细分为热水系统和冷水系统；风系统，有时又分为循环风系统、新风系统、排风系统、防排烟系统。在工程实践中，应用较多的是水系统原理图（包括或者不包括冷热源）；冷热源机房热力系统原理图；不含冷热源的空调系统原理图（重点表达空气处理过程）。

5. 详图

详图主要有：

1）设备、管道的安装节点详图。如：热力入口处通过绘制详图将各种设备、附件、仪表、阀门之间的关系表达清楚。

2）设备、管道的加工详图。当用户所用的设备由用户自行制造时，需绘制加工图。通常有水箱、分水缸等。

3）设备、部件基础的结构详图等。如水泵的基础、换热器的基础等。

部分详图有标准图可供选用。

第四章　水暖施工图的实例解读

第一节　建筑给水、排水施工图解读

建筑给水、排水系统亦称为室内给排水系统。室内给排水管道施工图表示一幢建筑物的给水管道系统和排水管道系统，它的内容包括平面布置图、系统轴测图和详图。

一、室内给水系统的组成

室内给水系统根据供水对象不同，可分成生产、生活和消防等三种给水系统。室内给水系统由以下几个内容组成（见图4-1）。

（1）引入管

自室外管网引入室内的一段水平管。引入管一般设有坡度，斜向室外管网。每条引入管装有阀门，必要时还装设泄水装置，以便管网检修时泄水。

（2）水表节点

水表用以记录水量。

（3）室内配水管网

包括干管、立管、横管和支管等。

（4）用水设备

包括各种阀门、水笼头、水箱等。

（5）升压设备

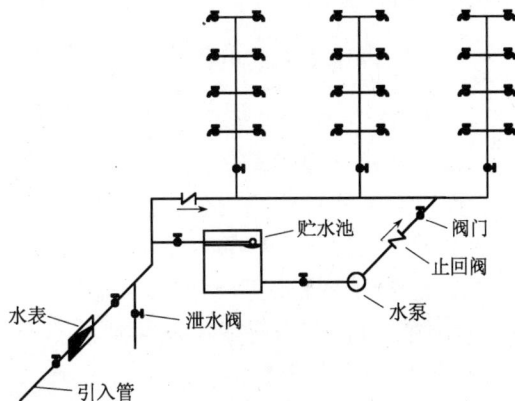

图4-1　室内给水系统组成

当用水量大而水压不够时，需要设置水箱或水泵等设备。

二、室内给水管道施工图的内容

1. 给水平面图

在建筑内部，凡需要用水的房间均配有卫生设备和给水用具。给水平面图就是表示以上内容以及管道的布置情况。它们都是用图例的形式表示的。管道平面图中的管线是示意性的，同时管件（如活接头、弯头、管箍等）也不画出来，因此在识图时必须熟记图例、熟记给水管道的施工工艺。

看平面图时应注意以下内容：

1）引入管、横管、干管、支管的平面位置、走向、定位尺寸、与室外管网的连接形式、管径、立管（图中用小圆圈表示）的编号、管道与用水设备的连接方式、尺寸。所以对用水设备的构造和尺寸应有一定的了解，常用的要记住。

2）消防给水管道要查明消火栓的布置、口径大小及消防箱的形式与设置。

3）在给水管道上设置水表时，要查明水表的型号、规格、安装位置以及水表前后阀门的设置情况。

2. 给水系统轴测图

给水系统轴测图是按正面斜等测的方式绘制的，主要表明管道系统的立体（空间）走向。识图时应注意：

1）给水管道的具体走向，干管的敷设形式，管径尺寸及变化情况，阀门的设置、引入管、干管以及各支管的标高。

2）各配水龙头、阀门、水表以及卫生设备的数量及安装高度。

3）图中管道支架（管卡、钩钉、吊架、托架）一般都不画出来，由施工人员按有关规定和习惯做法自己确定（查阅给排水标准图集）。

3. 详图

详图主要是管道节点、水表、消火栓、水加热器、过墙套管等。这些图都是采用正投影原理画出来的，图纸上有详细尺寸，可供安装时直接使用。有的节点图不画，直接查用给排水标准图集。

三、室内排水系统的组成

室内排水系统由如下几部分组成（见图4-2）：

（1）排水支管和横管

连接卫生器具的称支管，连接支管和立管的水平管段称排水横管。连接大便器的管径不小于 $DN100$ 且坡度 $i=0.02$。横管起端一般设有清扫口，如果起端是地漏则可不设清扫口。

（2）排水立管

排水立管一般管径为 $DN100$。管径不得小于连接于立管上的横管管径。立管在底层和顶层必须设置检查口。

（3）排出管

把室内排水立管的污水排入室外第一个

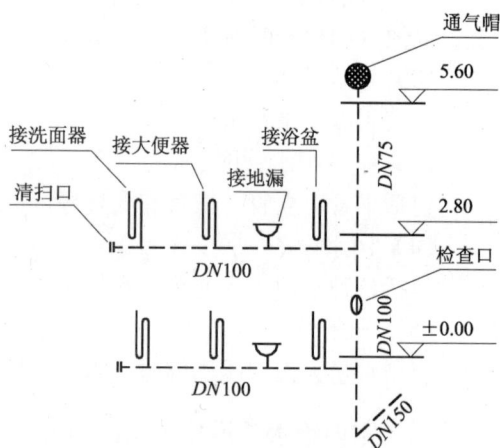

图4-2　室内排水系统图

检查井的水平管段称为排出管（或称为出户管）。排出管一定要有坡度，坡向室外检查井。

（4）通气管

在顶层不通水的一段（顶层排水横管以上部分）立管称为通气管，以便排除臭气和保证水封不致被破坏。

（5）清扫设备

检查口、清扫口和室内检查井均属清扫设备。

四、室内排水管道施工图的内容

1. 排水平面布置图

同给水一样，排水管道平面布置图是施工中最基本最重要的图样。它表明建筑物内卫生器具、排水管道的平面布置。它们都是示意性的，识图时应记住图例和习惯画法。同样，管接头、变径处在施工图上都不画出来。识图时注意查明排水干管、立管、支管的平面位置和走向，管径尺寸及立管编号。大型厂房还设置有清扫设备、室内检查井，注意查看。

2. 排水系统轴测图

查明排水管道系统的具体走向，管路分支情况，管径尺寸，横管坡度、管道各部位标高。系统图不绘出卫生器具，一般只绘接收污水的存水弯或地漏等。注意与平面图对照查明位置。在识读排水管道系统图时，一般按卫生器具排水管（带存水弯）、排水横管、立管及排出管的顺序进行的。排水管道为了水流畅通，根据管道敷设的位置往往选用135°弯头或135°斜三通，图中不一定画出来，注意施工时按习惯用管件。存水弯有 P 型和 S 型，管材有铸铁和塑料之分，还应注意管道连接方式。管道支架一般不画出，也是施工人员按规定确定。

3. 详图

详图主要是卫生器具，如大便器、浴盆、洗脸盆、洗涤盆、淋浴器等的安装详图。详见给排水国家标准图集。

五、给水、排水管道施工图解读

1. 给水、排水平面图

图 4-3 为某办公楼卫生间（五层）的给水排水平面布置图，它表明了卫生间给水排水管道及卫生设备的平面布置情况。建筑物中给水、排水管道往往集中布置在厨房、卫生间、盥洗间等用水房间，为了表达得清楚，绘图时可只绘出建筑平面图中的用水房间。可以把给水平面布置图和排水平面布置图分别绘制，也可以绘制在同一建筑平面图上，但读图时应分别进行识读。

建筑平面图上用细实线表示房屋建筑平面的墙身和门窗，用中实线表示各种卫生器具等设备，用粗实线表示给水管道，用粗虚线表示排水管道。因此，可以了解到此卫生间用水器具有：2 个蹲便器、2 个坐便器、3 个小便器、2 个洗脸盆和 1 个拖把池，分别靠东、西两侧墙布置，从定位尺寸上可确定其之间的间隔距离。

给水系统采用了两根立管供水，立管编号分别为 JL-1、JL-2，给水立管是指每个给水系统穿过室内地面及各楼层的竖向给水干管，每根立管表示一个给水系统。立管 JL-1 位于卫生间西北角，引出的水平支管沿西墙布置，经截止阀、分支管把水直接送到蹲式大便器和坐便器上。立管 JL-2 位于卫生间东南角，引出的水平支管沿东墙布置，经截止阀、分支管把水直接送到洗脸盆、拖把池、小便器上。

排水系统与给水系统相对应的采用了两套排水系统，立管编号分别为 PL-1、PL-2，各自连接有水平排水支管，将支管上连接的卫生器具中的脏水集中后通过排出管排至室外。

浴室只在五层有，从图 4-4 上可以看到浴室中没有单独的给水排水系统，而是与隔壁卫生间的给水立管 JL-2 相连接为淋浴器及洗脸盆供水；通过排水立管 PL-2 将污水排出。

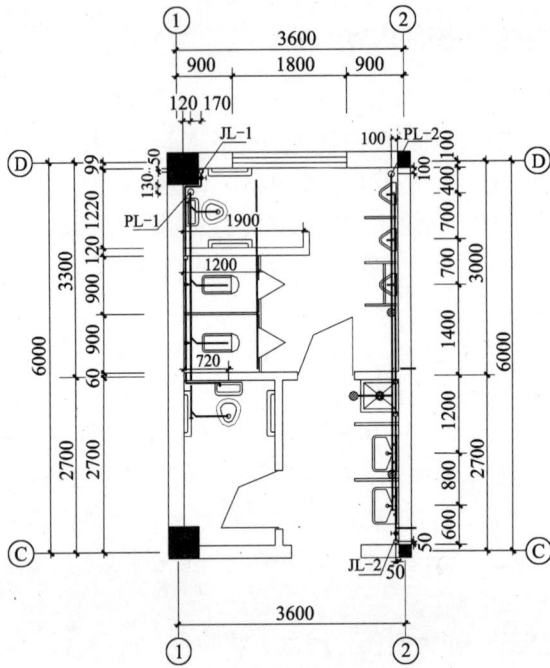

公共卫生间给排水平面图1:150

图4-3 某办公楼卫生间给排水平面图

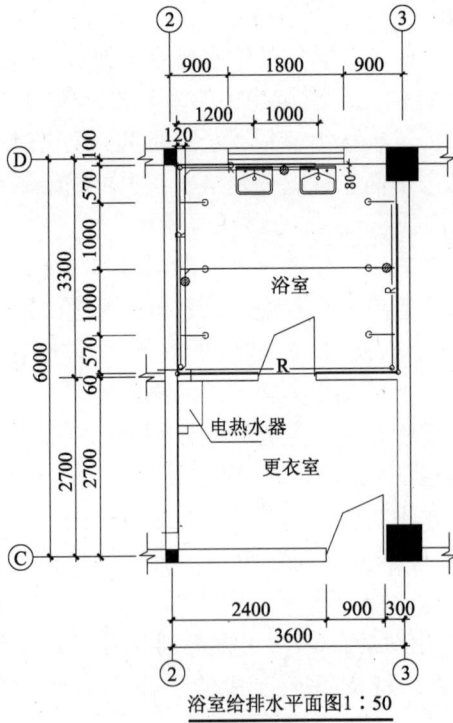

浴室给排水平面图1:50

图4-4 浴室给排水平面图

2. 给水、排水系统图

给水与排水管道系统图应分别单独画出，单独读图。读图时应将系统图与平面布置图进行对照识读，才能了解到整个室内给水与排水管道及用水设备的布置情况。给水与排水立管穿越的楼地面用一短横细实线表示，并标注出楼地面标高或用文字加以说明。

给排水管道系统图与给排水平面图标注的立管编号相对应，图4-5中立管编号JL-1、JL-2、PL-1、PL-2分别表示两个给水系统和两个排水系统，图中没有画出卫生器具的图例，只按这些卫生器具的实际位置画出了给水管道和卫生器具以外的配件图例，如放水龙头等图例。排水系统图中的卫生器具连接处只绘出存水弯，位置与平面图相对应。存水弯保留的水相当于一个水封，用来隔绝和防止有害、易燃气体及虫类通过卫生器具、管口侵入室内。

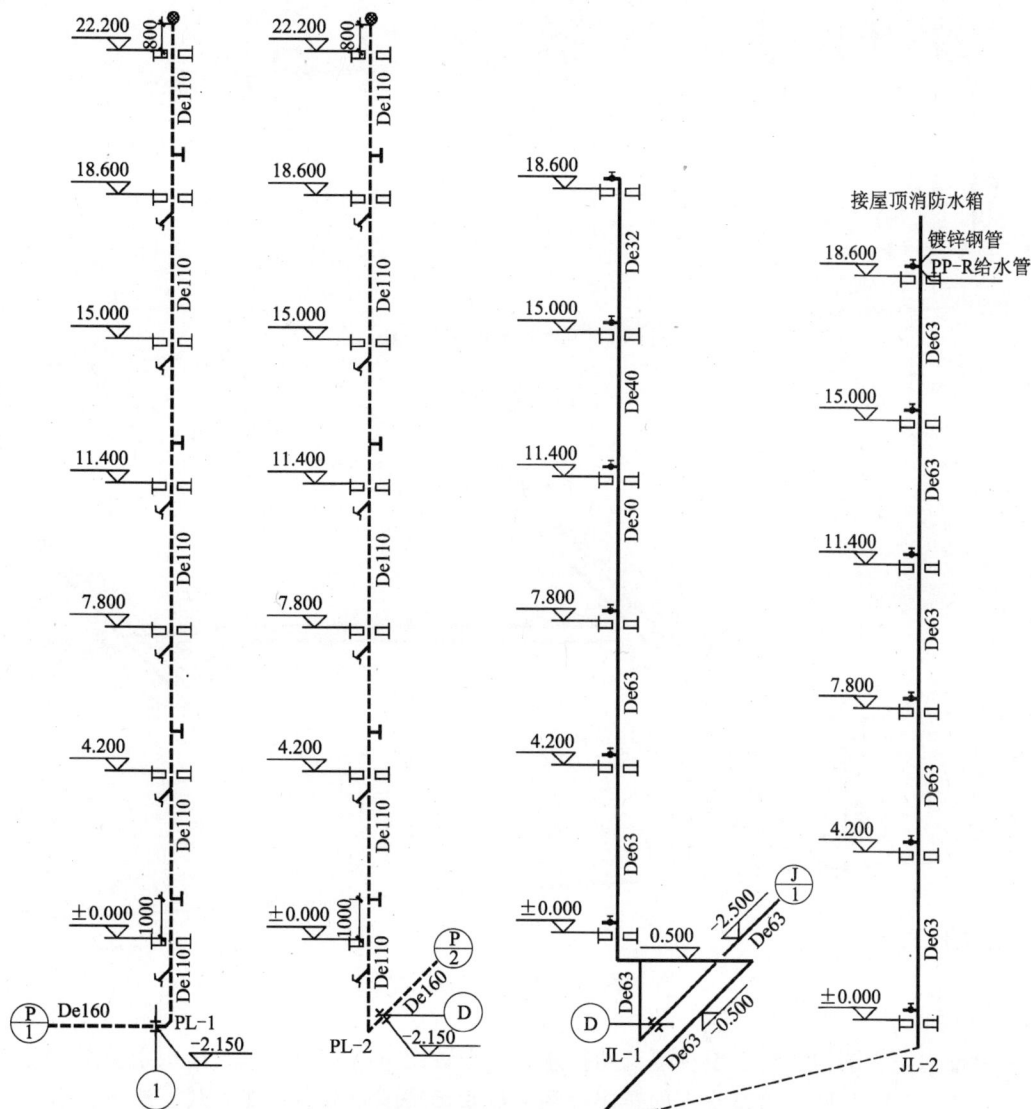

给排水立管系统图1:100

图4-5 给排水立管系统图

给排水系统图可将立管、水平支管绘制在同一图纸上，也可以将水平支管单独绘制，如图4-6、图4-7和图4-8，识读时需注意水平支管与所连接的立管的编号以及所在楼层的标注。

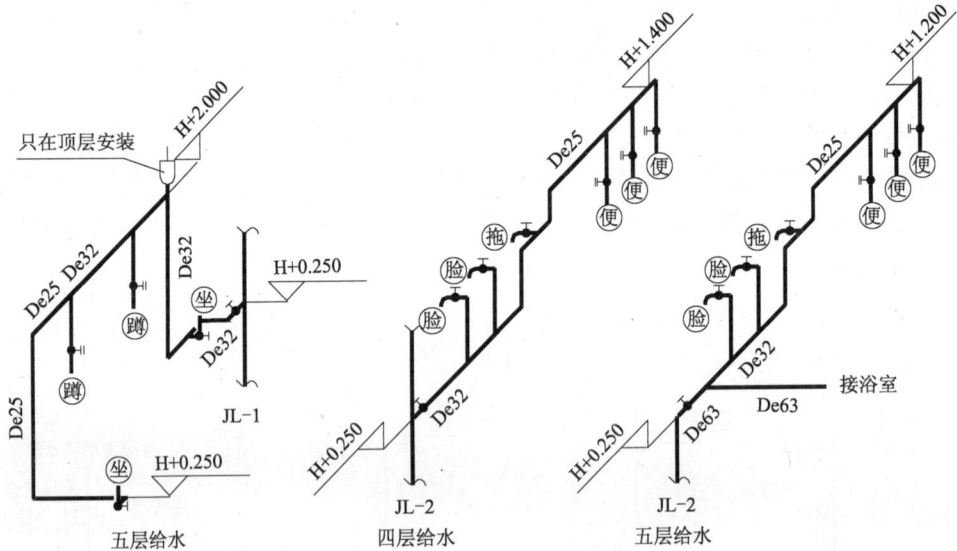

图 4-6 卫生间给水管道系统

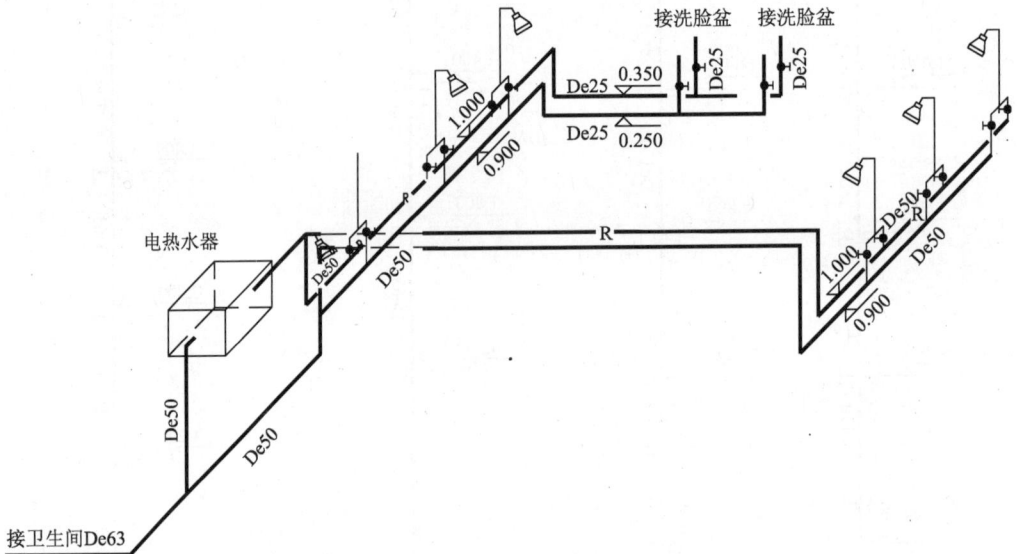

图 4-7 浴室给水管道系统图

给排水系统图识读时需要反复与给排水平面布置图进行对照识读，给水系统图识读时一般先从引入管开始，沿给水走向顺序读图，排水系统图识读时一般先从上至下，沿污水流向顺序读依次看清管道的走向及与设备的连接。此外还需读到必要的文字说明，如标注了给水管管径、楼地面标高尺寸、给水管管中心标高等、排水管管径、排水坡度、排水管内底标高、通气帽中心距屋面的尺寸等。

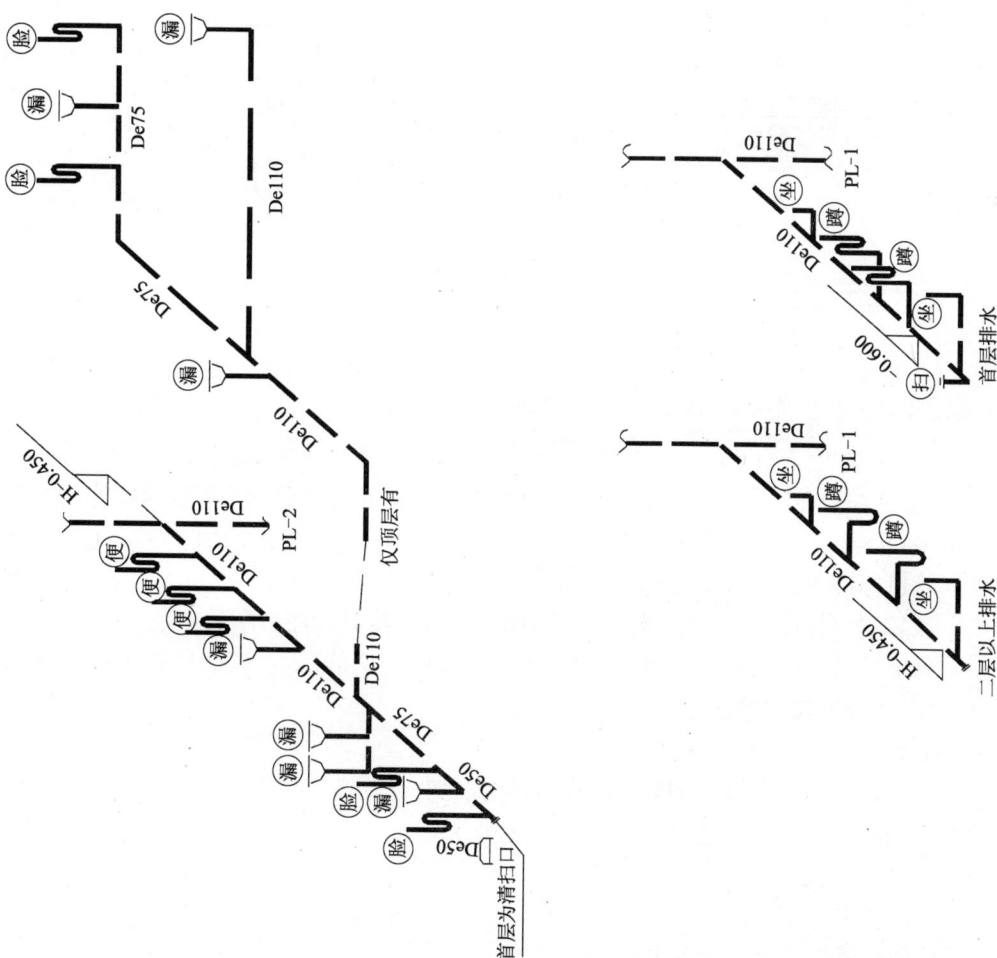

图 4-8 卫生间、浴室排水管道系统图

第二节 建筑采暖施工图解读

一、室内采暖图样的画法

1. 平面图图样画法

1）采暖平面图上的建筑物轮廓应与建筑专业图一致。

2）管道系统用单线绘制。

3）散热器用图例表示，画法如图 4-9 所示。

4）散热器的供回水管道画法如图 4-9 所示。

2. 系统图的图样画法

采暖管道系统图通常采用 45°正面斜轴测投影法绘制，布图方法应与平面图一致，并采用与之对应的平面图相同的比例绘制。

1）散热器的画法及数量、规格的标注见图 4-10 所示。

2）系统图中的重叠、密集处可断开引入绘制，见图 4-10。

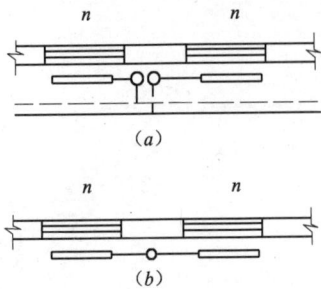

图 4-9 散热器画法

（a）双管系统画法；（b）单管系统画法；n—散热器数量

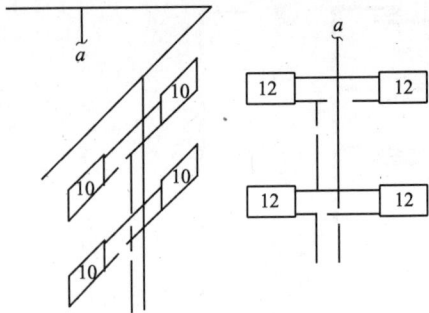

图 4-10 系统图中散热器画法及标注

3. 标高与坡度

采暖管道在需要限定高度时，应标注相对标高。管道的相对标高以建筑物底层室内地坪为 ±0.00 为界，低于地坪的为负值（例如地沟管道）、比地坪高的用 "+" 号。

1）管道标高一般为管中心标高，标注在管段的始端或末端。

2）散热器宜标注底标高，同一层、同标高的散热器只标注右端的一组。

3）管道的坡度用单面箭头表示。坡度符号与用 "i" 表示。箭头所指为坡向，而不是热媒流向，数字表示坡度。

4. 管径与尺寸的标注

1）焊接钢管用公称直径 DN 表示管径规格。如：$DN32$、$DN25$。

2）无缝钢管用外径和壁厚表示，如：$D108 \times 4$。

3）管径标注位置：

① 应标注在变径处；

② 水平管道应注在管道上方；

③ 斜管道应标注在管道斜上方；

④ 竖管道应标注在管道左侧；

⑤ 当管径规格无法按上述位置标注时，可另找适当位置标注，但应用引出线示意；

⑥ 同一种管径的道道较多时，可不在图上标注，但需用文字说明。

4）管道施工图中注有详细的尺寸，以此作为安装制作的主要依据。尺寸符号由尺寸界线、尺寸线、箭头和尺寸数字组成，一般以 mm 为单位，当取其他单位时必须加以注明。如果有些尺寸线在施工图中标注的不完整，施工、预算时可根据比例，用比例尺量出。

5. 比例

图纸中管道的长短与实际大小相比的关系叫做比例。采暖管道平面图的比例一般随建筑图确定，系统图随平面图而定，其他详图可适当放大比例。但无论何种比例画出的图纸，图中尺寸均按实际尺寸标注。

二、采暖施工图的识读实例

采暖施工图识读时，应将平面图、系统图对照起来。首先看标题栏，了解该工程的名称、图号、比例等，并通过指北针确定建筑物的朝向、建筑层数、楼梯及出入口等情况。然后进一步了解管道、设备的设置情况。

1) 查明入口的位置、管道的走向及连接，各管段管径的大小要顺热媒流向看，例如供水管径由大到小，回水管径由小到大。

2) 了解管道的坡向、坡度、水平管道与设备的标高，以及立管的位置、编号等。

3) 掌握散热设备的类型、规格、数量及安装方式及要求等。

4) 要看清图纸上的图样和数据。节点符号、详图等要由大到小、由粗到细认真识读，具体识读通过下面的施工图进行。

1. 采暖施工平面图解读

例：图 4-11 为某办公楼的采暖平面图，从该建筑图上可以看出，该栋建筑共有两层，楼梯间位于建筑物的北向，外门位于南向。

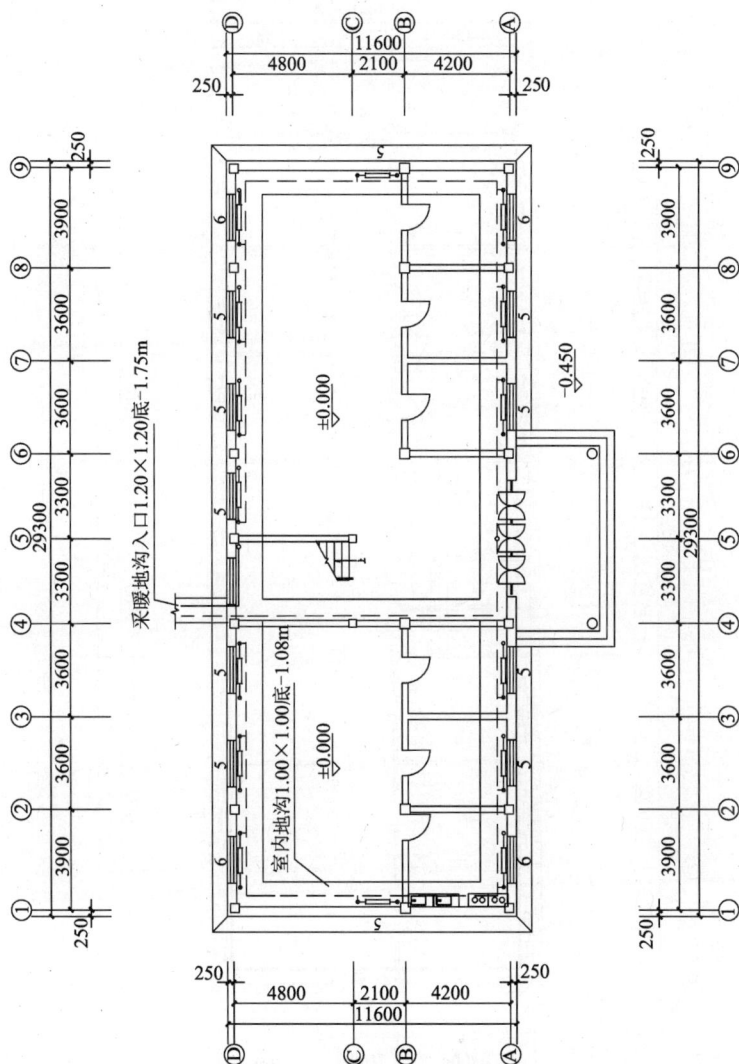

图 4-11　底层采暖平面图

由底层平面图可以看到热力入口由建筑北侧④⑤轴线处由北向南引入。引入管地沟设计标高为 −1.75m，引入口供回水管道上设有压力表、温度计、旁通管、阀门及泄水装置。供回水干管均敷设于底层地沟内。

　　此采暖系统采用的是上供下回式单管同程系统，供水干管进入地沟后在轴线⑤附近沿墙通达顶层，供水干管在顶层分为东西两支、长短（阻力）相近的支路，并设置阀门调节水力平衡，从而避免出现采暖系统的水力失调，影响到采暖效果。采暖立管采用单管系统，与暖气片顺流连接，最后通过地沟中的回水干管在南面外门处汇集，形成同程式系统，由一总的回水管接至热力入口，管道长度虽然有所增加，投资造价会增高，但是水力平衡效果较好。

　　各组散热器均采用单管顺流式连接方式，因此，在各组散热器供水支管上不设置调节阀。每组散热器上设跑风阀，散热器片数均注于平面图上。在顶层两个横支管的末端均安装有集气罐（见图4-12）。

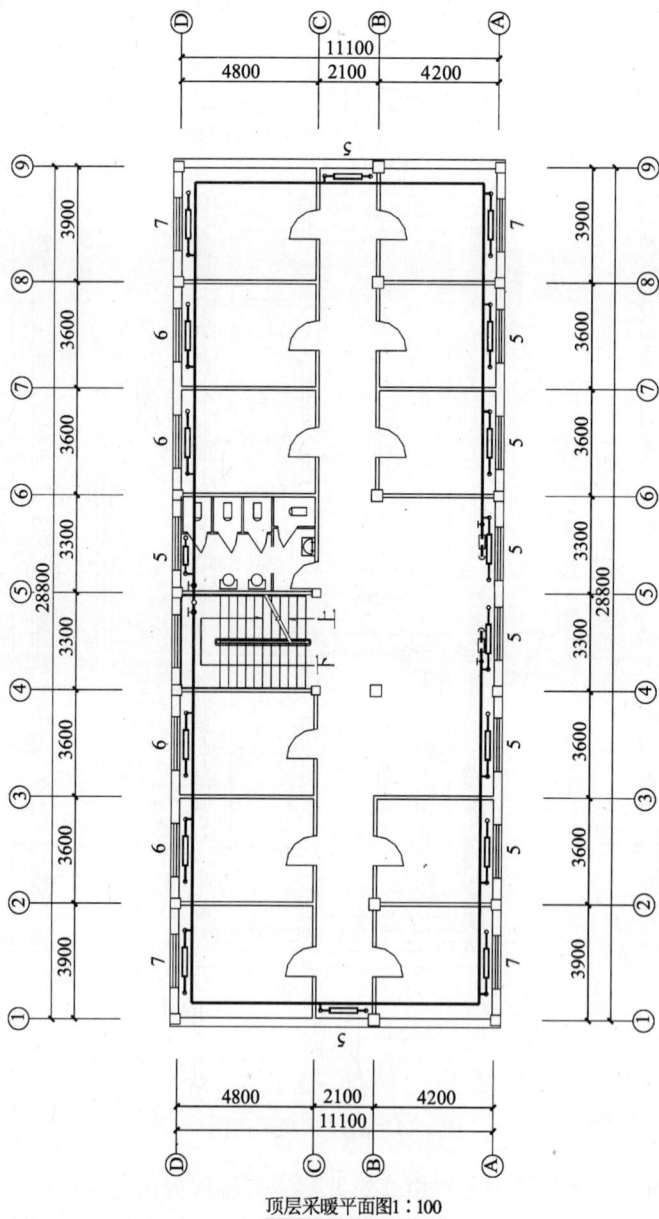

顶层采暖平面图1∶100

图4-12　顶层采暖平面图

　　图4-13是一单元式住宅采暖平面图，分为东西向A、B两户。随着用热收费制度的推行和建筑节能工作的深入开展，越来越多的住宅建筑采用单户水平式采暖系统。单户水平式采暖系统是典型的竖向分层水平式系统。现在越来越多的写字楼、宾馆和住宅楼等高层建筑采用这种形式。其特点是一般有一组立管，立管大多布置在管道井中，各楼层的分系统从立管上接出，没有了顶层和底层的供回水干管；各层采用水平式系统，当各层户型布局相同或者相似时，各层的采暖平面图就很相似，甚至完全相同。因此，有时可以将三张平面合而为一，在上面标注散热器片数时，注明其是顶层、中间层和底层。

　　2. 采暖系统图解读

　　图4-14是图4-11与图4-12所示采暖系统相对应的采暖系统图。系统图为了避免出现南北环路与散热器的交叉重叠，而将其断开引出绘制，相应的断开处均用相同的字母表示。在系统图上沿着热水的流向可以清楚地识别出供水管的管径由大变小，回水管的管径由小变大。在分支处如有管径的变化，必定有明确的管径标注。系统图与平面图最大的差异就在于系统图上体现出了立管的情况，如立管管径的标注、立管与散热器之间的连接情况（本系统采用上进下出的异侧连接），立管上为了调节与检修方便均设置了调节阀。另外在系统图上标有供、回水横干管的标高，以及热力入口处总供、回水管的标高。在系统图上还表明了横管的坡度、坡向。图纸中未表示的部分一般均在设计施工说明中注明。

　　单元式住宅采暖系统图制图表达上，和原来的垂直式单管/双管系统有很大的不同。因为按原来系统轴测图的绘制方法，不同楼层住户的采暖系统会重叠在一起，图面十分杂乱。并且由于不同楼层住户的采暖系统完全相同（散热器位置、片数、各管段管径），也没有逐一绘制的必要，因此通常采用立管系统图＋单层系统轴测图的制图方法或者采用原理图＋立管大样＋单层系统的轴测图的制图方法。

　　例如：图4-15和图4-16就是采用立管系统图＋单层系统轴测图的制图方法，是一个单户水平式采暖系统的实例，它是整个建筑的一个单元，每层有两个住户。立管设在管道井中，管道井位于楼梯间内。户内采暖系统为双管系统。通过平面图、单户系统轴测图清晰地表达了系统形式以及各设备、管道、阀门仪表的规格、数量、位置和连接关系。在立管系统图上标注标高、立管管径，与户内系统的连接管道等；在典型单户系统图（如底层、中间层、顶层）上绘制户内采暖系统，在这些系统上要标注散热器片数。当楼层不是很多时，也可以将立管系统图和单层户内系统图共同绘制在同一系统图上，为了避免重叠，只绘制某几个（如底层、标准层、顶层）楼层的户内采暖系统，其他楼层的管段从立管接出后，马上打断，并注明相同楼层号。

　　当采用原理图＋立管大样＋单层系统的轴测图的制图方法时，原理图相当于将采暖系统在某一平面上展开，如图4-17所示，绘制时不按比例和投影规则，在上面可以清楚地看出立管以及各支管的管径、户内系统与立管的连接方式、散热器支管与散热器的连接方式、各楼层的散热器片数等。单层系统的轴测图可以选择某一特定楼层（这时要标注散热器片数），或不特定楼层（这时不标注散热器片数），来表达户内的采暖系统。立管大样图则选择一楼层处，通过绘制平面图和剖面图，来表达立管在管道井中位置、立管与户内系统的连接方式（包括各种阀门仪表）。

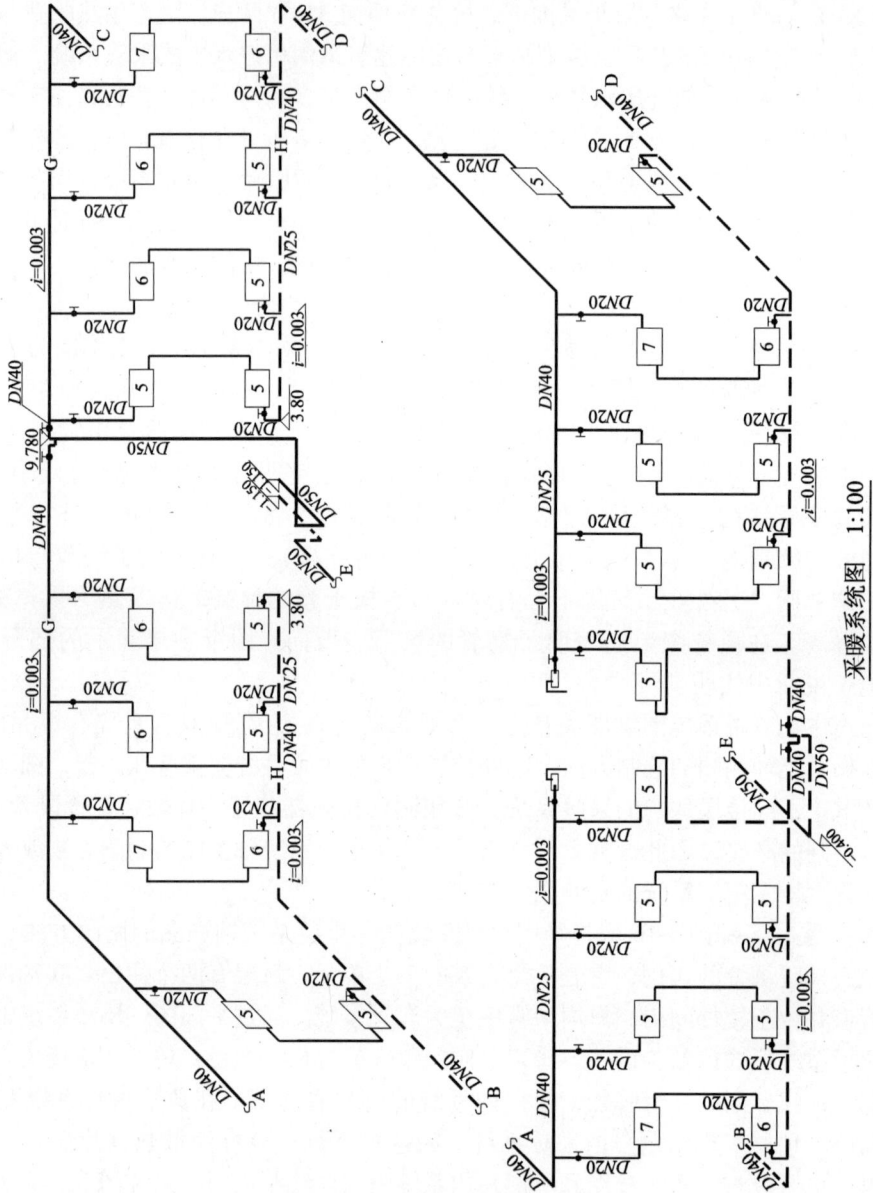

图 4-14 某办公楼采暖系统图

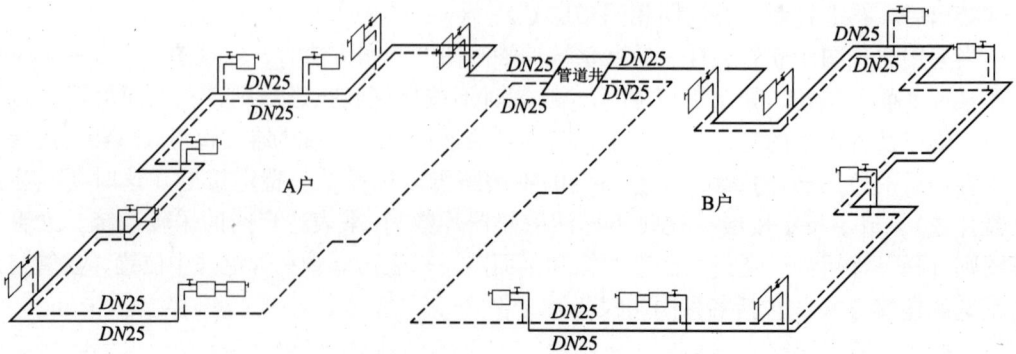

图 4-15 单元式住宅采暖标准层系统图

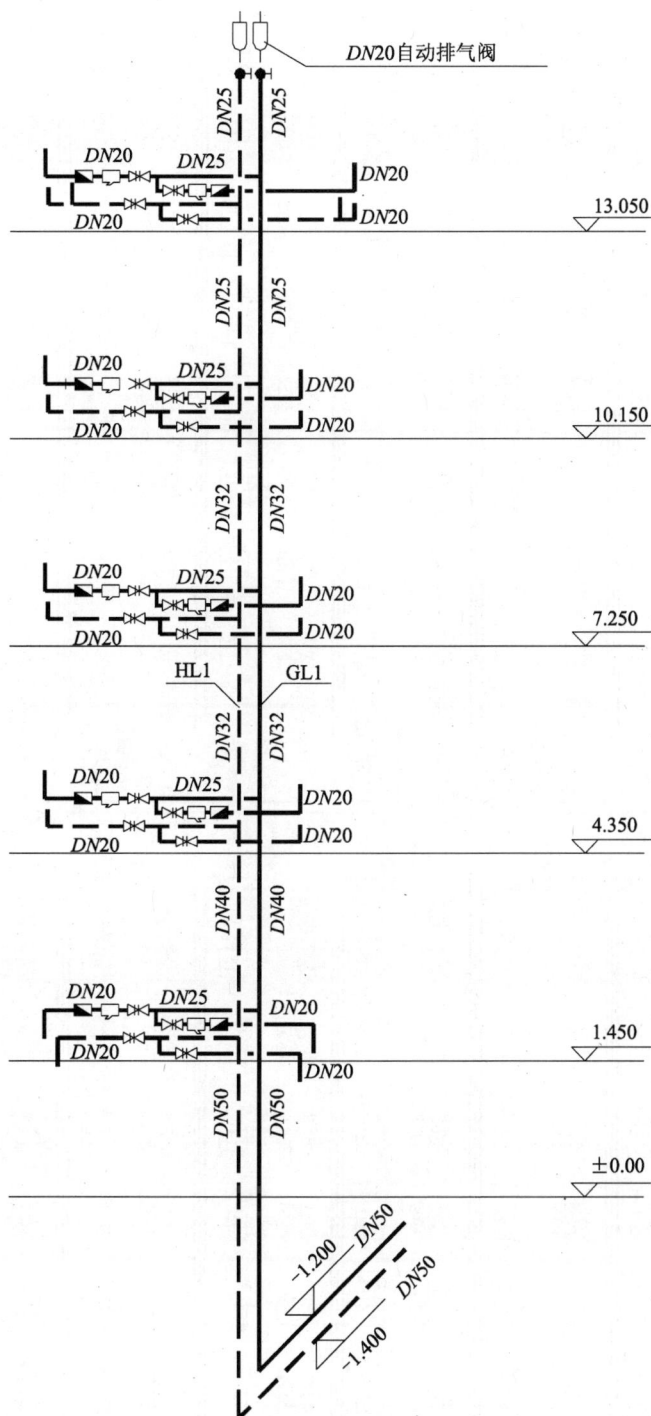

DN20自动排气阀

图 4-16 单元式住宅采暖立管系统图

3. 采暖详图解读

采暖系统常见的详图可直接套用有关采暖工程的标准图集，对不能直接套用的则需要自行画出详图。现给出图 4-18 所示的散热器连接详图和图 4-19 所示的热力入口详图以供参考。

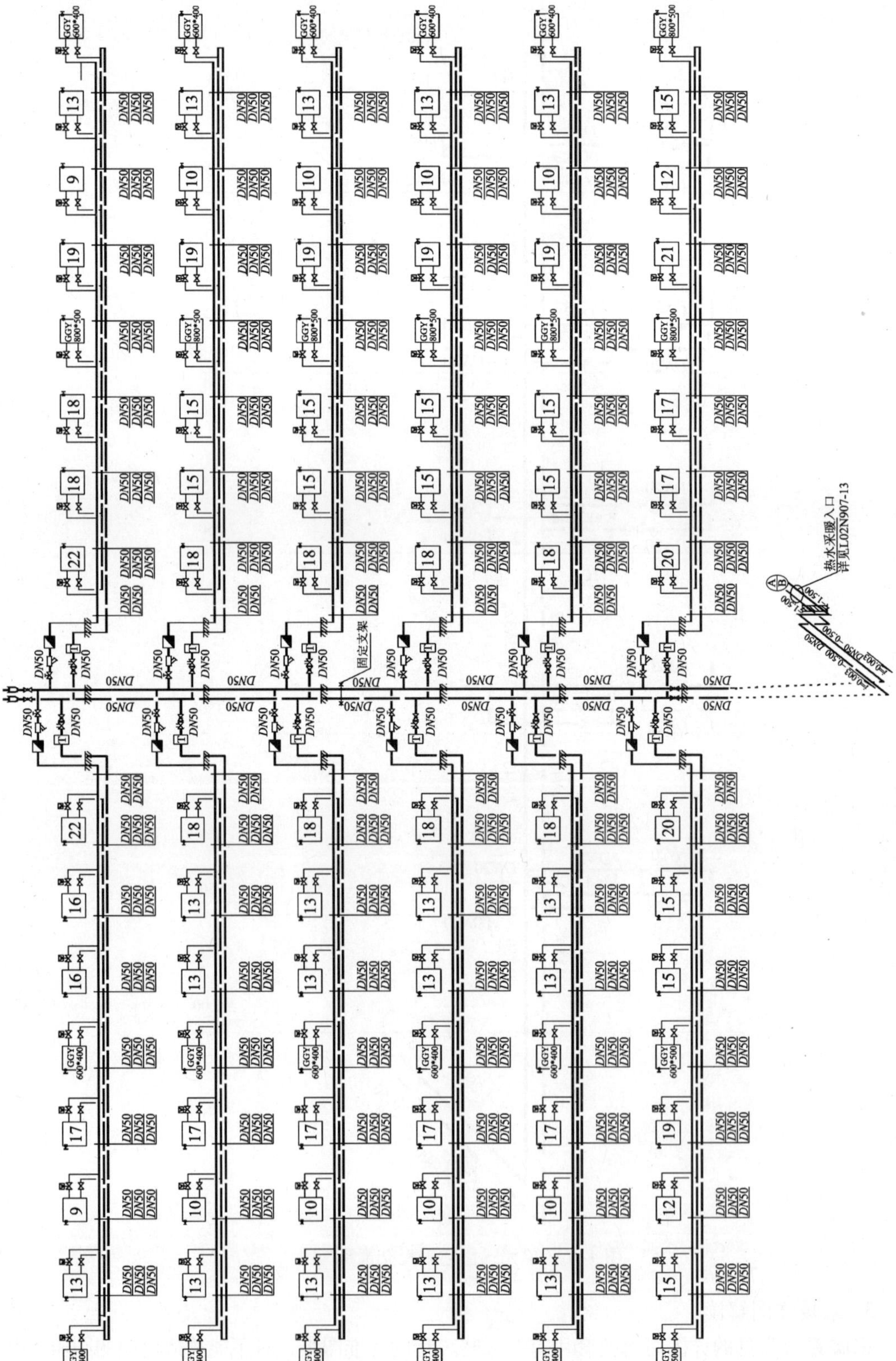

图 4-17　某单元采暖系统原理图

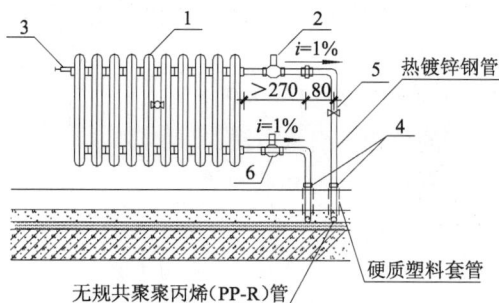

图 4-18　散热器连接详图
1—散热器；2—手动调节阀；3—排气阀；
4—内螺纹接头；5—管卡；6—球阀

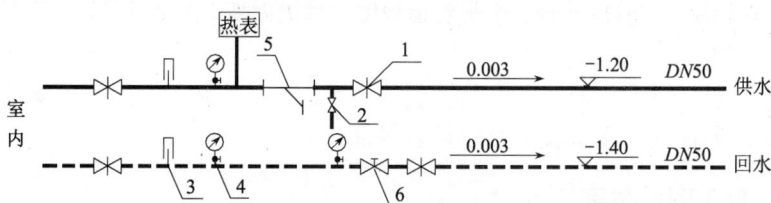

图 4-19　热力入口详图
1—闸阀；2—泄水阀；3—温度计；4—压力表；5—除污器；6—平衡阀

第三节　燃气施工图解读

一、燃气施工图的组成

燃气施工图包括设计总说明、庭院燃气管道平面布置图、室内燃气管道平面布置图、室内燃气管道系统图和详图、设备及主要材料表等部分。

1. 设计总说明

设计总说明是用文字对施工图上无法表示出来而又非要施工人员知道不可的内容予以说明，如工程规模、燃气种类、燃气用具情况、管道压力、管道材料、管道气密性检验方法、管道防腐方式和敷设方式、管道之间安全净距等，以及设计上对施工的特殊要求等。

2. 平面图

平面图分为室内燃气管道平面图和庭院燃气管道平面布置图。庭院燃气管道平面图主要表示室外燃气管道的平面分布、管道的走向。室内燃气管道平面布置图主要表示燃气引入管、立管和下垂管的位置。根据引入管的引入位置的不同，施工图应分层表示。室内燃气管道平面布置图常用比例有 1：100、1：200、1：50，在图中均有标注。庭院燃气管道平面图常用比例有 1：500、1：1000、1：10000 等。

庭院燃气管道平面图主要反映以下内容：

1）现状道路或规划道路的中心线及折点坐标；

2）燃气主管与市政燃气管道的连接位置和管径；

3）庭院管道的分布、管径、坡度，分支管道变径等；

4）凝水缸的位置；

5）阀门井位置；

6）楼前管道的管径、管材，燃气管道与建筑物和其他主要管道、设备的间距；

7）调压设施的布置。

室内燃气管道布置平面图主要反映以下内容：

1）单元燃气管道引入管的位置、引入方法；

2）室内立管、下垂管的管径、位置和坡向等；

3）燃气表的安装位置及方式；

4）室内燃气具的安装位置。

3. 系统图

燃气系统图表示燃气管道的立体走向，是根据各层立管、下垂管的位置及竖向标高，用斜轴侧投影绘制而成的。燃气系统图所用比例通常为1∶100或1∶50，也可以不按比例绘制。系统图应标注立管管径、支管的管径、水平管道坡度、管道标高，及活接位置、套管位置等。

4. 设备、材料表

燃气施工图包括设计总说明、庭院燃气管道平面图、室内燃气管道平面布置图、室内燃气管道系统图和详图，设备及主要材料表等部分。

二、燃气施工图的图例

燃气施工图中管道、管件、设备及仪表常用图例的表示方法见表4-1。

燃气管道、管件、设备、仪表常用图例   表4-1

名　称	符　号	名　称	符　号
双眼灶	 ⊙⊙	管道（架空）	——
球阀	 —⊙—	管道（埋地）	- - - - -
异径管	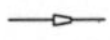 —▷—	燃气表	 ▷◁
堵头	⊢	调压器	 ⬗
穿楼板加套管	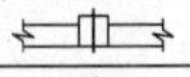 ⊏⊐	电磁阀	 ⬗
穿墙加套管	 ⊏⊐	活接	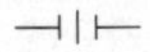 —‖—

三、燃气施工图的识读

燃气施工图分为室内和室外燃气管道的施工图。识读燃气管道施工图应按照燃气流向进行。下面以某小区燃气工程为例。

1. 室内燃气管道平面图

图4-20、图4-21分别为某小区某楼某单元的底层和标准层室内燃气管道平面布置图，识图主要包括以下内容：

1）了解燃气引入管的位置、方法和管径。本例为地下引入，管材为镀锌钢管，管径为DN20。地下引入的地下部分应根据设计说明进行保温和防腐处理。本例为天然气管，仅需进行聚乙烯胶带防腐。

2）了解楼前燃气管道与建筑物的间距。本例间距是1.2m。庭院管的直径是DN40。

3）了解底层和标准层中立管、下垂管的位置。

4）燃气具安装位置。燃气具的安装位置仅为示意，安装时应考虑具体的安全距离要求。

2. 室外（庭院）燃气管道平面图

图4-22为室外（庭院）燃气管道平面图，其识读过程如下：

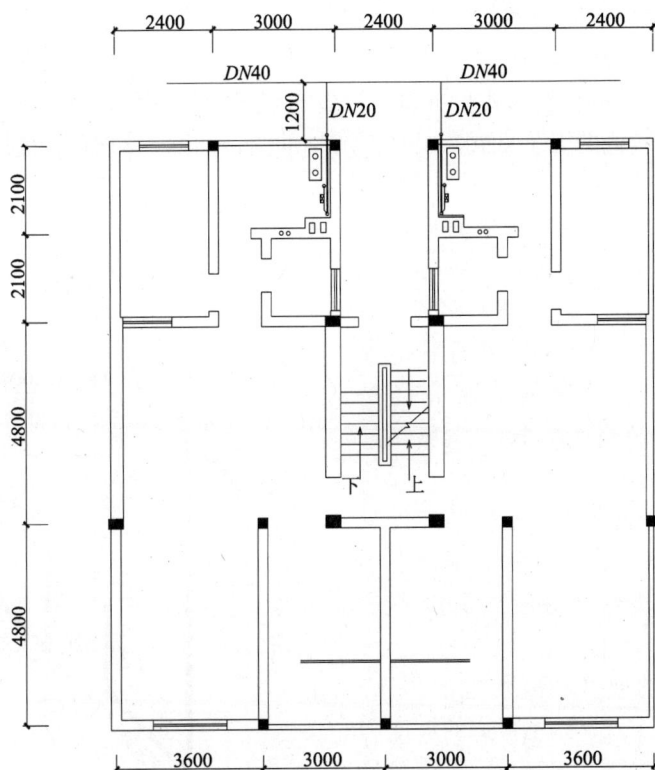

图 4-20 底层室内燃气管道平面布置图

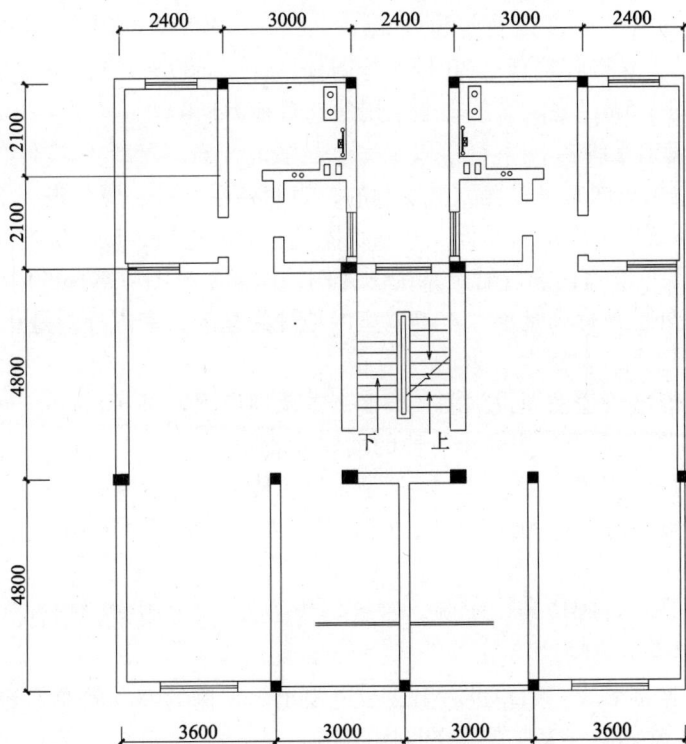

图 4-21 标准层室内燃气管道平面布置图

1）了解整个燃气工程的燃气接入点及参数。本工程是与原有燃气管道连接，原管道管径为 $\phi89 \times 4.5$。

2）燃气调压设施的位置。本例的调压装置布置于门卫室的后侧，管道敷设是明管沿墙架空敷设。调压装置的安装方式需见详图或标准图，如图 4-23 所示的调压装置系统图。调压装置为壁挂式，型号为 RTZ-31/50Q。进出口设置球阀 DN50，连接方式是底进底出。燃气进口管是中压管道，直径 $\phi57 \times 3.5$。燃气出口是低压，直径 $\phi89 \times 4.5$，沿墙架空敷设后埋地敷设。架空部分管道安装高度是 3.00m，燃气阀的安装高度是 1.5m，底部横管安装高度是 1m。调压箱的高度是箱底为 2.0m。

3）庭院管道埋设深度。本例的埋设深度分为庭院内和外，庭院内覆土深度不小于 0.8m，庭院外燃气管道覆土深度不小于 0.9m。

4）燃气管道的坡度和凝水缸的位置。对人工燃气等湿燃气，应标注管道的坡度和凝水缸的位置。本例是天然气，只需满足最低管道覆土深度，管道可顺地形坡度铺设。

5）庭院管的管径、长度以及与建构筑物的间距。本例的 1 号楼庭院管是 20 号无缝钢管，管径 $\phi89 \times 4.5$，长度分别为 61m，与建筑物外墙间距是 2.5m，庭院管的末端采用法兰盲板 DN80。

图 4-23 调压装置系统图

3. 室内燃气管道系统图

燃气系统图是用正面斜等轴侧方法绘制的，表明各层立管、燃气表、下垂管的位置及竖向标高。识读系统图时，应将平面图和系统图结合对照进行，以弄清空间布置关系。以图 4-24 所示某楼某单元室内燃气管道系统图为例，识读系统图应掌握的内容有：

1）室内、室外地坪标高基准。本例以室内地坪为基准，室内外差是 0.6m。

2）建筑物的层高，本例为 2.9m。

3）明确室外燃气管道的埋设深度、坡度。本例埋设深度是 0.8m，天然气不需要考虑管道坡度，而人工燃气需要考虑各个管段的坡向和坡度。

4）引入管与庭院管道连接结构，本例是直接焊接在室外庭院管上。

5）引入管的安装方式，如地上引入（图 4-25（a））还是地下引入（图 4-25（b））。本例为地下引入。

6）立管管径、立管阀位置。本例立管管径为 DN20，采用镀锌钢管。立管阀位于一层，离地面 1.4m。

7）燃气表的连接形式，如左进右出或右进左出。本例的左立管是右进左出，而右立管为左进右出型。常规燃气表安装详图见图 4-26。

8）灶前阀安装高度，本例安装高度是 1.4m。

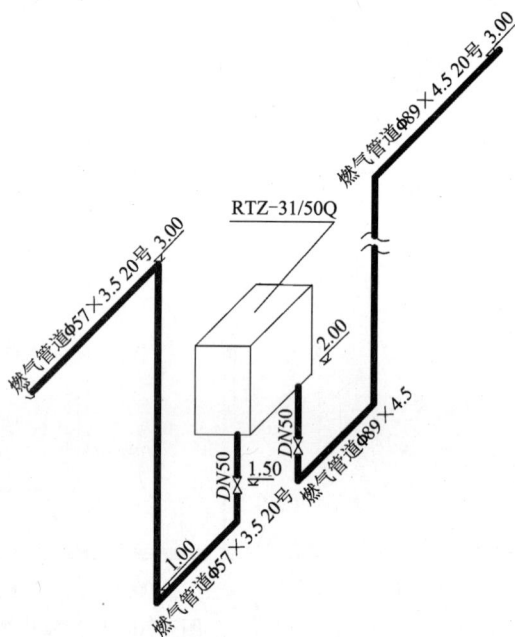

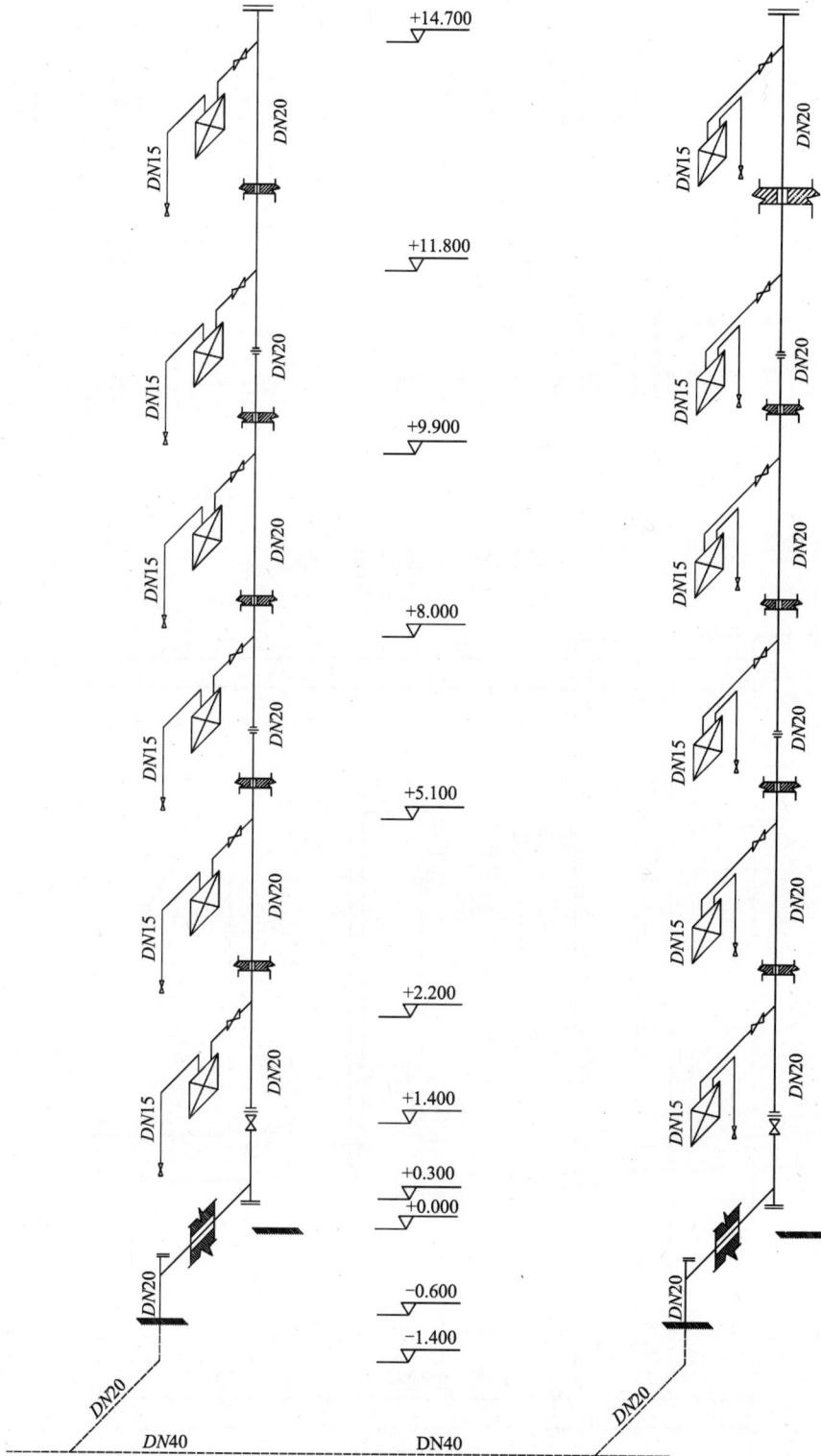

图 4-24 室内燃气管道系统图

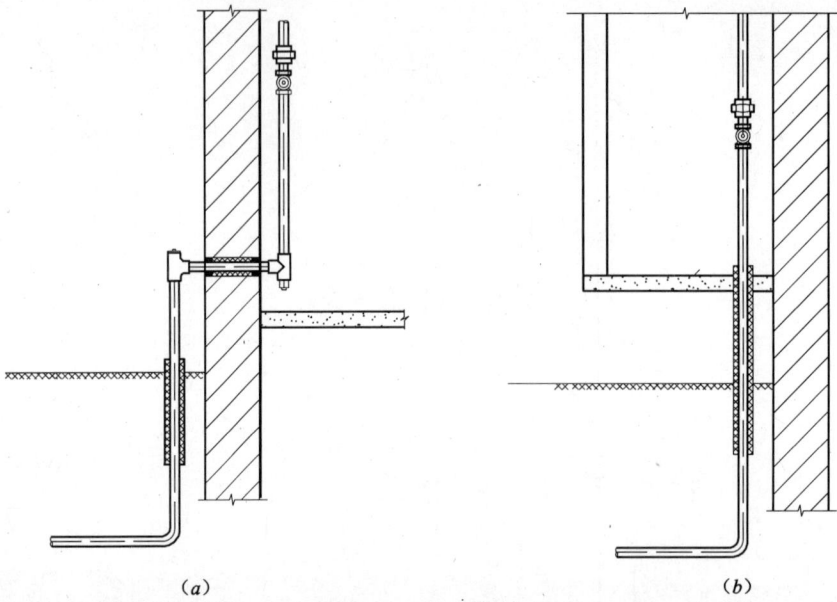

(a)   （b）

图 4-25　引入管安装方式

（a）地上引入；（b）地下引入

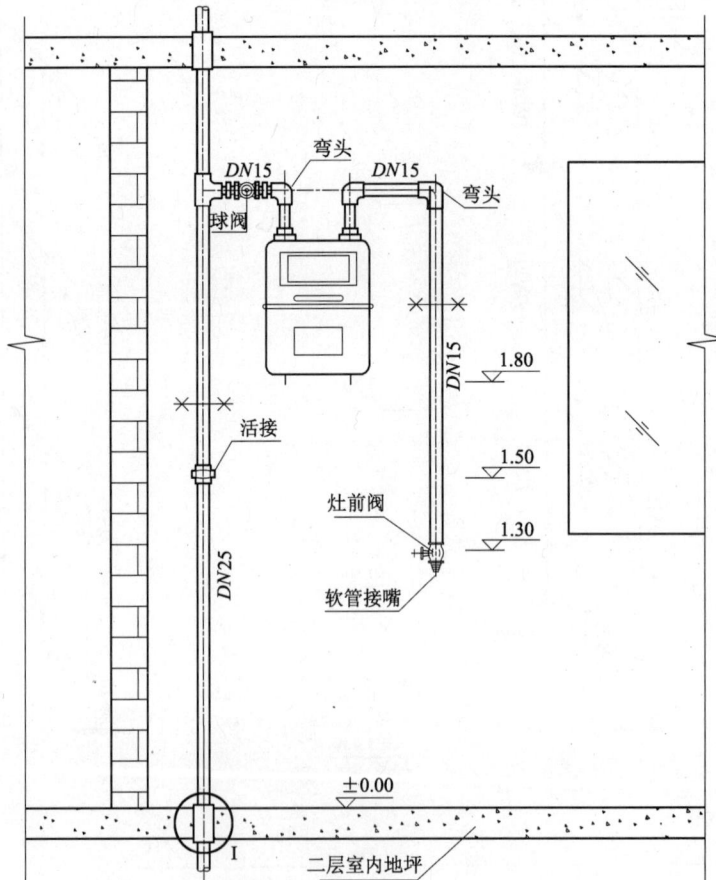

图 4-26　燃气表安装详图

第五章 通风空调施工图的实例解读

通风空调系统施工图分为风系统施工图、水系统施工图以及机房施工图三大类。

风系统施工图表达了以下内容:

1) 建筑物进风口的位置,送风管的走向、各管段尺寸和定位尺寸,房间送风口的尺寸和位置;

2) 房间排风口的尺寸和位置,排风管的走向、各管段尺寸和定位尺寸,建筑物排风口的位置;

3) 管井、风阀、消声器等相关信息。

水系统施工图表达了以下内容:

1) 供水管和回水管的走向、坡度、各管段尺寸和定位尺寸;

2) 凝水管的走向、坡度、各管段尺寸和定位尺寸、排水位置;

3) 水系统的定压设备、水处理装置等附属设备的相关信息。

机房施工图表达了以下内容:

1) 新风机组各组成部分的尺寸、定位尺寸,新风口位置、尺寸;

2) 空调机组各组成部分的尺寸、定位尺寸,新风口位置、尺寸;

3) 制冷机房内各设备的摆放位置、定位尺寸,制冷剂管路和冷冻水管路的走向、定位尺寸等。

第一节 空调、通风系统平面图解读

一、通风平面图解读

1. 厨房通风平面图

图 5-1 是某公共建筑厨房的通风空调平面图。在识读该图纸之前,首先要了解各个房间的功能、读懂图中包括哪些系统及系统管道走向。由图 5-1 可知,厨房由面点加工间、厨房、粗加工间、备餐间和洗碗间组成。图中共有 3 套管路系统,一是送风系统,二是排风系统,三是排油烟系统。

先从送风管道开始,在图中下方接自新风机组的总送风管道管径为 1250mm×480mm,然后分为左右两个支路,每个支路分别设置与管径相同的阀门。左边支路负责面点间、厨房和粗加工间的送风,左侧送风管路管径为 1000mm×500mm(在未注明的情况下,风管尺寸均采用宽×高表示),连接了 6 个散流器送风口,散流器均为 400mm×400mm 的方形散流器,连接散流器支管管径均为 500mm×320mm,而且每个支路上均设置与管径相同

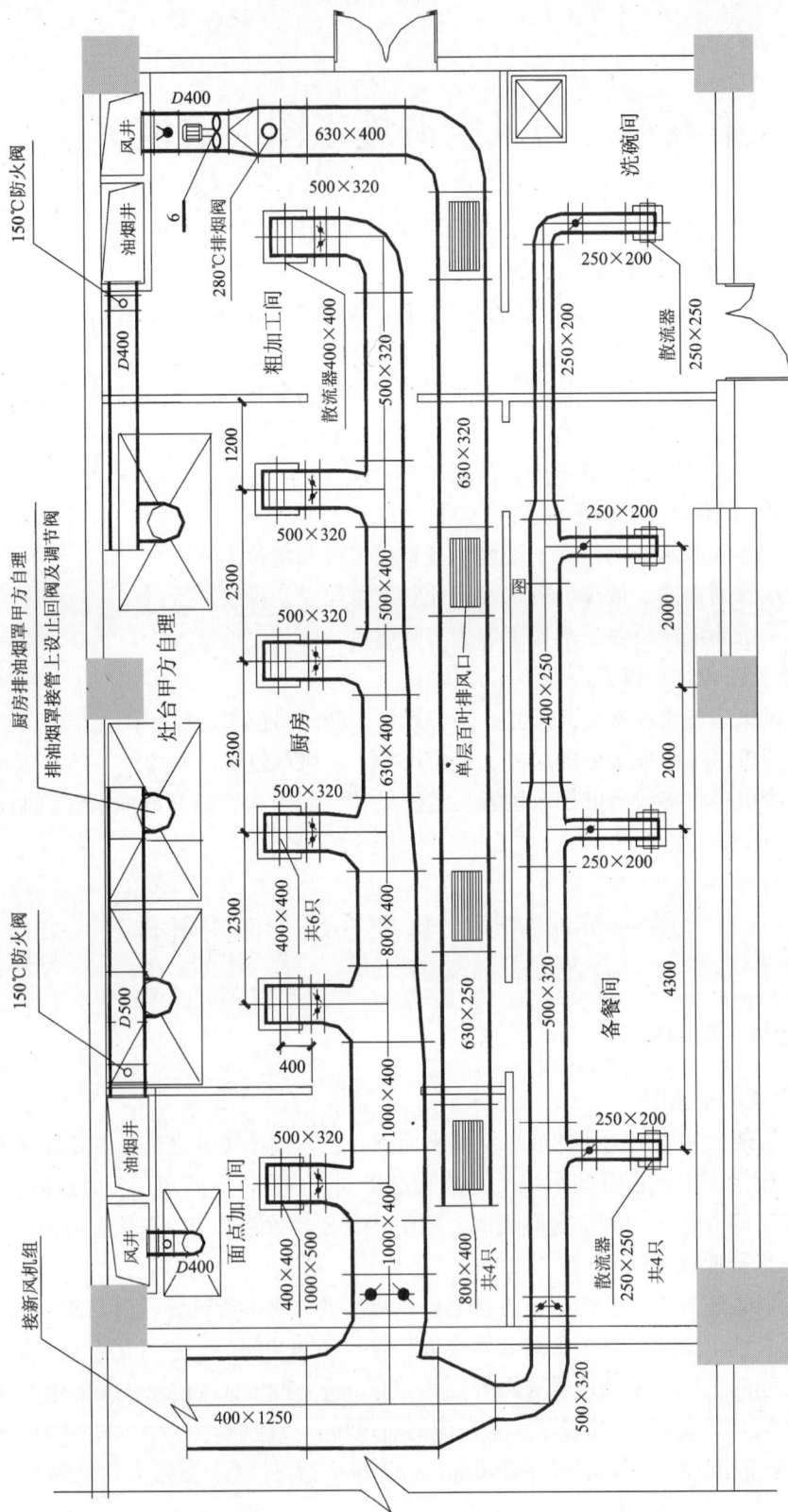

图 5-1 某公共建筑厨房通风空调平面图

的阀门，图中散流器的位置通过图中定位尺寸即可确定。右边支路负责备餐间和洗碗间的送风，送风支管总管径为 500mm×320mm，连接了 4 个尺寸均为 250mm×250mm 的方形散流器，连接散流器支管管径均为 250mm×200mm，而且每个支路上均设置与管径相同的阀门。左右两个支路风管尺寸随着风量的减少而减小。

在图 5-1 的中间设有排风系统，连接了 4 个 800mm×400mm 的单层百叶排风口，排风管起始段的管径为 630mm×250mm，在连接第三个排风口之后，随着排风量的增加，风管管径变为 630mm×320mm，在第四个排风口之后，总排风管管径变为 630mm×400mm，然后与 280℃ 排烟阀相接，在排烟阀之后，接有变径管，通过变径管将方形管变为直径为 400mm 的圆形风管，与排风机 6（设备具体型号可查阅设备明细表）连接，在排风机后设置直径为 400mm 的阀门，排风直接进入风井。在排风管道上设置排烟阀的目的是在火灾时，排风系统兼起排烟系统的作用。

图中左侧还设有一套排油烟系统。在图 5-1 下方的面点间设置局部排风罩，通过直径为 400mm 的风管直接将排风送入风井中。厨房内共有 3 个灶台，下方两个灶台的排油烟管道合并后排入下方面点间油烟井，上方灶台上排油烟管直接排入粗加工间油烟井，接入油烟井之前油烟管上设有 150℃ 防火阀，下方油烟管直径为 500mm，上方排油烟管直径为 400mm。至此，可读懂图中所有内容。

2. 地下车库通风平面图

图 5-2 是某地下汽车库的通风平面图。图中共有两个管路系统，左侧为送风管路，右侧为排风管路。车库内送风通过图纸左上角的送风风井引入，车库内排风通过右上角的排风风井排出。

从送风井引出的是一段圆形风管，直径为 800mm，风管上依次安装了 70℃ 防火阀、风管止回阀、轴流送风机，图中注明了风机的型号为 GX-8-4，风量为 26000m³/h，风压为 300Pa，风机功率为 4kW（有的图纸只注明设备的编号，其型号、规格及性能参数在设备材料表中标明）。在送风机之后通过变径管，风管由圆形变为矩形，风管尺寸为 1600mm×500mm，随着送风量的减少，风管的截面逐渐减小，末端尺寸变为 630mm×400mm。送风管上设有 7 个侧送送风口，风口均为 630mm×400mm 的铝合金可调百叶风口（图中标注了 12 只，包括排风管上的 5 只），连接送风口的支管管径均为 630mm×400mm。图中还注明了送风管中心线与墙之间的距离，风口与柱子的间距，由此即可确定各个送风口的定位尺寸。

在排风系统中，共有 6 个排风口，下部 5 个排风口的尺寸与送风口尺寸相同，均为 630mm×400mm 的铝合金可调百叶风口，上部排风口为 1250mm×400mm 的铝合金可调百叶风口。排风管始端尺寸为 630mm×400mm，连接排风口的支管尺寸均与排风口尺寸相同。随着送风量的增加，风管的截面逐渐加大，末端尺寸变为 1600mm×500mm，然后设置一只当烟气温度超过 280℃ 时能自动关闭的排烟防火阀。在防火阀后，设有变径管，风管由矩形变为直径为 900mm 圆形风管（图中标注为 D900），再接排风（排烟）轴流风机，风机型号为 HTF-9，风量为 31000m³/h，风压为 400Pa，风机功率为 5.5kW。排风机与竖风道的连接处设风管止回阀，以防其他层的排风或排烟进入该层。该排风系统同时兼作火灾时的排烟系统。

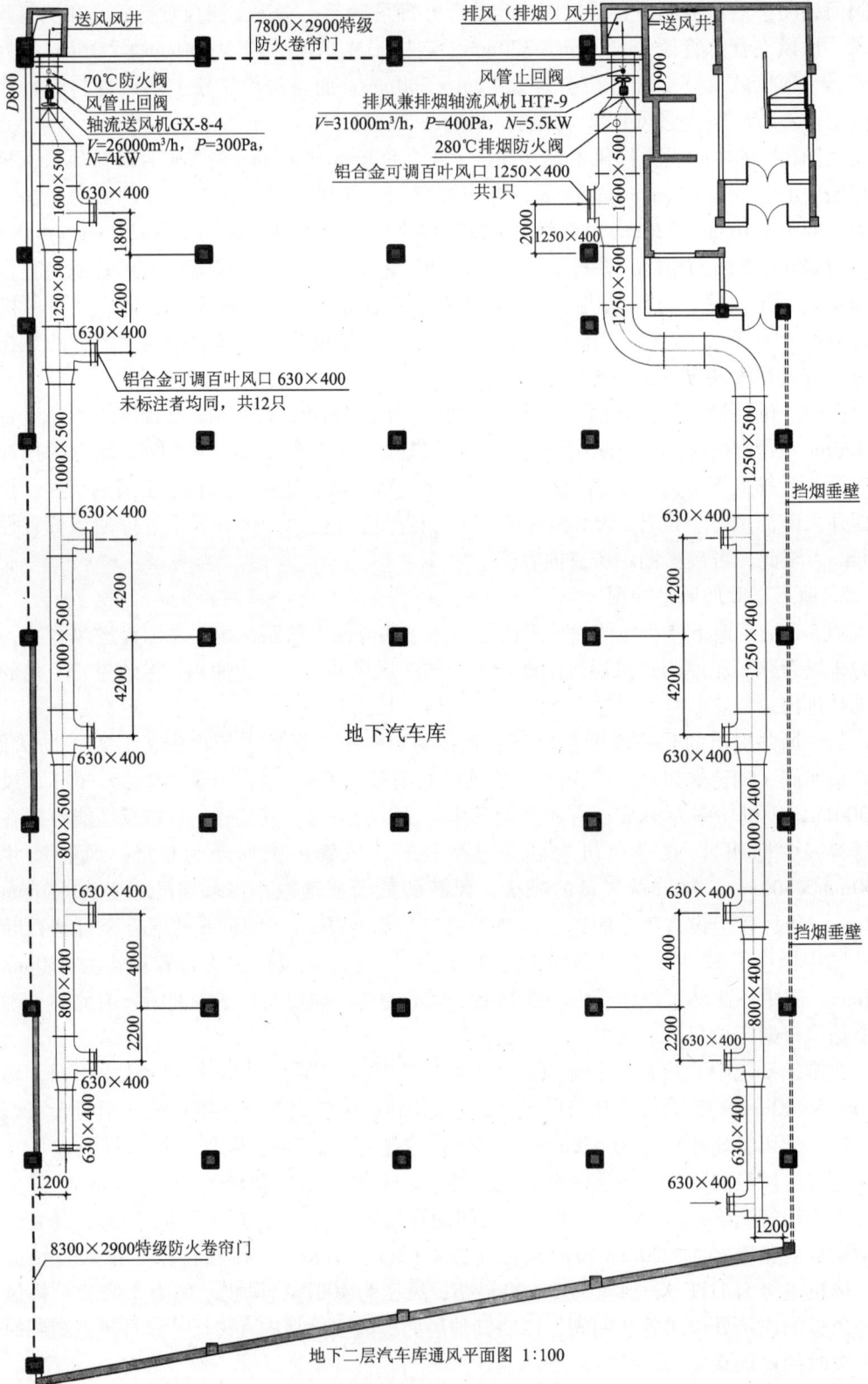

送风风井

7800×2900特级
防火卷帘门

排风（排烟）风井

送风井

70℃防火阀
风管止回阀
轴流送风机GX-8-4
$V=26000\text{m}^3/\text{h}$，$P=300\text{Pa}$，
$N=4\text{kW}$

D800

1600×500

630×400

1250×500

1800

4200

630×400

1000×500

铝合金可调百叶风口 630×400
未标注者均同，共12只

4200

1000×500

4200

630×400

地下汽车库

800×500

630×400

800×400

4000

630×400

2200

630×400

800×400

1200

8300×2900特级防火卷帘门

风管止回阀
排风兼排烟轴流风机 HTF-9
$V=31000\text{m}^3/\text{h}$，$P=400\text{Pa}$，$N=5.5\text{kW}$
280℃排烟防火阀
铝合金可调百叶风口 1250×400
共1只

D900

1600×500

1250×400

2000

1250×500

630×400

挡烟垂壁

1250×400

4200

1250×500

630×400

630×400

1000×400

630×400

挡烟垂壁

4000

800×400

2200

630×400

630×400

630×400

1200

地下二层汽车库通风平面图 1:100

图5-2 某地下汽车库通风平面图

二、空调系统平面图解读

常用空调系统主要有全空气空调系统和风机盘管空调系统。全空气空调系统主要由空气处理设备、风机、风道、风阀和送、回风口等设备和部件组成。风机盘管空调系统主要由新风系统、室内末端装置—风机盘管及水系统组成。

1. 全空气空调系统

图5-3是某商场空调系统平面图，图下方标注了图名及比例，该系统的所有空气处理机组及风机都设在集中的空调机房内（本图中未画出），图中包括送风系统和回风系统。

根据图5-3上方箭头可知，图中最上方管道为回风管，共连接两个回风口，回风口均为单层百叶风口，规格为3000mm×500mm，回风管道从图中右侧接入空气处理机组，通过回风管与柱子的中心线间距即可确定回风管的纵向定位尺寸。在图中回风管道的下方，接自空调机组的总送风管道尺寸为1550mm×400mm，然后分为两个支路送到房间，每个支路起始段上均设置与管径相同的阀门来控制支路风量。在总送风管道上共连接了16个送风口，送风口为喉部直径为320mm×320mm的散流器，连接送风口支管的管径均为320mm×320mm，支管上均设置与管径相同的阀门。图中风管位置通过一个横向或纵向定位尺寸即可确定，送风口的位置则需要纵向和横向两个定位尺寸来确定，例如根据总送风管与柱子的间距为1700mm，即可确定送风管的位置。

2. 风机盘管加独立新风空调系统

风机盘管空调系统平面图包括空调风平面图和空调水平面图，有的设计单位是二者分开绘制，有的是合并在一张图纸上。看图之前应首先了解图中有哪些管道或系统，根据系统或管道的走向来了解相关内容。

图5-4是某办公楼标准层风机盘管空调系统的风平面布置图，该标准层由多间办公室、小会议室和接待室等组成，图中根据管道中标明方向可知，该图中有送风管道（即新风管道）和排风管道组成。

首先让我们看一下新风机组的位置，然后确定新风管走向和尺寸。由图5-4中可知，该图绘图比例为1：100，新风机组位于最下方的新风机房内，由于绘图比例的关系，机房内具体尺寸在总平面图中无法详细表示，可通过机房详细施工图来查阅（见图5-10），新风通过设置在墙体上的新风入口引入，新风口为百叶风口，尺寸为800mm×500mm（宽度为800mm，高度为500mm），新风入口管段上设有新风控制阀门7，阀门的型号可通过设备明细表查出，设备8为新风机组。在新风机组8的出口处接有消声静压箱，消声静压箱的尺寸为1000mm×1000mm×600mm，即长度和宽度均为1000mm，高度为600mm。在消声静压箱之后的新风总管尺寸为500mm×250mm，风管外侧与机房内墙的距离为600mm，这样新风总管的位置即可确定。在新风总管上还设置了与管径相同的防火阀，在阀门后接出新风支管管径为120mm×120mm，与电梯前室的风机盘管出风口并排安装，吹出气流方向向下，电梯间风机盘管的设备编号为2，其纵向定位尺寸为与设备井外墙间距为3900mm，与电梯内墙的距离为1750mm，风机盘管出风口和新风口的位置通过与风机盘管的间距1800mm即可确定。

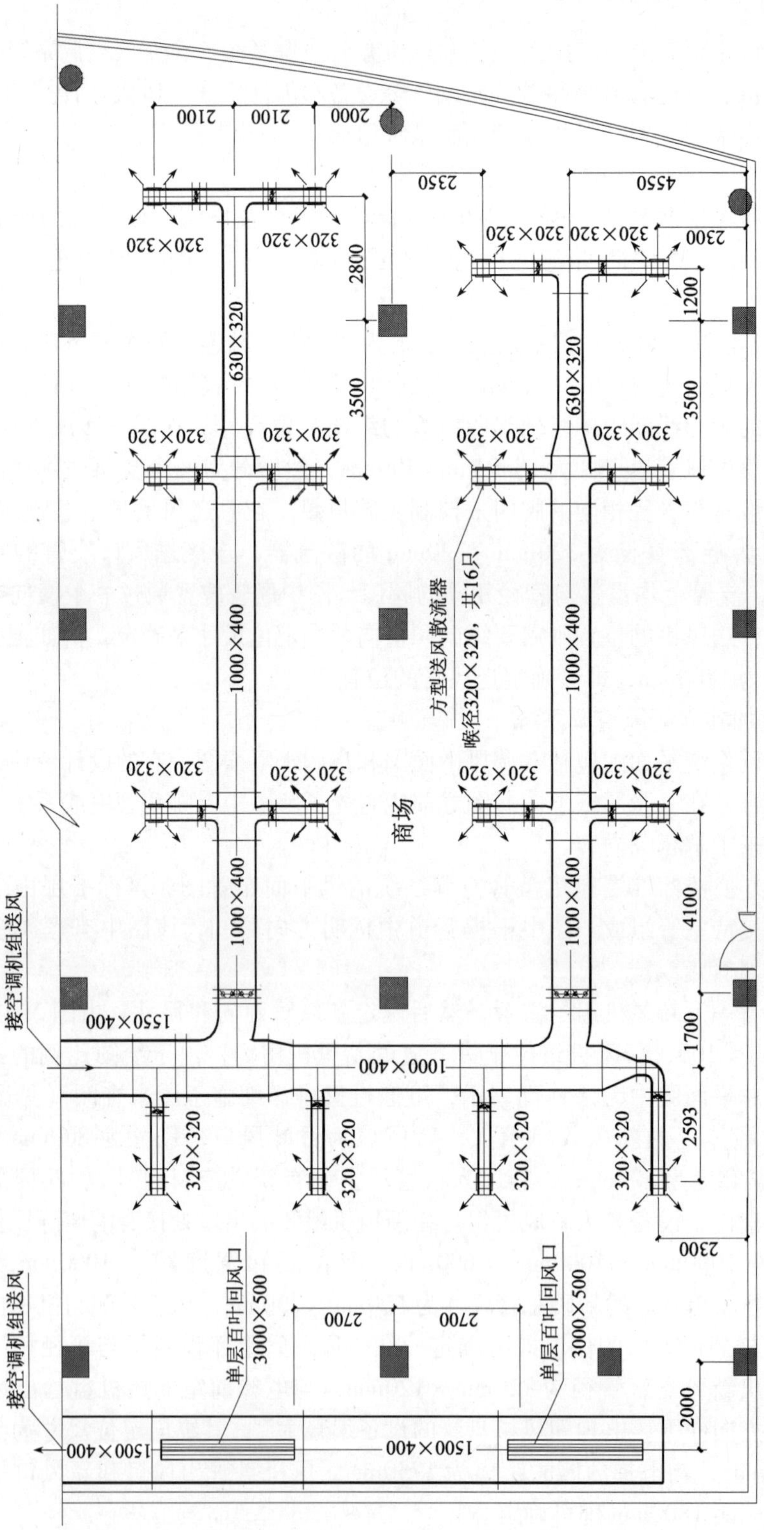

二层空调平面图 1:100

图 5-3 某商场二层空调系统平面图

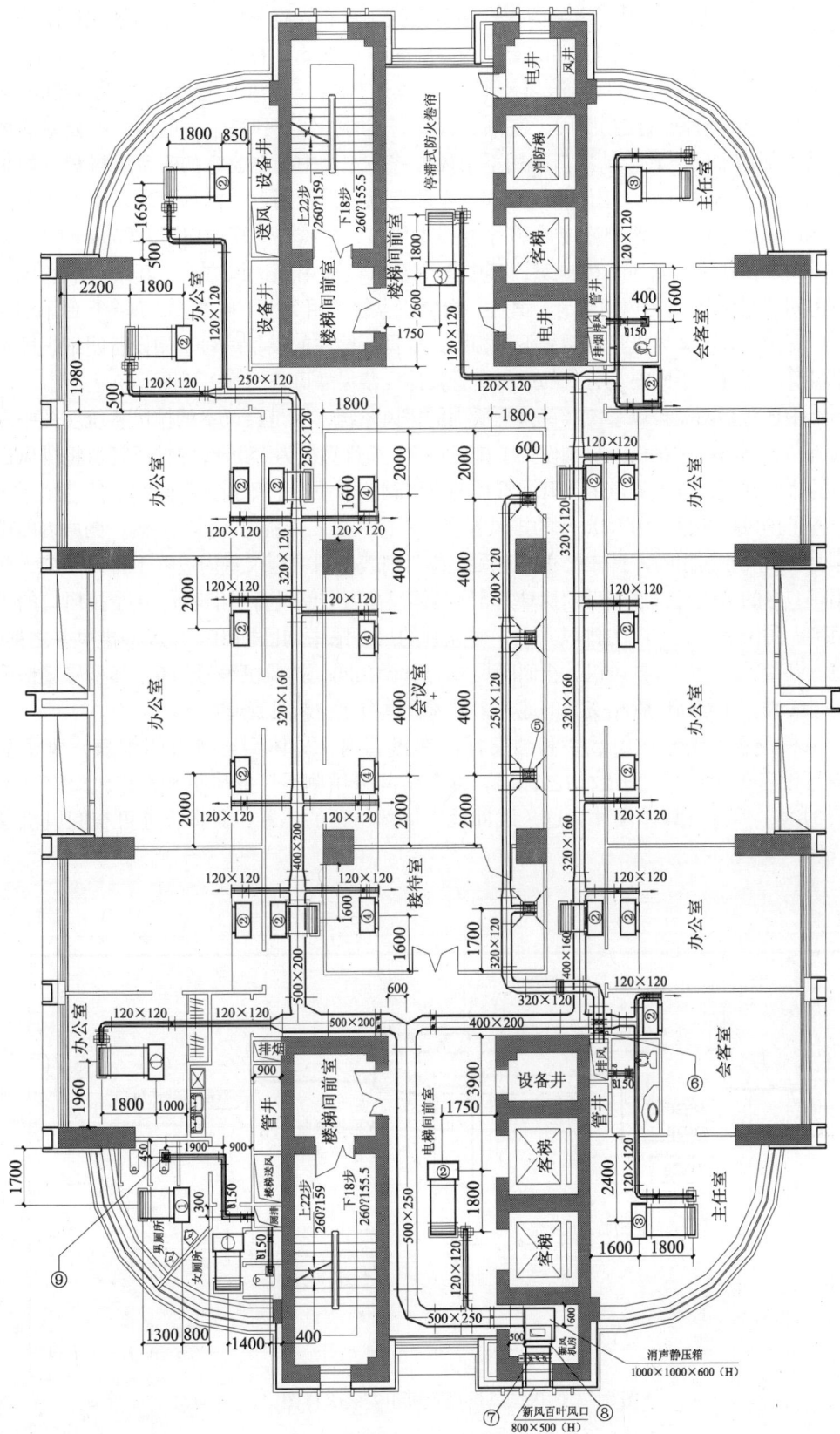

标准层空调风管平面图 1:100

图 5-4 某办公楼标准层风机盘管空调风平面图

从电梯前室接出后，新风管道分为左右两个支路，左右支路分别设置了与管径相同的阀门，控制各个支路的风量，左侧支路的管径为500mm×200mm，右侧支路的管径为400mm×200mm。左侧支路共连接了11个送风支管和新风送风口，送风支管管径均为120mm×120mm，支管上均设有新风控制阀门，左侧支管最下方的办公室和最上方的两个办公室的风机盘管均采用下送下回方式，新风口采用下出风方式，左侧中间办公室的8台风机盘管均采用侧送下回方式，新风口也采用侧出风方式，左侧走廊内设置两台风机盘管均采用下送下回方式，无新风。右侧新风支路共连接了10个新风送风口，送风支管管径均为120mm×120mm，并设置新风阀来控制每个新风口的风量，其中3个新风口采用侧送风方式，其余为下送风方式，右侧房间共安装了11台风机盘管，其中5台风机盘管采用下送下回方式，其余6台采用侧出风方式，图中不同房间风机盘管型号不尽相同，根据所标注的设备编号查阅设备明细表即可知道风机盘管的型号，不同安装方式的风机盘管具体安装尺寸可查阅施工详图。

图5-4中还包括两类排风系统，一是厕所内的排风系统，二是会议室的排风系统。图中左下角男厕所和女厕所内天花板上分别设置了排风口9，通过直径为150mm的排风管道将排风送入厕所内的排风井内，排风管道上设有同管径的止回阀。图中右上侧和右下侧的主任室厕所内也分别设置了排风口和直径为150mm的排风管道，将排风送入厕所内的排风井内，厕所内的排风口（编号9）尺寸均相同，具体尺寸可查阅设备明细表。图中会议室内设置了排风系统，共有4个相同型号的排风口，排风口的编号为5（具体尺寸可查阅设备明细表），4个排风口的排风汇合后接入图纸下方厕所内的排风井内，排风管的尺寸图中均已标出，在进入排风井之前，排风管道上设置了止回阀和排风机，止回阀尺寸与管径相同，排风机编号为6，其型号规格可查阅设备明细表，在与新风管相交叉的地方，排风管道在上，新风管道在下。

图中风机盘管的编号均用数字和圆圈标注在盘管内，具体型号可查明细表，风机盘管、风口等设备的定位尺寸多数均已标出，部分房间采用侧送风的风机盘管出风口有一条与门平行的线，但没有具体尺寸，这条线即代表局部吊顶的位置，具体尺寸可查阅风机盘管安装详图（见图5-5）。

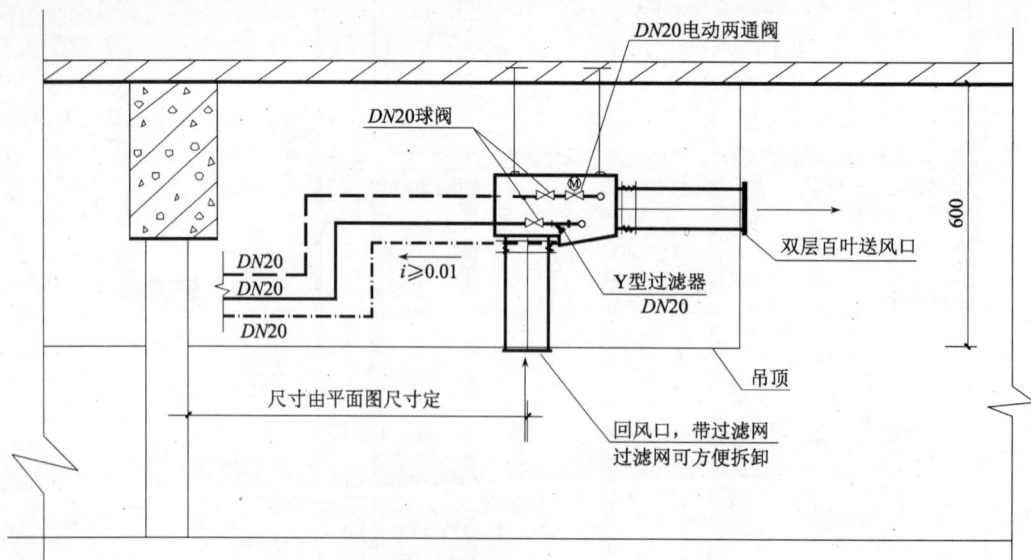

图5-5 侧送风风机盘管机组安装大样图

图 5-5 为图 5-4 中对应的侧送风风机盘管安装大样图。安装大样图主要表示了机组的安装细节，如风机盘管的连接风管、进出水管、凝水管径、吊顶高度、宽度等。图 5-5 表明，侧送风风机盘管需设置局部吊顶，风机盘管安装在吊顶中，其与附近墙体或柱子的间距可查阅风平面图，吊顶的高度为 600mm，回风口安装在吊顶下部，送风口安装在吊顶侧面，送、回风口处箭头表示室内空气流动方向，即室内空气从回风口处进入风机盘管，经过处理后从右侧送出。送、回风口类型在图中已标明，具体尺寸与风机盘管设备进出口尺寸相同，因此图中并未标注，具体尺寸通过查阅设备明细表中风机盘管尺寸后才能确定，与风机盘管连接的送、回风管道处均设有软接头。图中还标出了风机盘管供水管、回水管和凝水管的管径，均为 DN20，其中最下方细虚线表示的水管是凝水管，由机组的凝结水盘引出，并有 0.01 的坡度；凝水管上方依次是供水管（细实线表示）和回水管（粗虚线表示），供、回水管上都安装了球阀，进水管上还设置了 Y 型过滤器，回水管上安装了电动两通阀控制进入盘管的水量以便控制室内温度。

图 5-6 为图 5-4 中对应的下送风风机盘管安装大样图。图 5-6 表明，整个空调房间均需设置吊顶，风机盘管安装在吊顶中，送回风口的间距可查阅风平面图 5-4，吊顶的高度为 600mm，回风口安装在吊顶下部，送风管道通过 90°弯头改变气流方向，送风通过安装在天花板上的送风口送出，送风气流动向下，故称为下送风。其他安装尺寸均同图 5-5，这里不再赘述。

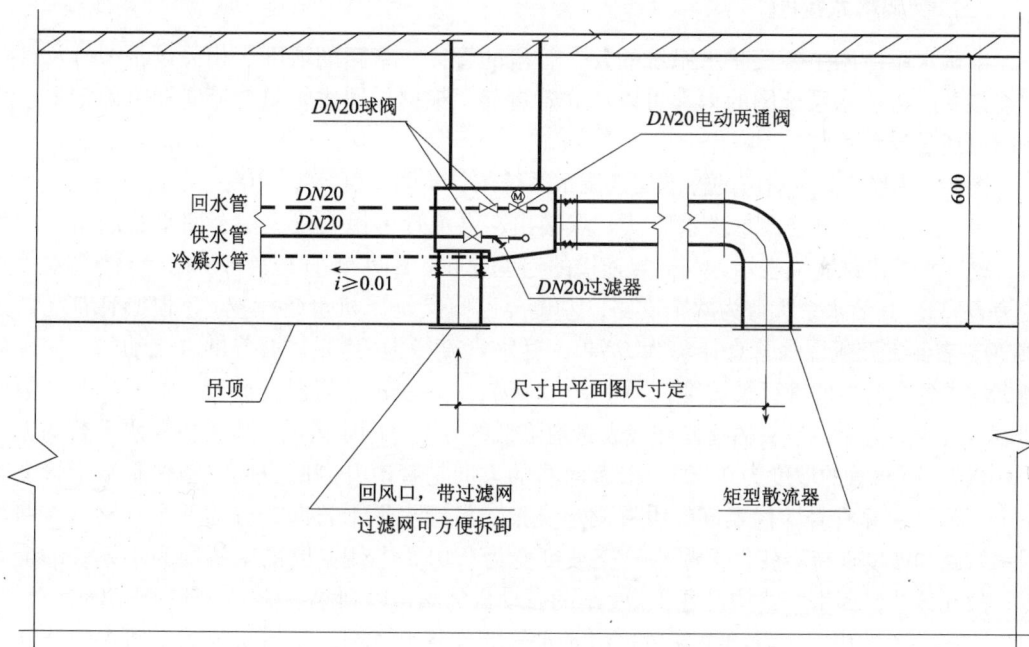

图 5-6 下送风风机盘管机组安装大样图

第二节 空调水系统施工图解读

空调水系统施工图包括空调水管路平面图和空调水管路系统图，主要说明水系统连接方式，冷、热水管道、凝结水管道的管径、位置及水系统中各部件的位置等，以及冷热水管道内的坡度等。

一、空调水管路平面图

图 5-7 为某办公楼标准层空调水管路平面图。该图与图 5-4 是同一个建筑平面，只是将图 5-4 中的风管去掉，只绘制了风机盘管、新风机组和水系统管路走向等。在看水平面图之前，首先应查明总立管的位置，然后根据水的流向来读懂图纸。

图 5-7 中空调水管共有 3 组立管，即 KL/A、KL/E、KL/C，其中 KL 代表空调立管，A、E、C 分别为立管编号。

KL/A 立管位于左上角的设备井内，与左侧的 15 台风机盘管相连，负责左侧 15 台风机盘管的供、回水。设备井中 3 个圆圈即代表 3 根立管，分别为供水管、回水管、凝水管。自 KL/A 引出供水管（图中用粗实线表示）向所管辖区域的房间供水，再由回水管（图中也用粗实线表示）将与房间换热后的水送回 KL/A 的回水立管，室内风机盘管中的凝结水则通过凝结水管（图中用细实线表示）接入回 KL/A 的凝水立管，然后集中排放。

KL/C 立管位于图中右下角的新风机房内，共有 5 根立管，其中 4 根与新风机组相连，新风机组的设备编号为 8 号。

KL/E 立管位于图中右下方的设备井内，与右侧的 12 个风机盘管相连，负责右侧 12 台风机盘管的供回水，这 3 组立管构成的水系统均采用水平异程连接方式。

二、空调水系统图

空调水系统图主要反映水系统的各个管段的管径、管路的坡度、相关设备型号及管路的连接高度等。水系统图的识读可以从立管看起，根据供回水管路的流向即可确定水系统是同程还是异程系统。

图 5-8 为图 5-7 所对应的标准层空调水系统图，绘图比例为 1:100。先从空调立管 KL/A 开始，图中左上方空调总供水管从 e 点接出，供水管用粗实线表示、回水管用粗虚线表示，凝结水管由细实线表示，与 e 点连接的空调总供、回水管直径为 $DN50$，空调凝水管直径为 $DN32$。其后水系统分为两个支路，左侧支路直接与风机盘管相接，3 根接管直径均为 $DN20$，右侧支路供回水管直径均为 $DN40$，凝水管直径为 $DN32$。沿着供水流动的方向，分别标注了各个管段的管径及坡度，图中 $i = 0.005$，i 即表示该管段的坡度，等号后边的数值即表示坡度的大小，箭头的指向即代表管道降低的方向。图中表明，水平供回水干管的坡度为 0.002，凝水管的坡度为 0.005，沿着向右的方向是管道升高的方向。图中水平干管上有一个"米"字型符号即代表该处设置固定支架。沿着水平干管向右分为两个支路，支路供回水管路的坡度保持不变，但凝水管路坡度变为 0.01，上侧支路的末端即为水系统的最高点，故在该处供回水管路均设置了 $DN20$ 的自动排气阀，以利水系统中空气的排出。

在图 5-8 的中间，给出了新风机组 8 水管的连接示意图。新风机组的供回水管从立管 C 点水平接入，共接出 3 根管，即供水管、回水管和凝水管，然后这 3 根管改变方向向下与新风机组供回水管相接，供水管接管直径均为 $DN70$，在供回水管顶端设置自动排气阀，在右侧机组进水管上设置了 Y 型过滤器，过滤器前后均设置阀门，其后管道上依次安装压力和温度测试设备。同理，在机组左侧的出水管上也依次安装了温度和压力测试设备、流量调节阀，流量调节阀的前后均设置阀门和旁通管路，以备检修用。在机组的下方设置凝结水管，凝水管直径为 $DN32$，坡度为 0.01，直接接入空调立管 KL/C，在凝水管出口设置存水弯是避免外部空气通过凝水管进入机组。

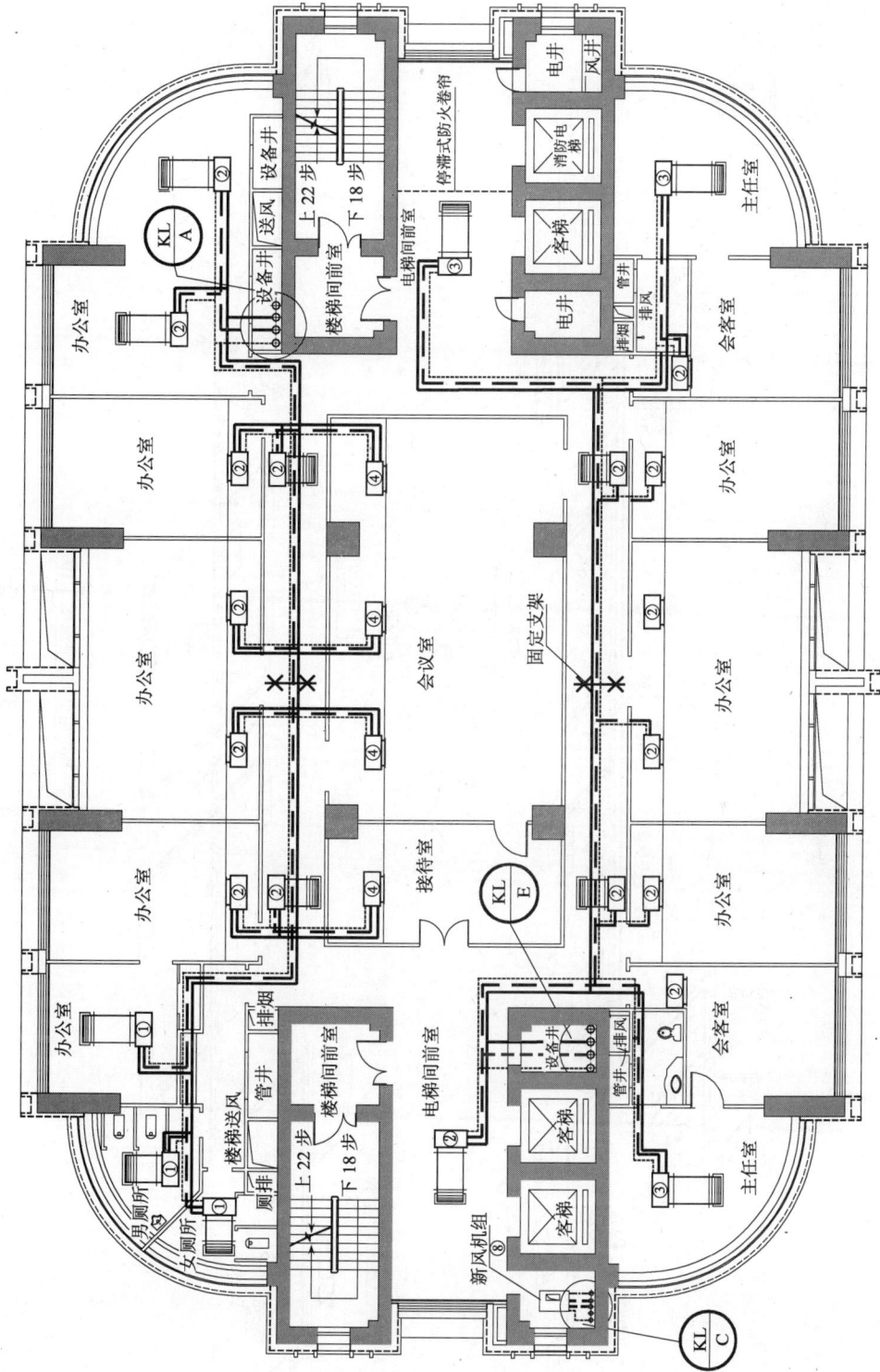

图 5-7 某办公楼标准层空调水平面图

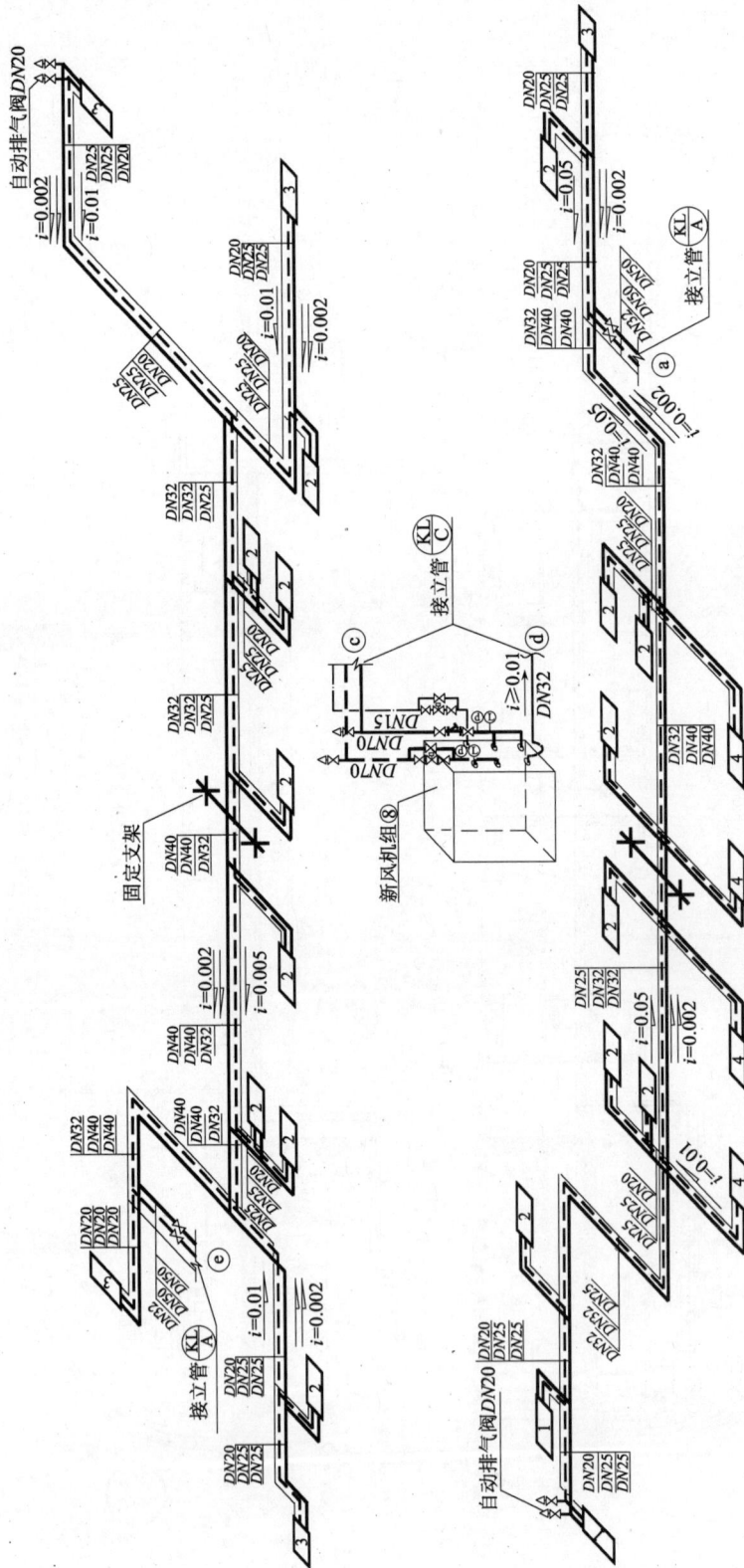

标准层空调水系统图 1:100

图 5-8　标准层空调水系统图

空调立管 KL/A 从图中右侧下方 a 点接入，从 a 点接出后分为左右两个支路，右侧支路供回水管直径均为 DN25、坡度为 0.002，凝水管直径为 DN20、坡度为 0.05；左侧支路供回水管直径均为 DN40、坡度为 0.002，凝水管直径为 DN32、坡度为 0.05。沿着管道向左的方向，管道逐渐升高，在左侧最末端为水系统的最高点，该点供回水管路上均设置了 DN20 的自动排气阀。

图 5-9 为图 5-7 所对应的六～二十四层空调水系统图。为了在一张图中表达清楚，图 5-9 将十一～二十层作了删减，但在正式的施工图中必须保留。水系统的立管图主要表示各层立管引出管的相对标高，以及立管的连接方式。

图 5-9 的最下方注明了 3 组立管的编号 KL/A、KL/E、KL/C。首先沿着 KL/A 这组立管向上看，垂直方向共有 4 根立管，其中两根供水管，一根回水管，一根凝水管，这说明立管 KL/A 在垂直方向为同程式系统，在该立管的顶部供回水总管上还设置了自动排气阀，在第十层和第二十层立管上设置了固定支架，在第十层固定支架后设置了补偿器，此外立管也标注了各管段的管径以及每层水平干管接点的标高，例如第七层（即 F7）的标高是 24.7m，而第六层引出的水平干管（编号为 a）的标高是 24.1m，说明这支水平干管是在 F6 的吊顶内。

同理，立管 KL/E、KL/C 在垂直方向也为同程式系统，立管上各个管段直径均已标明，立管上固定支架与补偿器的位置与立管 KL/A 相同。KL/C 立管上有两个接点分别为 c 点和 d 点，c 点为在本层顶棚下的接点，d 点为本层地面上的接点，即新风机组的凝结水管路接点。

第三节　空调机房施工图解读

空调机房施工图包括空调机房平面图、剖面图、机组设备示意图、设备连接示意图等。空调机房内的设备主要包括空调机组、送回风管、冷热媒管道、相关设备及阀门等。

一、新风机房施工图

图 5-10 为图 5-4 对应的新风机房平面图，机房平面图主要反映机房的尺寸、新风机组及其它设备的定位尺寸等。该机房纵向长度为 4600mm，机组左侧与内墙距离为 2000mm，距离新风口所在内墙距离为 800mm，至此即可确定新风机组的位置。新风口位于外墙上，风口中心线与左侧墙体中心线距离为 2950mm，新风口离地面的距离为 700mm，由此新风口的位置已经确定，新风口的规格图中已标明，即风口的宽度为 1800mm，高度为 630mm。新风流程如下：新风通过设在墙体上的新风口引入，新风口后设置变径管，将风管直径变为与机组进风口尺寸相同，其后连接过滤器和电动防冻阀并与机组进风口连接，新风经过机组处理后，从位于机组上方的出风口接出，与长、宽、高尺寸分别为 1500mm、1000mm、800mm 的消声静压箱相连，从消声静压箱接出的风管尺寸为 1250mm（宽度）×320mm（高度），并设置 70℃防火阀，然后送入各个房间。机房内左下角设有管道井，新风机组的水管均通过管道井与机组连接。新风机组的型号与规格在图中已经注明。

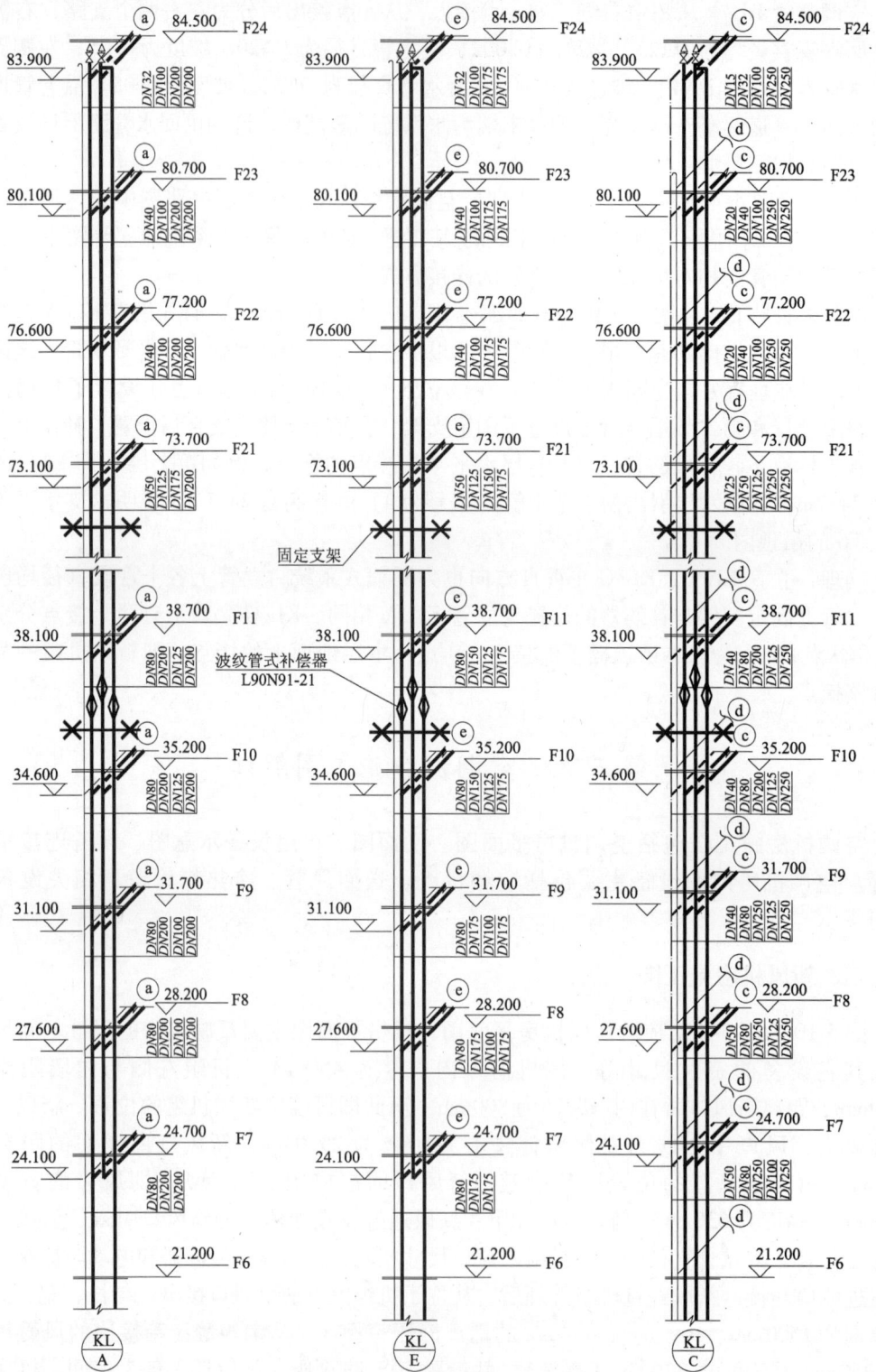

固定支架

波纹管式补偿器
L90N91-21

六至二十四层空调水系统图　1:100

图 5-9　六～二十四层空调水系统图

　　图 5-10 只反映了新风机组的平面定位尺寸，未能反映机组水管的连接方式和管路相关设备，只根据该图无法确定机组水管的连接。图 5-11 给出了新风机组的空调水管接法示意图。由图 5-11 可知，机组的水管安装在机组的右侧（沿着新风方向观察），机组进出水管均从机组上方接入，图中箭头标注方向表明，右侧立管为进水管，沿着水流动方向，进水管上依次设有截止阀、压力表、温度计、Y 形过滤器、软接头，然后进入机组内，在进水管的最低点设置了泄水阀，以备检修用。在左侧出水管上，沿着水流方向，依次设有软接头、压力表、温度计、电动调节阀，调节阀的前后均设置截止阀，电动调节阀应设置旁通管道，并在旁通管道上设置截止阀，用于检修。

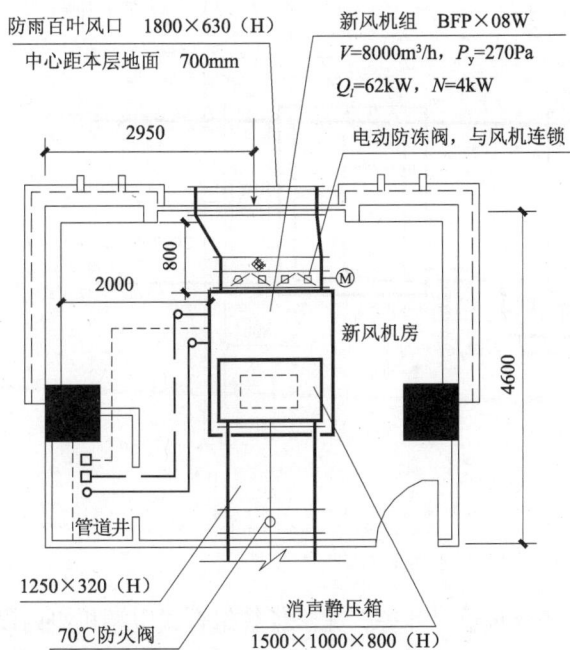

图 5-10　新风机房平面图

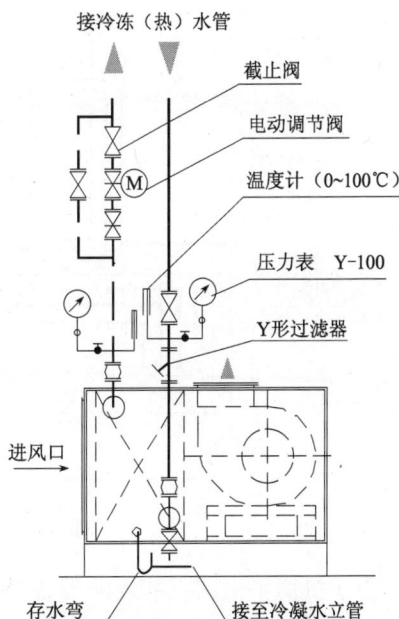

图 5-11　新风机组空调水管接法示意图

二、组合式空调机房施工图

　　图 5-12 为组合式空调机组机房平面图组。机房平面图的识读应首先确定机房的尺寸以及机房内设备的定位尺寸，然后根据风的流向确定相关设备的尺寸、型号规格等。由图 5-12 可看出，机房的长度为 7800mm，宽度为 4500mm，机组左侧（沿着新风的流向看）离内墙的距离为 600mm，后部离墙的距离为 800mm，新风口距离左侧墙体中心线的距离为 1700mm，由此机房内主要设备定位尺寸已经确定。

　　下面再看风系统流程，新风口尺寸为 1800mm×1500mm，沿着箭头所示方向进入空调机组，根据机组上方箭头方向可判断，该管路为回风管道，回风管道尺寸为 1800mm×630mm，在回风管道上设有 70℃防火阀，回风管通过消声静压箱与机组相接，消声静压箱的尺寸为 2200mm×2200mm×1000mm，静压箱内的虚线方框表示机组回风口的位置，上下两条虚线表示机组边界位置。新风与回风在机组内混合及热湿处理后，通过设在机组上方的出风口（右侧虚线表示的方框）与送风管道上的消声静压箱连接，消声静压箱的尺寸为 2000mm×2200mm×1000mm，从消声静压箱接出水平送风管道，并设有防火阀，送风管道尺寸为 2000mm × 630mm。机房内还有 4 根立管分别与机组相接，图中最右侧管道为机组凝水管，第二根为机组供水管，第三根为机组回水管，第四根为机组加湿管道，具体是哪类加湿管道（如蒸汽或自来水）还应查阅设计说明或其他图纸才能确定。

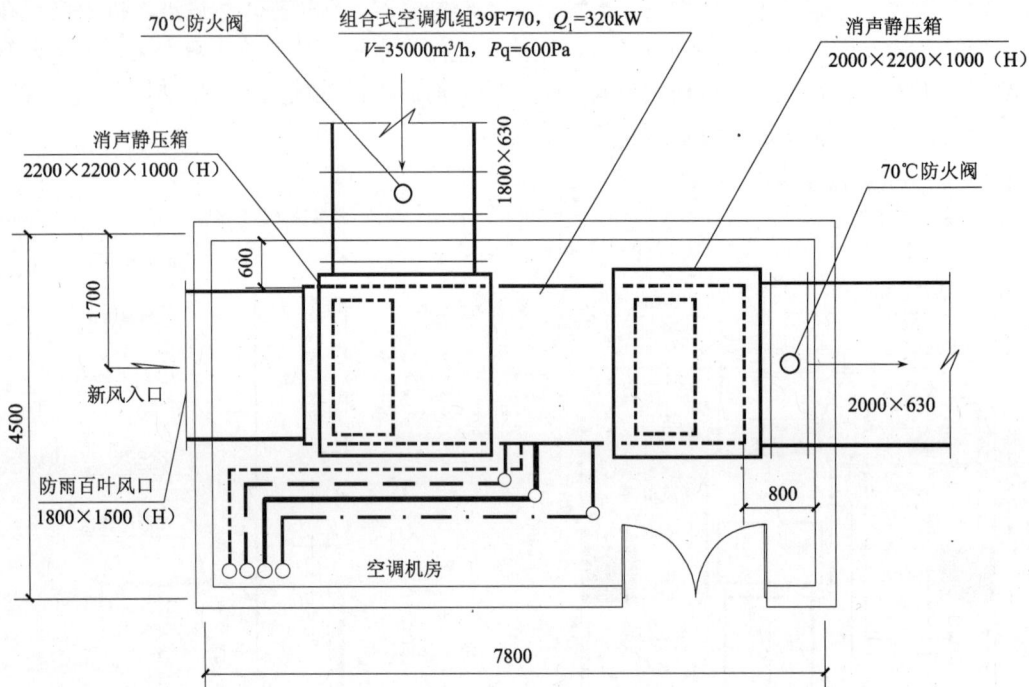

图 5-12　组合式空调机组机房平面图

由于机房平面图只能反映设备定位尺寸及管道尺寸等，无法了解组合式空调机组内设备的组成及功能，因此还需要绘制机组组成示意图。图 5-13 是某空调机组大样图，由设置在新风进口和回风进口的阀门控制进入机组的新风和回风比例，新、回风在混合段混合后经粗效过滤后进入表冷（加热）段，通过该段对空气进行热湿处理后，进入加湿段，加湿后由风机段的风机送入送风管道。

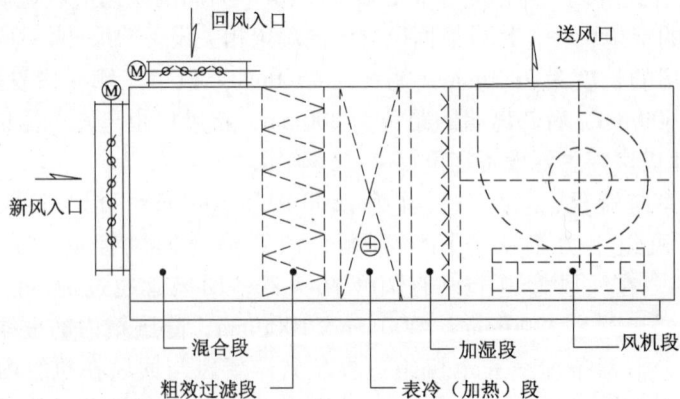

图 5-13　空调机组大样图

图 5-14 为图 5-13 对应的空调机组接管详图。该图标明了机组接管的高度以及管道进出口上的相关设备、机组的基础高度等。该图表明，机组内采用离心加湿方式，因此可知，与加湿器连接的管路为水管，图中供、回水管上设备同图 5-11，这里不再赘述。

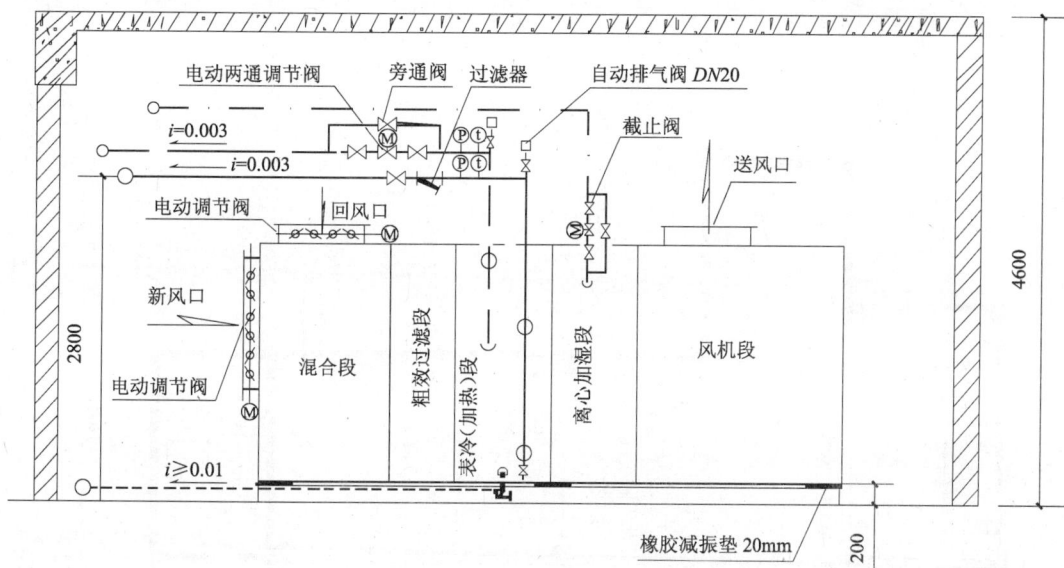

图 5-14　组合式空调机组接管详图

第四节　制冷机房施工图解读

制冷机房的主要作用为空调系统的主要设备（如空调箱、风机盘管等）提供冷媒或热媒。制冷机房施工图主要包括制冷机房设备布置平面图、制冷机房管线平面布置图、机房剖面图、机房流程图或制冷机房系统图等。

一、制冷机房平面图

制冷机房平面图主要包括机房设备平面布置图和管线平面图。为了读懂机房平面图，首先应查阅设计说明和材料明细表，根据设计说明了解相关的设计思路及设计方案

制冷机房设备布置平面图主要包括的内容有：制冷机组型号与台数、冷冻水泵、冷却水泵的型号与台数、其他相关设备的数量、大小和定位尺寸。

图 5-15 是某制冷机房设备布置平面图，表 5-1 是该平面图所对应的设备材料表，可根据图 5-15 中的设备编号从表 5-1 中查阅设备的具体信息。从图 5-15 中可以看到该机房有两台冷水机组（设备编号 1）、两台空调水换热器（设备编号 2）分别为空调机组提供冷热源，三台空调水循环泵（设备编号 3）、三台冷却水循环泵（设备编号 4）、落地式膨胀水箱（设备编号 5）一套、分水器（设备编号 6）和集水器（设备编号 7）各一台、空调水系统软化水装置（设备编号 8）一套、软化水箱（设备编号 9）一台、电子水处理器（设备编号 10）一台、除污器（设备编号 11）两台，图中还有一些设备

没有标注编号，说明这些设备不属于制冷机房内的设备。另外图中也给出了各个设备的定位尺寸，例如制冷机的横向尺寸通过与柱子的间距确定，纵向位置则通过机组与墙体的距离确定。

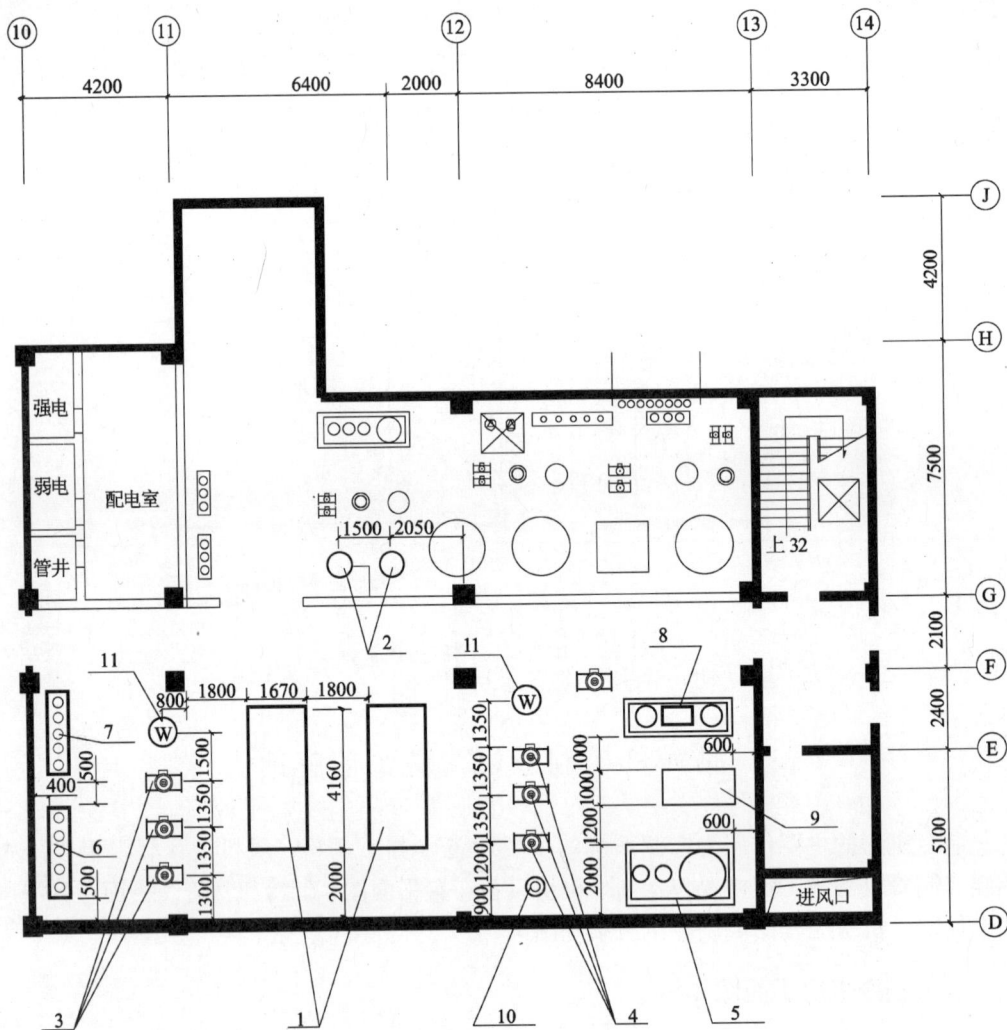

图 5-15　某制冷机房设备布置平面图

图 5-15 对应的主要设备材料表　　　　　　　　　　　　　　表 5-1

序　号	设备名称	型号规格与性能	单　位	数　量	备　注
1	冷水机组	$19 \times L350$，名义制冷量 1231kW$N=242$，冷冻水流量 $Q=212$冷却水流量 $Q=254$	台	2	B 型$4160 \times 1670 \times 2200$（H）
2	空调水换热器	SFP-B7，$D=700$换热量 120kcal/h供回水温度 60/50℃	台	2	供蒸汽压力 0.6MPa工作压力 1.0MPa
3	空调水循环泵	KQL150-400A，$N=37$，$Q=240$，$H=38$	台	3	两用一备

续表

序　号	设 备 名 称	型号规格与性能	单　位	数　量	备　注
4	冷却水循环泵	KQL200-400（Ⅰ）C， $N=45$，$Q=320$，$H=32$	台	3	两用一备
5	落地膨胀水箱	BPS1.4×1-60×2，调节容积1m³ $Q=12$，$H=60$，$N=4$ 长×宽×高=2500×1400×3600	套	1	两泵一用一备 0.50MPa时开泵 0.60MPa时停泵
6	分水器	$L=2650$，$D=600$，$d_1=200$， $d_2=250$，$d_3=200$，$d_4=250$， $d'_{6d}=300$，$d'_{7d}=200$	只	1	工作压力1.0MPa
7	集水器	$L=2850$，$D=600$，$d_1=250$， $d_2=200$，$d_3=250$，$d_5=300$， $d'_{6d}=50$，$d'_{7d}=200$	只	1	工作压力1.0MPa
8	空调水系统 软化水装置	ZR3-500，处理水量4-8t/h 外形尺寸2500×700×2700（H）	套	1	工作压力0.5MPa
9	软化水箱	2000×1500×1500	台	1	
10	冷却水系统 电子水处理器	MHW-14AP，$N=0.13$ $D×H=457×2075$	台	1	工作压力1.0MPa
11	除污器	$D800$	台	2	工作压力1.0MPa

图 5-16 是图 5-15 对应的制冷机房设备配管平面图。从图 5-16 中可以看到各设备之间的连接管路，以及各管路的名称。为了读懂管线平面图，首先应了解图中有哪些管线，然后根据管线图例或设备名称确定管道的走向和流程。

图 5-16 中共有 7 种管线，即 L1、L2、L3、L4、R、Z、n。根据图 5-16 管线的连接设备可判断，管线 R 是从软化水装置 8 接出的，因此可以判断，管线 R 代表软化水管道。软化水管道的主要流程如下：自来水管道接入软化水装置 8，经过该设备处理后，制备的软化水管道送入软化水箱 9，从软化水箱中接出的软化水管与落地膨胀水箱 5 中的定压水泵连接，定压水泵的出水管与集水器 7 相连，起稳定系统压力的作用，至此系统软化水流程已读懂。

图 5-16 中由分水器 6 接出的管线 L1，其中一路与换热器 2 连接，另一路与冷水机组连接。这说明与换热器连接的管线 L1、L2 为冬季热水流程，与冷水机组连接的管线 L1、L2 为夏季冷冻水流程。先看热水流程，从换热器出来的管线 L2 与空调水循环泵 3 连接，经过水泵加压后，管线 L2 与除污器 11 连接，最后接入集水器 7。再看冷冻水流程，从分水器 6 出来的管线 L1 与冷水机组连接，冷冻水经过机组冷却后，从冷水机组出水管接出，管线为 L2，然后与空调水循环泵 3 连接，经过水泵加压后，管线 L2 与除污器 11 连接，最后接入集水器 7。由此表明冬夏季冷热水管道共用一套水泵。

从制冷机组接出的另一种管线为 L3、L4。由图可知，由靠墙位置接入管线 L3，经过除污器 11 与冷却水循环泵 4 入口管连接，经过水泵 4 加压后，管线 L3 与冷水机组入口管连接，冷却水在机组内吸收热量后，从冷水机组接出后管线 L4 接到靠墙位置并与 L3 并行，这说明管线 L3、L4 为冷却塔供回水管。

机房内另一根管路 Z 为蒸汽管道，从内墙处的分汽缸接出蒸汽管道与换热器 2 连接，蒸汽在换热器内换热后变为凝结水（管线 n），凝结水接入设在机房内的水箱。由此可以了解机房内的所有管道和流程。

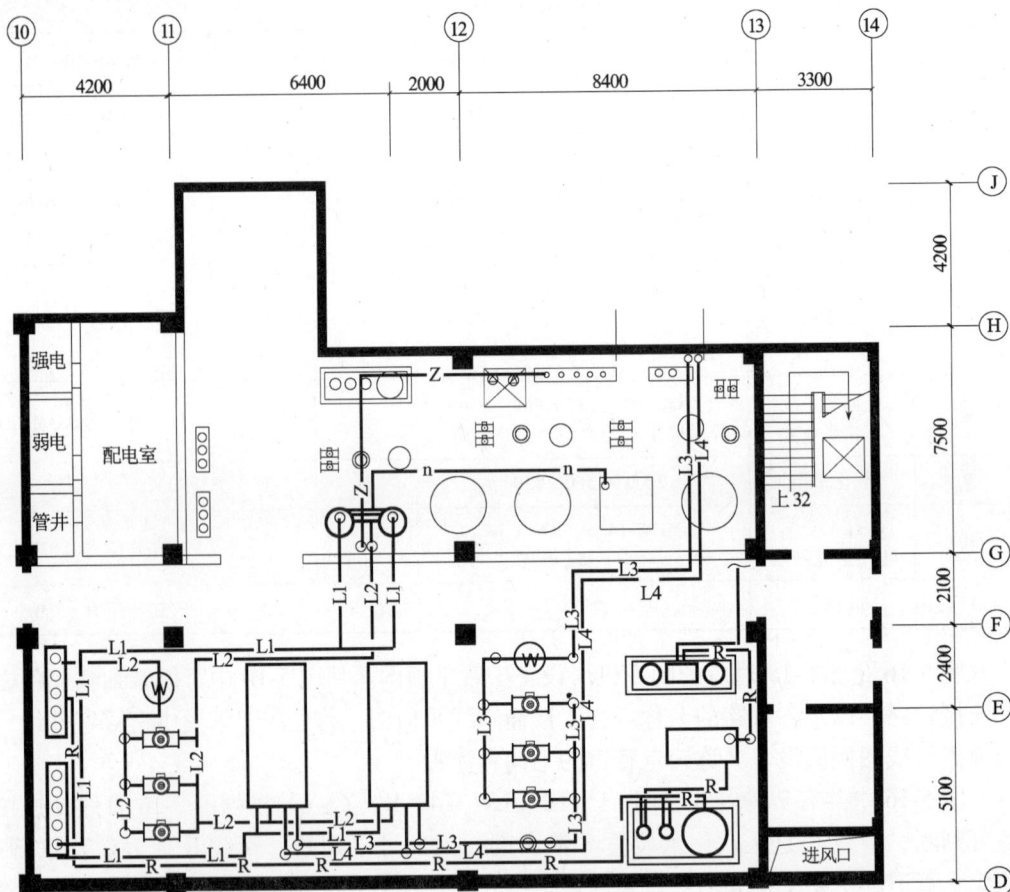

图 5-16　某制冷机房设备配管平面图

二、制冷机房系统图

图 5-17 为图 5-16 对应的制冷机房的系统图。系统图主要反映各个设备接管的位置、接管尺寸、接管高度、设备的标高等。下面以分水器为例，说明如何看懂图纸。由图 5-17 可知，分集水器中心线的标高为 1.5m，在分水器上部共有 4 根接管（与空调用户相接），管径依次为 $DN200$、$DN250$、$DN200$、$DN250$，在分水器下部共有两根接管，$DN300$ 的管线与冷水机组相接，$DN200$ 的管线与集水器连接，作为平衡管，分水器上所有连接管道均设置阀门，分水器上还设有压力表和温度计。由分水器 6 接出的管线 L1 与换热器 2 的进水管相接，管线 L1 的直径为 $DN200$、高度为 3.8m，在最高点设置 $DN20$ 的自动排气阀。同理可知道图中所有设备的接管直径、高度、走向等信息。

三、制冷机房流程图

　　有些制冷机房由于管线比较复杂，绘制系统图时，管线容易重叠，很难完全表达各个管线的标高、管径等。因此制冷机房也可以通过流程图来反映各个设备之间的接管尺寸、管道走向等，而管道标高等则通过设备安装图或剖面图来表达。

　　图 5-18 为某溴化锂吸收式制冷机房的工艺流程图。表 5-2 为该溴化锂吸收式制冷机房设备明细表。在看图之前，应首先根据设备明细表了解图中各设备编号所表示的设备，然后明确流程图中包括哪些系统管路，根据各个管路的流程即可知道管路与设备的连接方式、管路的管径及相关设备等。

某溴化锂吸收式制冷机房的设备明细表　　　　　　　　　　表 5-2

序　号	设备名称	型号、规格与性能	单　位	数　量	备　注
4	蒸汽双效 LiBr 冷水机组	SXZ6-60D，冷冻水流量 $Q=100$ 冷却水流量 $Q=155$，功率 $N=11.9$ 蒸汽耗量 780kg/h 外形尺寸 $3715 \times 2005 \times 2170$	台	2	双良 2000 型
5	空调水循环泵	IS100-80-160D，$N=15$，$Q=60$，$H=36$	台	6	夏季五用一备 冬季二用三备
6	冷却水循环泵	IS150-125-315D，$N=30$，$Q=200$，$H=32$	台	3	二用一备
7	空调水分水器	$L=1700$，$D=600$，$d_1=200$， $d'_2=150$，$d'_3=150$，$d'_4=100$	只	1	工作压力 1.0MPa
8	空调水集水器	$L=1700$，$D=600$，$d_1=200$， $d'_2=150$，$d'_3=150$，$d'_4=100$	只	1	工作压力 1.0MPa
9	冷却水系统 电子水处理器	SHA-8，$N=0.06$ $Q=160-240$	台	2	工作压力 1.0MPa
10	卧式角通除污器	$\phi=325 \times 6$，$L=800$	台	3	L89R802-5 工作压力 1.0MPa
11	空调系统换热器	SW+0.7，换热量 55×10^4 kcal/h 进、出水温度 50℃/60℃	台	2	供汽压力 0.6MPa 参照飞洋节能设备公司样本
12	空调系统 落地膨胀水箱	LDP1.4×1-50×2×2，$\Delta V=1m^3$ $Q=9-16$，$H=21-26$，$N=3$ $A \times B \times H=2800 \times 1400 \times 3300$	只	1	两泵一用一备 0.18MPa 时开泵 0.25MPa 时停泵 参照飞洋节能设备公司样本
13	储液罐	SZ-1，$V=2m^3$，$h=2500$	只	1	
15	采暖系统换热器	SW+0.5，换热量 35×10^4 kcal/h 进、出水温度 70℃/95℃	台	2	供汽压力 0.6MPa
16	采暖系统循环泵	ISR50-32-320A，$N=3$ $Q=12$，$H=25$	台	2	一用一备

序　号	设备名称	型号、规格与性能	单 位	数 量	备　注
17	采暖系统落地膨胀水箱	$LDP0.6 \times 1 - 50 \times 2 \times 2$, $\Delta V = 0.1$ $Q = 9-16$, $H = 21-26$, $N = 3$ $A \times B \times H = 1900 \times 600 \times 2100$	只	1	两泵一用一备 0.18MPa 时开泵 0.25MPa 时停泵
18	立式储存式浮动盘管换热器	$SFL-4-1.0$, $V = 4m^3$, 换热量 $35 \times 10^4 kcal/h$	只	2	制备卫生热水出水温度 65℃
19	卫生热水系统电子水处理器	$SHA-3$, $N = 0.02$ $Q = 16 - 25$	台	2	工作压力 1.0MPa
20	卫生热水系统循环泵	$25SG3-10$, $N = 0.18$, $Q = 3$, $H = 10$	台	2	一用一备
21	组合式软化水装置	$ZR3-350$, $2000 \times 600 \times 2600$ 处理水量 $2 \sim 4m^3/h$	套	1	飞洋
22	软化水箱	$1600 \times 1600 \times 1400$（H） $V = 4m^3$	只	2	用于空调系统，采暖系统补水及锅炉供水

图 5-18 中主要包括以下几个系统流程：冷却水系统、冷冻水系统、热水系统、蒸汽凝结水系统。

图中左侧即为冷却水系统，其流程如下：从冷却塔 14 出来的冷却水经过除污器 10 除污、冷却水电子水处理器 9 处理后，通过冷却水循环泵 6 将冷却水送入制冷机组 4，冷却水从制冷机组换热后温度升高，再回到冷却塔降温，完成冷却水的循环。

冷冻水系统流程如下：来自空调用户的冷水汇集到集水器 8，由集水器接出的冷水管经过除污器 10 处理后与空调循环水泵 5 连接，从循环水泵 5 接出两根水管分别与两台制冷机组连接，经过冷水机组降温后的冷冻水管接至空调分水器 7，通过分水器输送到各个空调用户，完成了空调冷冻水系统的循环。

空调热水系统流程如下：采暖系统换热器中制备的空调用热水由空调供水管送至空调分水器再至空调器。冬季由空调用户回来的回水汇集到集水器 8，空调热水管通过除污器除污后由空调循环泵 5 输送到空调换热器 11，空调热水由换热器 11 出水管接至分水器 7，然后与空调用户相接，完成空调热水的循环。

蒸汽系统流程如下：由分汽缸接出的蒸汽，夏季进入蒸汽双效溴化锂机组 4，用于制备空调冷冻水，冬季进入空调换热器 11 中制备空调用热水，蒸汽换热后产生的凝结水由凝结水管汇集至软化水箱 22 中，来自软水箱中的软化水通过落地膨胀水箱 12 与空调循环水泵 5 集水管相接，作为空调系统补水，同时通过落地膨胀水箱中补水泵为空调水系统定压。

此外，冷却塔系统还接有自来水管道，作为冷却塔的补水。至此系统中所有管道流程均已读懂，各个设备的接管尺寸、连接设备从图中都可查明。

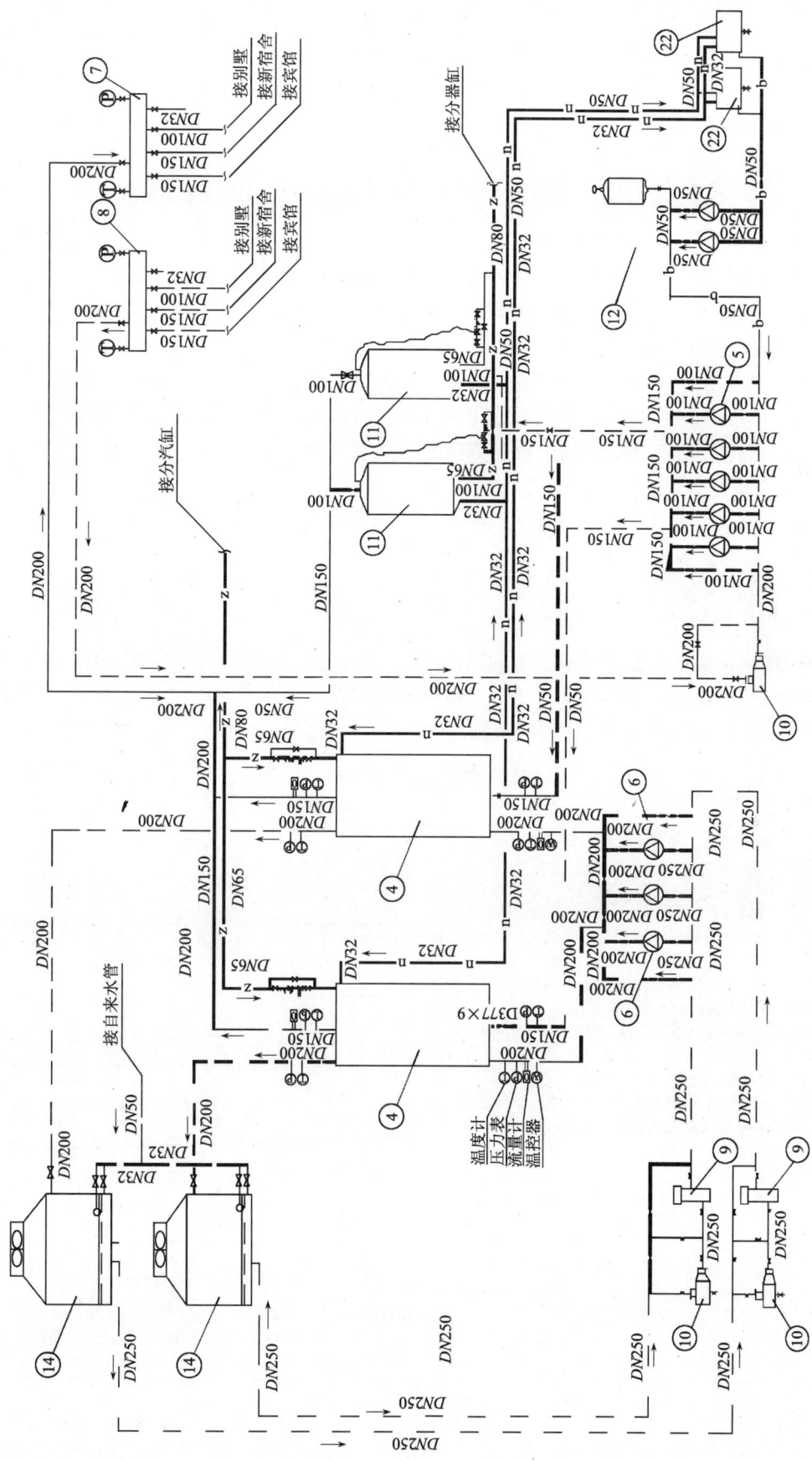

图 5-18 某溴化锂吸收式制冷机房的工艺流程图

第六章 锅炉房施工图的实例解读

根据锅炉供热介质的不同，可以将锅炉分为热水锅炉和蒸汽锅炉。根据锅炉所燃烧燃料的不同，可分为燃煤锅炉、燃油锅炉和燃气锅炉。锅炉供热介质和燃料不同，锅炉房设备及工艺流程则不完全相同。

锅炉房施工图主要包括锅炉房设计及施工说明、锅炉房主要材料明细表、图例、锅炉房平面图、剖面图、锅炉房工艺流程图和锅炉房管路系统图。本章通过某单位锅炉房整套图纸来说明锅炉房施工图的识读过程和方法。

第一节 锅炉房平面图解读

一、锅炉房设计及施工说明

锅炉房设计说明主要包括锅炉房的设计依据、设计内容、设计原始资料、施工验收标准和规范、管道设计压力和检验方法、管道材料及附件、管道和附属设备的安装、管道防腐方法等。表 6-1 为锅炉房设计说明实例。

锅炉房设计施工总说明   表 6-1

一、锅炉设计安装	视热水管道的管径和长度确定，但最小不得小于 $DN15$。

一、锅炉设计安装

1. 锅炉及辅机安装、煮炉及试车运行等技术要求严遵照锅炉厂家说明书及《蒸汽锅炉安全技术检查规程》、《锅炉房设计规范》（GB 50041—92）、《建筑设计防火规范》、《高层民用建筑设计防火规范》执行。

2. 锅炉安全阀排放管需接至室外安全处，排污热水先经排污池冷却后，方可排入城市下水道。

3. 锅炉及辅机设备的基础在浇注前必须和设备所附的技术资料核对无误后，方能正式使用。

4. 热交换器加热蒸汽压力为 0.6MPa，加热水温设定值为 70℃。

二、热水管道施工安装

1. 本说明系指热水锅炉出水温度为 95℃，回水温度为 70℃的热水管道和蒸汽锅炉（$P = 13kg/cm^2$）的蒸汽管道和凝结水管道。

2. 热力管道管材按介质工作参数 $P = 1.6MPa$，$t < 250℃$选用，管道内径 >25mm，采用无缝钢管，管道内径 ≤25mm，采用焊接钢管。

3. 管道阀门的选用，闸阀选用 Z45H-16 型，法兰截止阀采用 J41T-16 型，螺纹截止阀采用 J11T-16 型，装在立管上的止回阀采用 H42H-25 型，升降式止回阀水平管道上采用 H44H-25 型旋启式止回阀。

4. 热力管道最低点应设排水阀，最高点应设排气阀，排水、排气阀位置应根据现场位置布置，其管径大小应视热水管道的管径和长度确定，但最小不得小于 $DN15$。

管径 DN（mm）	保温管道间距（m）	不保温管道间距（m）
20	2.5	3.5
25	3.0	4.0
32	3.0	5.0
40	3.5	6.0
50	4.5	7.0
65	5.5	8.5
80	6.0	9.5
100	7.0	10.0
125	8.0	11.0
150	9.0	12.0
200	12.0	14.0

5. 防腐保温：管道保温之前应刷铅红一遍，防锈漆两遍，热水管道保温材料采用橡塑制品，蒸汽管道保温材料采用离心玻璃棉制品，结构及厚度参见 R410—1、2 图集。

二、锅炉房设备平面布置图

　　锅炉房平面图包括锅炉房设备平面布置图、锅炉房管道布置平面图。通过锅炉房设备平面布置图可以了解锅炉房设备之间的相对位置、设备的名称及数量等。在读懂锅炉房施工图之前，首先应阅读锅炉房设计说明，了解锅炉房的整体设计情况，然后查阅锅炉房主要材料明细表。根据设备明细表的编号、设计图例，然后查看锅炉房设备平面布置图。表6-2 为锅炉房主要材料明细表。

锅炉房主要设备明细表

表 6-2

序　号	名　称	型号规格	单　位	数　量	备　注
1	卧式快装锅炉	DZL6-1.25-AII　2kW	台	1	武昌锅炉容器厂
2	卧式快装锅炉	DZL6-1.25-AII　2kW	台	2	武昌锅炉容器厂
3	省煤器	6t/h 配套	台	1	锅炉配套
4	省煤器	4t/h 配套	台	2	锅炉配套
5	上煤机	6t/h 配套　1.5kW	套	1	
6	上煤机	4t/h 配套　1.5kW	套	2	
7	电控柜		套	1	锅炉配套
8	电控柜		套	2	锅炉配套
9	鼓风机	T4-72-11NO4.5A　7.5kW	台	1	锅炉配套
10	鼓风机	XF45.25-12NO4　4kW	台	2	锅炉配套
11	锅炉引风机	YGY6-18 左 135　37kW	台	1	锅炉配套
12	锅炉引风机	YGY4-18NO9.8 左 135　30kW	台	2	锅炉配套
13	全自动软水器	CTZR-900-15　15~30t/h	套	2	长沙申特　一用一备
14	锅炉给水泵	2GC-5X5$L=10m^3/h$，$H=160m$，$N=17kW$，$n=2950rpm$	台	3	二用一备
15	蒸气泵	2QS-15/1.7　$L=7~15m^3/h$　$P=1.7Mpa$	台	2	一用一备
16	除氧水泵	KL65-125　$L=25m^3/h$，$H=20m$，$N=3kW$，$n=2900rpm$	台	2	一用一备
17	循环水泵	KL80-125A　$L=45m^3/h$，$H=16m$，$N=4kW$，$n=2900rpm$	台	2	一用一备
18	过滤式除氧器	CTGDY-10　10t/h	套	2	长沙申特
19	除氧水箱	$L×W×H=2.6×2×1.6$（m）	个	1	
20	软化水箱	$L×W×H=2.6×2×1.6$（m）	个	1	
21	分汽缸	$\phi427×8$	个	1	
22	减压阀	Y43H-16　$DN150$	个	1	阀后压力 0.6MPa
23	温度控制仪	CLW-100A	套	4	
24	疏水阀	S18H-25Dg50	个	8	
25	容积式热交换器	Dg2200，$V=15m^3$，$F=38.96m^2$	台	4	88S168 甲型
26	液位传感器	FKY-21	套	1	

序 号	名 称	型号规格	单 位	数 量	备 注
27	静电处理器	TL-FLX-100I	套	1	
28	静电处理器	TL-FLX-200I	套	1	
29	麻石水膜脱硫除尘器	CS-6T 6t/h	台	1	长沙申特
30	麻石水膜脱硫除尘器	CS-4T 4t/h	台	2	长沙申特
31	钢制烟囱	$\phi 1400mm \times 10mm$ 高 40m	个	1	

　　材料明细表主要由设备编号、设备名称、型号规格、单位、数量等组成，采用编号来表达设备使图纸更加简洁、明了。每一个编号都代表一种设备，根据明细表即可知道设备的具体型号、参数等，也是建设方订货的依据。由表 6-2 可知，该锅炉房共有 3 台锅炉，编号 1 的锅炉数量为 1 台，型号为 DZL6-1.25-AⅡ。根据第二章中锅炉编号表示方法知，该锅炉为单锅筒纵置式链条炉，锅炉蒸发量为 6t/h，额定蒸汽压力为 1.25MPa，燃料为Ⅱ类烟煤。同理，编号为 2 的锅炉为两台，锅炉蒸发量为 4t/h，其他参数相同。编号为 1～12 号的设备均为锅炉厂家配套产品，其他设备为设计人员设计选定的。

　　图 6-1 为锅炉房一层设备平面布置图。为了读懂设备平面图，首先应根据图纸明确各个房间的功能，然后与设备明细表结合，了解各个编号代表的设备，明确系统内流程，最后根据设备布置平面图，即可查阅各个设备之间的纵向和横向定位尺寸。

　　由图 6-1 可知，锅炉房一层主要由锅炉间、风机间、办公室、化验室、工具间、泵房、水处理间和盐库组成。锅炉间大门设在左侧，在锅炉前方设有控制室，控制室两侧是编号为 7 和 8 的电控柜 3 台，7 号电控柜控制 1 号锅炉，8 号电控柜控制 2 号锅炉。5 号和 6 号设备分别为锅炉配套的上煤机，设在锅炉本体左侧的 9 号、10 号设备为锅炉配套的鼓风机，在锅炉本体后部的 3 号和 4 号设备为锅炉配套的省煤器，它的作用是利用锅炉烟气加热锅炉给水，提高锅炉效率。锅炉房内整个空气流程为：室内空气通过 9 号或 10 号鼓风机进入锅炉内部，与煤混合燃烧后，烟气与锅炉本体内水管进行热交换后，进入 3 号或 4 号省煤器，在省煤器内与水进行热交换后，通过引风机 12 进入设置在锅炉间外部的除尘器 30，然后经过除尘器除掉烟气中的尘粒，由烟囱 31 排入大气中。锅炉间内，锅炉配套设备具体尺寸没有标注，施工时可参考厂家提供的锅炉图纸。在锅炉间以外的除尘部分，各个除尘器之间的距离由引风机的位置而定，由 29 号除尘器接出的排烟管道为圆形管，直径为 850mm，与 30 号除尘器的烟气汇合后，烟气管道直径为 1300mm，3 台除尘器的排烟合流后，进入直径为 1500mm、厚度为 10mm、高度为 40m 的烟囱排入大气。在锅炉间内编号为 21 的设备为分汽缸，具体尺寸可查阅剖面图 6-6。水泵间内设有编号为 14 的锅炉给水泵 3 台，编号 15 的蒸汽泵 2 台。水处理间内 13 号设备为全自动软水器，所有设备型号等均可通过设备明细表查阅，设备之间的定位尺寸则根据图中标明数据即可确定，例如 2 号锅炉的定位尺寸为：锅炉中心线距离左侧柱子中心线为 3000mm，距离前方墙体中心线的距离为 4580mm。另外，图中下侧排烟管道左侧和右侧两个"4"则表示剖面图的名称为 4-4，横线位置即为剖面图的剖切位置，同理，该图也给出了 5-5 剖面图的位置。

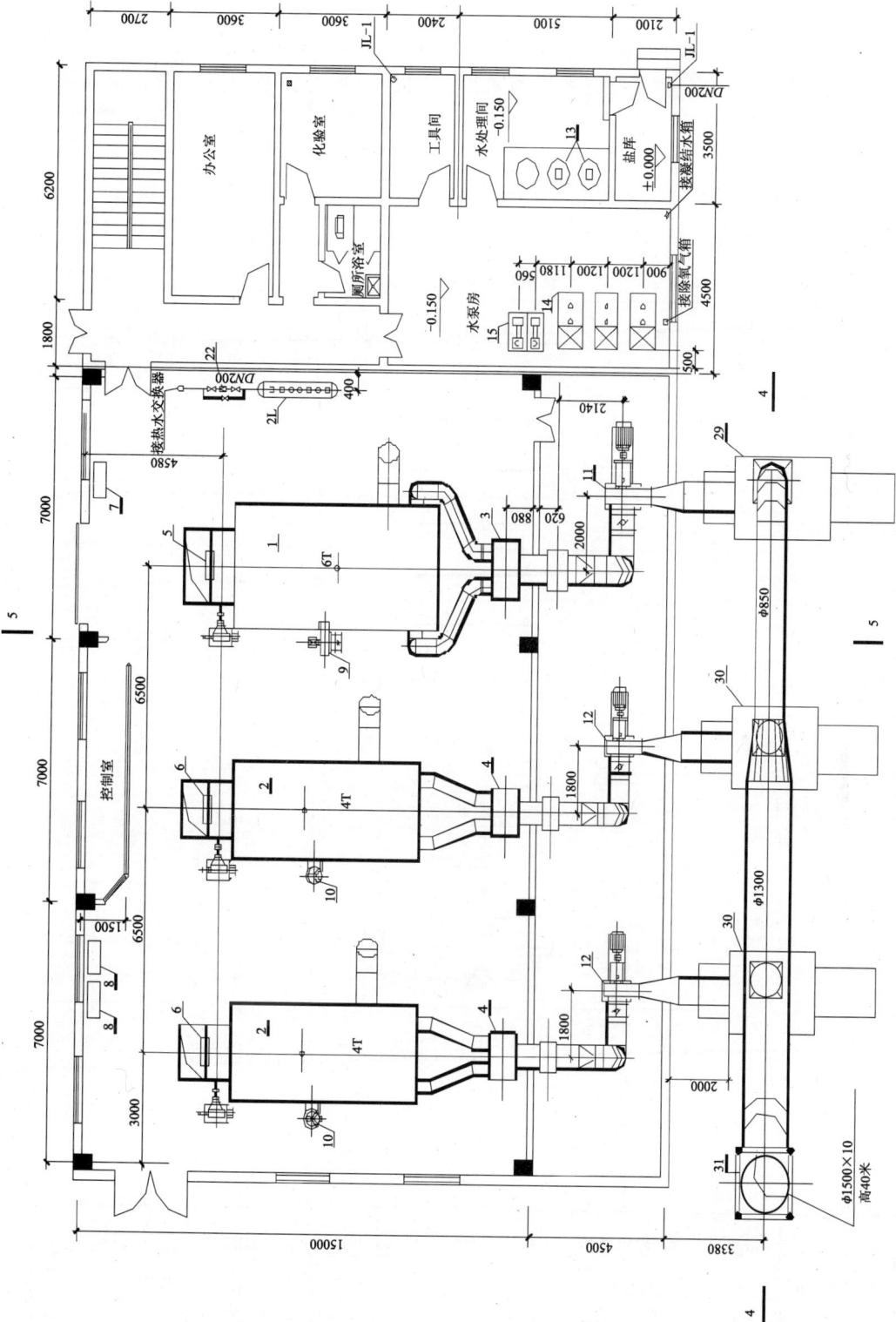

图 6-1 锅炉房一层设备平面布置图（1：100）

三、锅炉房管道平面布置图

锅炉房管道平面布置图主要是为了表达各个设备之间各种管线的连接方式、流向、管径、管道标高等。为了读懂管道平面布置图，则首先应了解平面图图例，根据图例可知道该平面图中管道种类及相关设备，然后查阅各种管道的引入点和接出点、管径等。

表 6-3 为该锅炉房的图例，由表 6-3 即可知道各个图例所代表的管线及设备，例如，带有字母 Z 的直线即代表蒸汽管道，带有字母 S1 的直线代表自来水管道等。

锅炉房绘图图例   表 6-3

名　　称	图　　例	备　　注
蒸 汽 管	——Z——	
凝结水管	——N——	
自来水管	——S1——	
软化水管	——S2——	
排 污 管	——W——	
放 空 管	——F——	
法兰截止阀		
法兰止回阀		
安 全 阀		
排 污 阀		
疏 水 器		
温 度 计		WNY 型（0～250℃）
弹簧压力表		Y100

图 6-2 为锅炉房一层管道平面布置图，该图的绘制比例为 1∶100。由图 6-2 可知，该图中共有 5 种管道，即蒸汽管道（Z）、自来水管道（S1）、软化水管道（S2）、排污管道（W）、放空气管（F）。了解了图中的管道种类后，接着应了解各类管道的引入点和接出点。

　　本图可先从蒸汽管道开始，图中在左侧 2 号锅炉本体中部引出蒸汽管管径为 ϕ 108 × 4.5mm（即表示该管道外径为 108mm，壁厚为 4.5mm，以下均同，不再说明），与中间的 2 号锅炉蒸汽引出管合流后，管径变为 133 × 4.5mm，然后接入分汽缸 21，1 号锅炉蒸汽引出管直径为 ϕ 108 × 4.5mm，直接接入分汽缸。从分汽缸上接出一根支管与 22 号减压阀相接，经过减压后接入热交换器。从分汽缸上接出 4 根蒸汽管道，其中 3 根通过工具间送出，然后送到各个用户，这 3 根管道的直径均为 ϕ 89 × 4.5mm，另一根管径为 ϕ 34 × 3mm 的蒸汽管道直接接入 15 号蒸汽泵。

　　下面再查阅锅炉给水（即软化水 S2）管道系统流向，接自除氧水箱的管道直径为 DN100（DN 即代表公称直径，单位为 mm，以下均同，不再说明）的软化水通过 14 号给水泵加压后，与从蒸汽泵接出的凝结水管混合后接入锅炉省煤器，给水泵接出管径为 ϕ 108 × 4.5mm，接入省煤器的管径为 ϕ 89 × 4mm。从省煤器接出的软化水管道直接接入锅炉给水管，3 台锅炉的给水管径均为 ϕ 57 × 3.5mm。接着来查阅自来水管道（S1）系统流向，在室外除尘器旁接入总自来水管道，然后管道分为两个支路，一路与除尘器相接，管径为 DN32，另一路管径为 DN80，标高为 3.4m，该支路自来水管又分为两个支路，一路与 13 号软水器相接，管径为 DN80，另一路接到厕所内浴室，管径为 DN25。从 13 号软水器接出的软化水管径为 DN80，接入凝结水箱。

　　该图中还有排污管道（W）系统，在每台锅炉本体两侧和尾部均设有排污管，两侧排污管管径均为 DN50，排污管标高为 −0.2m，两侧排污管道合并后，与来自省煤器的排污管汇合后经室内排污沟排出，锅炉排污管的直径与省煤器的排污管公称直径均为 DN50。图中每台锅炉顶部还设有放空管（F）两根，直接排入室外大气中，2 号锅炉放空管的直径为 DN50，1 号锅炉放空管的直径为 DN80。至此图中所有管道流程均已读懂。另外，该图中给出了 1-1 剖面图、6-6 剖面图的剖切位置。

　　图 6-3 为锅炉房的二层平面布置图。二层主要由设备间、休息室和库房组成，二层地面标高为 4.2m。设备间内主要有 16 号设备除氧水泵，17 号设备循环水泵，18 号设备除氧器，19 号设备除氧水箱，20 号设备软水箱，27 号设备静电水处理器。二层平面布置图主要表达了除氧水箱和软水箱接管的相对位置、接管管径；除氧水泵和循环水泵的相对位置、接管管径等。设备的定位尺寸包括横向和纵向两个定位尺寸，例如 16 号和 17 水泵的横向定位尺寸为水泵中心线距离右墙体内壁 1170mm，纵向离墙体内壁的距离为 2540mm，各个水泵中心线的距离为 800mm，另外该图中给出了 3-3 剖面图的剖切位置。

　　图 6-4 为锅炉房的三层平面布置图。三层主要是换热器间，三层地面标高为 8.4m。设备间内主要有 25 号换热器 4 台，从下至上换热器的编号依次为 1～4；28 号设备为静电水处理器。图中共有 5 种管道，即换热器给水管道、换热器热水管道、蒸汽管道、凝水管道、放空管道。换热器总给水管道从图中右下角 JL-1 立管接入，经过静电水处理设备后，与 4 台换热器相接，接出总管管径为 DN200，2 号换热器后接管管径变为 DN150。换热器热水管道自换热器顶部接出，然后汇合后与澡堂循环水管连接，热水总管径为 DN200，循环水管径为 DN100。每台换热器顶部设有直径为 DN100 的放空管，直接接到室外，排入大气。换热器蒸汽管道接自锅炉房一层，接入总管管径为 ϕ 219 × 8mm，然后管径依次减小为 ϕ 159 × 4.5mm、ϕ 108 × 4.5mm，经过换热器换热后，蒸汽变为凝结水，4 台换热器的凝结水合并后接入凝水箱，凝水总管径为 DN80。另外该图中给出了 2-2 剖面图的剖切位置。

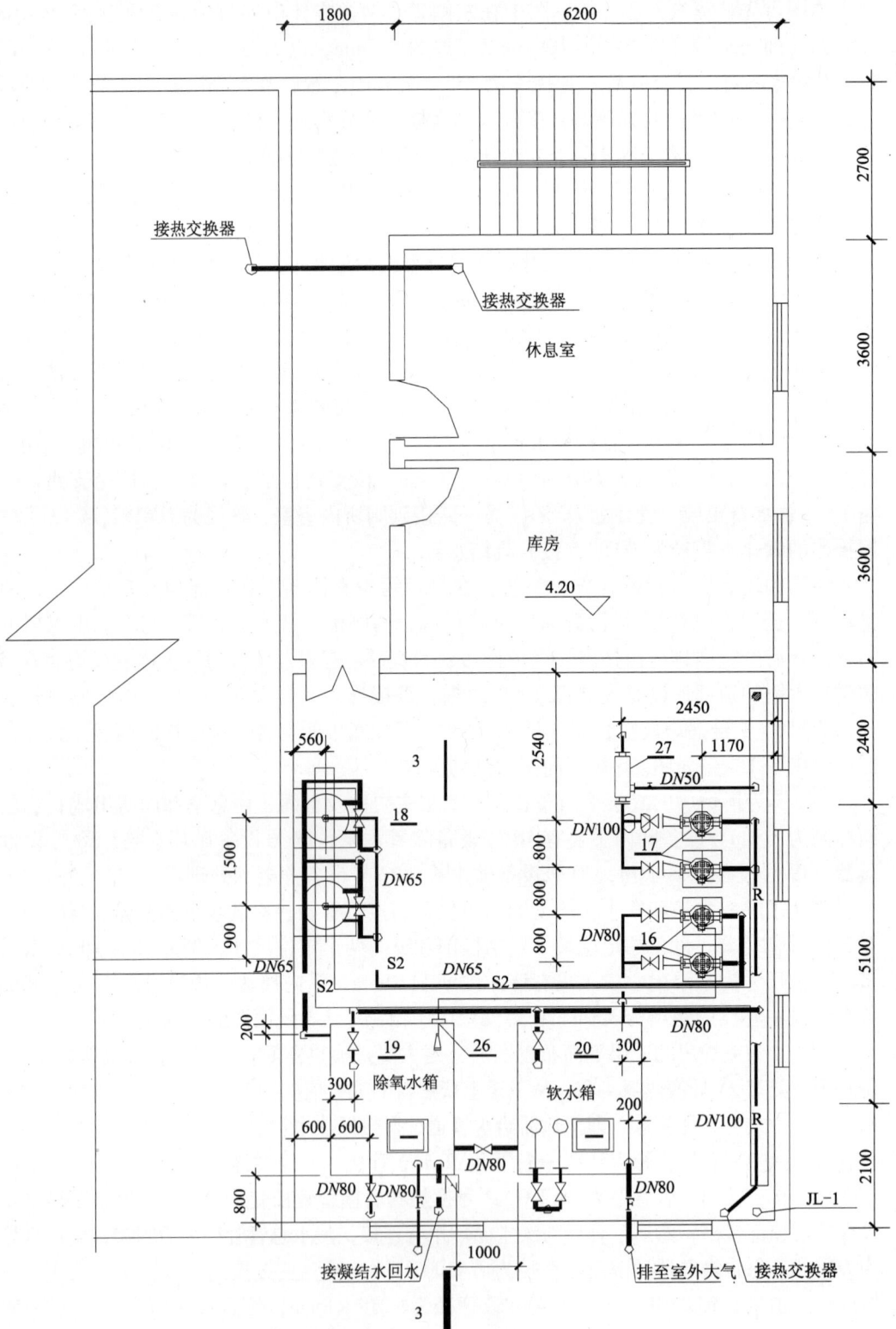

图 6-3 锅炉房二层平面布置图（1∶100）

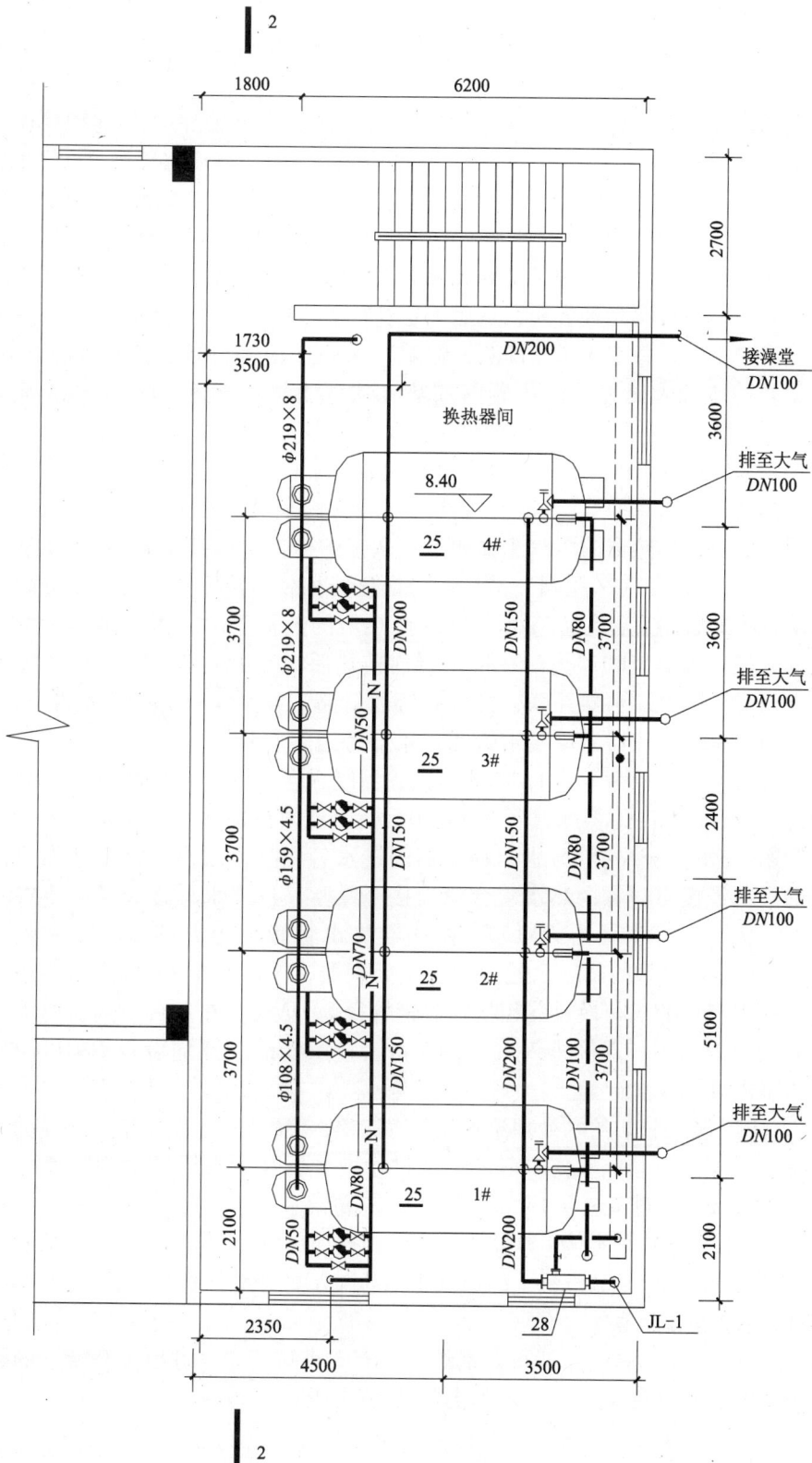

图 6-4 锅炉房三层平面布置图 （1∶100）

第二节　锅炉房流程图解读

锅炉房流图主要是用来反映锅炉房内各个设备之间管路的种类、连接顺序、连接管径、设备工作原理和流程等。由于绘图比例的限制，有些设备及接管尺寸在平面图上不能够充分反映出来，通过流程图则可以成分表达。下面以图 6-5 为例说明锅炉流程图的识读。

在查阅流程图时，首先应了解该流程图中包括那些主要设备、各个设备的工作原理、整个系统中都有哪几种管线，然后确定各种管线的走向。图 6-5 为蒸汽锅炉房的流程图，该图中主要设备有 3 类，即蒸汽锅炉、水处理相关设备、换热设备，所包含的流程有锅炉给水处理流程、换热器内加热介质（蒸汽）流程和被加热介质（热水）流程。

图 6-5 中左侧为换热器的系统流程，换热器的加热介质为蒸汽，被加热介质为自来水，该换热器系统由 6 种管路组成，蒸汽管路、凝水管路、热水管路、给水管路、放空管路、污水管路。换热器的蒸汽流程如下：从锅炉分汽缸内接出管径为 $\phi 219 \times 8mm$ 的蒸汽管经过 22 号设备（减压阀）减压后与换热器相接，减压阀前后均设置阀门，并设旁通管路，旁通管路直径为 $DN200$。每台换热器的蒸汽管入口处设有温度控制仪 23，蒸汽接入管径均为 $DN100$。蒸汽在换热器内换热后，变为凝结水，在每台换热器的凝水管道上设置了两个疏水器并联，并设有旁通管路，各个换热器的凝水混合后流入 19 号除氧水箱。每台换热器出口凝水管和疏水器旁通管管径均为 $DN50$，1 号和 2 号换热器凝水管合流后，管径为 $DN70$，与 3 号换热器凝水合流后，凝水管径为 $DN80$，4 台换热器的总凝水合流后，总凝水管径为 $DN80$。换热器内被加热水的流程如下：来自室外给水管网的自来水（S1）管分别与换热器的进水管相接，在换热器内被加热，由换热器顶部的出水管接出，各个热水管合流后接至澡堂。自来水总管管径为 $DN200$，与每台换热器连接的支管管径为 $DN150$，换热器热水管管径为 $DN150$，总热水管管径为 $DN200$。另外接自澡堂的循环水通过静电水处理器、循环水泵 17 与换热器相接，循环水总管管径为 $DN100$，与换热器相接的支管管径为 $DN80$，在每台换热器的顶部设置放空管，管径为 $DN100$，直接排入大气，在每台换热器的下部均设置 $DN100$ 的排污管，直接排入室内排水沟。

图中右侧主要为锅炉给水处理流程和蒸汽流程，流程如下：室外自来水通过全自动软水器 13 软化处理后，接入软化水箱 20，通过除氧水泵 16 将软化水送入除氧器 18，然后接入除氧水箱 19，通过蒸汽泵 15 和循环水泵 14 将给水输送到省煤器 3 和 4，被锅炉烟气加热后给水直接进入锅炉本体，软化水在锅炉内被加热后变成蒸汽，通过设在锅炉上方的蒸汽管道接至分汽缸，从分汽缸上的蒸汽管将蒸汽分配到各个用户，分汽缸下部设置疏水器，并将凝水直接排至室外。

图中还有一套排污系统，即每台锅炉均设有 3 个排污口，每根排污管道的管径均为 $DN50$，这 3 根排污管道合并后与除尘器排污管道相接。

第三节　锅炉房剖面图解读

由于锅炉房内设备多，管道错综复杂，通过平面图只能反映管线的平面位置，而不能完全反映设备的标高和管线详细尺寸。锅炉房剖面图主要是为了反映房间的标高、各个设备的标高、进出口阀门或设备的种类、设备间接管的位置及高度等。

图 6-6 为锅炉房的 1-1 剖面图，具体剖面位置可从图 6-1 中查阅。从 1-1 剖面图可看出，该锅炉房附属设备间共三层，底层标高为 4.0m，二层标高为 4.0m，三层标高为 4.5m。图中左侧分汽缸的中心标高为 0.9m，从分汽缸接出的蒸汽管道管径为 $\phi 219 \times 8mm$，在二层楼板下位置穿越楼板进入三层换热设备间。一层附属设备间内，通过查阅材料明细表知道，14 号设备为锅炉给水泵，水泵进水管管径为 DN65。根据该图图例表 6-3 知，水泵进水管上设有阀门和软接头，水泵出水管上设有压力表、止回阀和截止阀，出水管管径为 $\phi 219 \times 8mm$，水泵出水管穿越墙壁进入左侧锅炉间内，在锅炉间内的标高为 4.0m，水泵左上方蒸汽管的标高为 3.2m。一层房间内右侧 13 号设备为全自动软水器，软水器的基础标高为 0.15m，接入自来水管标高为 3.0m，软水器进出口接管标高均为 1.8m，管径均为 DN80，软化水直接接到设置在二层的软化水箱 20。

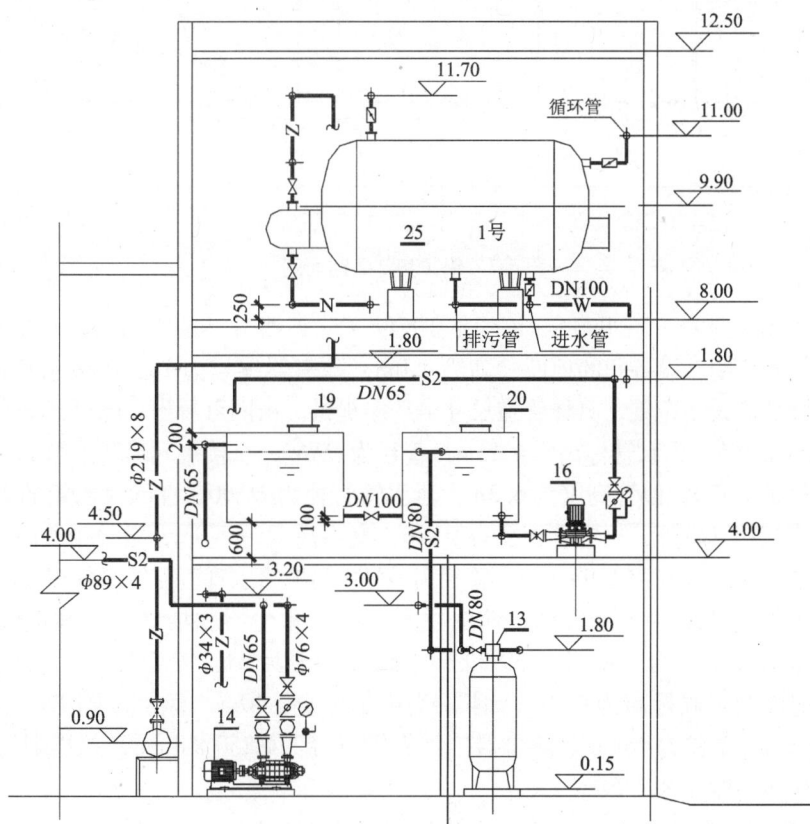

图 6-6　锅炉房 1-1 剖面图

在设备间的二层有除氧水箱 19、软化水箱 20 和除氧水泵 16，两个水箱之间设有 DN100 的连通管，水箱的基础标高为 600mm，连通管距离水箱底部的高度为 100mm，除氧水泵进水管设有截止阀，出水管上设有压力表、止回阀、截止阀，除氧水泵出水管在室内的标高为 1.8m，除氧水箱溢流管离水箱顶部的高度为 200mm。

在设备间的三层为换热器 25，换热器的中心标高为 9.9m，换热器循环管接管高度为 11.0m，热水接管高度为 11.7m，换热器底部凝水管和排污管离地面的高度为 250mm，排污管管径为 DN100。

图 6-7 为锅炉房的 2-2 剖面图，该图主要反映换热器 25 的详细接管尺寸和标高。换热器设备间内共有 4 台相同型号的换热器，换热间地面标高为 8.00m，房间层高为 4.5m，蒸汽管的标高为 11.5m，进入每台换热器的蒸汽接管管径为 DN100，并设置温度控制仪 23，每台换热器均设有两个蒸汽进口管和出口管，进口管管径为 DN100，出口凝水管管径为 DN50，在凝水合并后设置疏水器 24，凝水总管管径从图中即可查明。

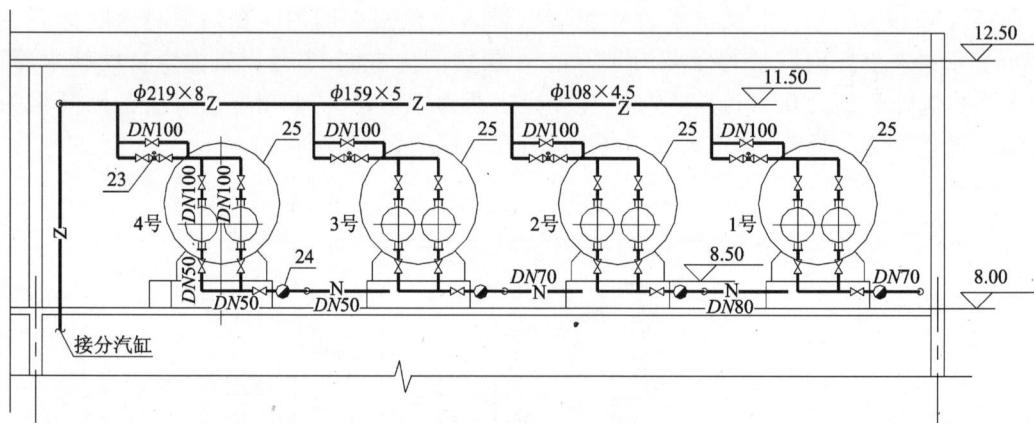

图 6-7　锅炉房 2-2 剖面图

图 6-8 为锅炉房的 3-3 剖面图，该图主要反映了除氧器 18 和除氧水箱 19 的详细接管尺寸和标高。图 6-8 中，设备间的地面标高为 4.0m，除氧器编号为 18，除氧水箱编号为 19。图中虚线内为成套设备范围，具体管道尺寸由厂家提供。由图可看出，除氧器进水管标高为 7.0m，管径为 DN65，出水管标高为 4.15m，管径为 DN65，直接接入除氧水箱 19。除氧水箱的溢流管管径为 DN80，接管高度为 6.3m，泄水管管径为 DN50，在除氧水箱的上方，设置了放空管，直接接到室外，放空管管径为 DN80，室内高度为 7.0m，室外排气高度为 8.0m。在除氧水箱的下方，标高为 4.90m 处，管径为 DN80 锅炉给水管道与给水泵相接。

图 6-9 为锅炉房的 4-4 剖面图，该图主要反映了除尘器和烟囱的详细接管尺寸和标高。图中共有除尘器 3 台，编号为 29 和 30，烟囱编号为 31。除尘器所在的地面标高为 -0.15m，烟囱的基础标高为 0.3m，钢制烟囱的高度为 40m，管径为 $\phi 1000 \times 16mm$，即直径为 1000mm，壁厚为 16mm。除尘器排烟支管管径为 $\phi 850 \times 8mm$，总排烟管道的直径为 $\phi 1300 \times 8mm$，标高为 7.5m。

图 6-10 为锅炉房的 5-5 剖面图，该图主要反映了锅炉本体管道、锅炉省煤器、引风机与除尘器的接管尺寸和标高。图 6-9 中，锅炉间地面标高为 ±0.000m，锅炉上安全阀的高度为 5.3m，蒸汽管道的高度为 6.2m，省煤器进口水管的高度为 4.0m，除尘器烟气进

口管道中心标高为3.6m，出口管道标高为7.5m，锅炉排污管道标高为-0.3m，直接排入除尘器29中。

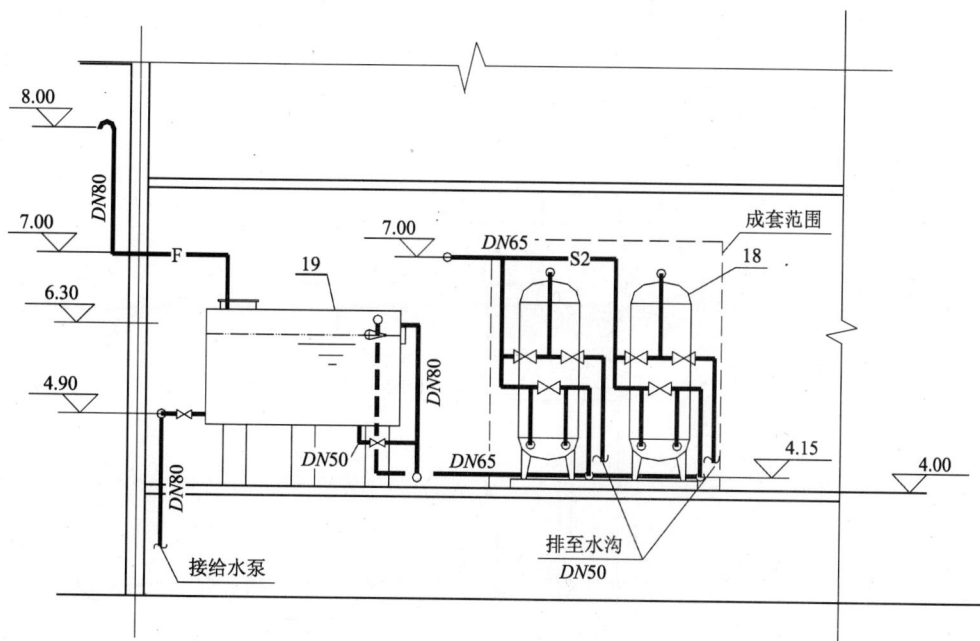

图6-8　锅炉房3-3剖面图

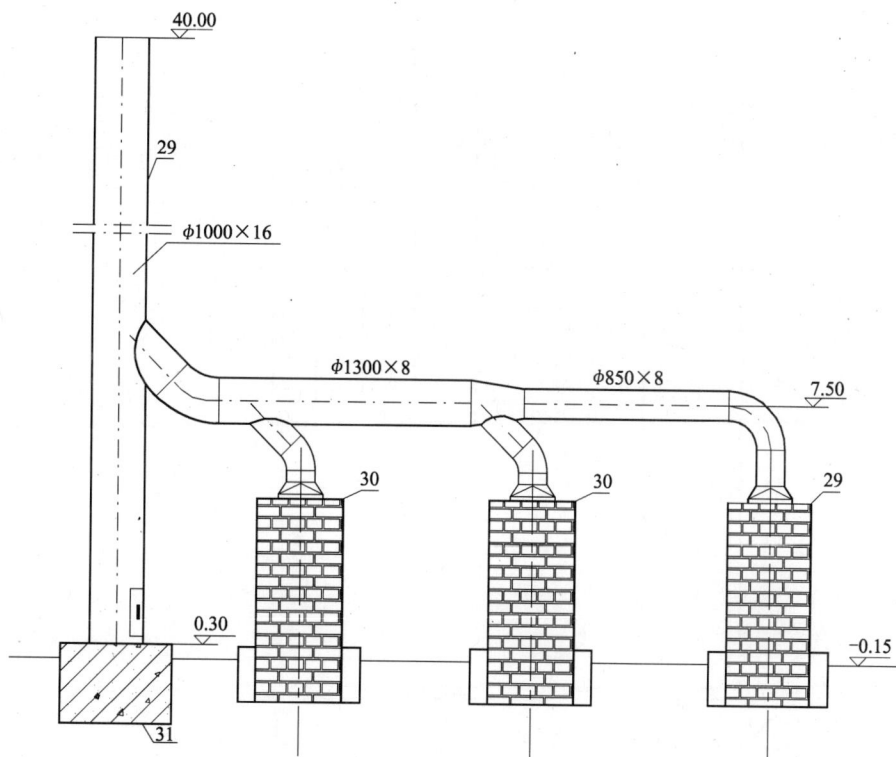

图6-9　锅炉房4-4剖面图

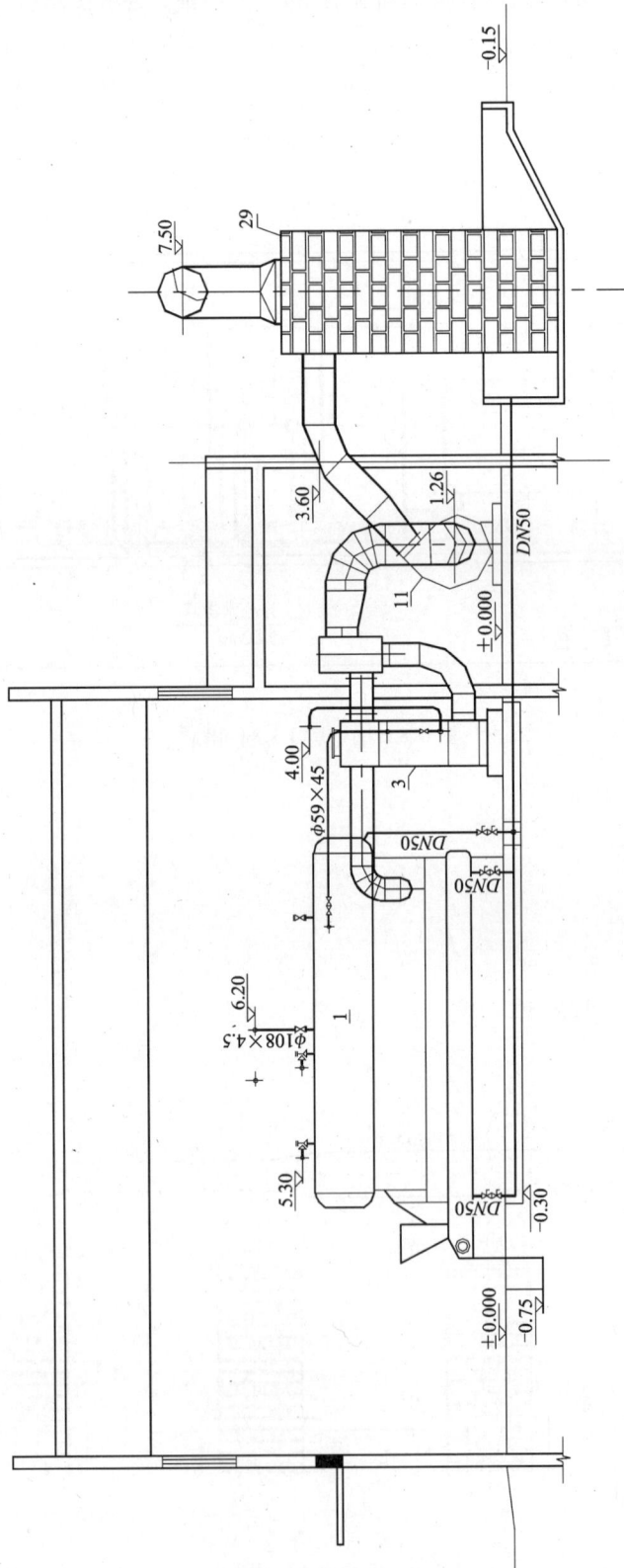

图 6-10　锅炉房 5-5 剖面图

　　图6-11为锅炉房的6-6剖面图，该图主要反映分汽缸21的详细接管尺寸和标高。图中以地面的基准标高为准，分汽缸的中心高度为900mm，汽缸的直径为$\phi 427 \times 8$mm，分汽缸上有6根接管，另外还设有压力表和温度计，蒸汽管道的高度均为3.4m，分汽缸的下部设有疏水器和旁通管路，进入疏水器前的接管管径为$\phi 57 \times 3.5$mm，疏水器后的接管管径为DN50。

　　通过6个剖面图，基本上反映了锅炉放主要设备及管道的标高和尺寸。

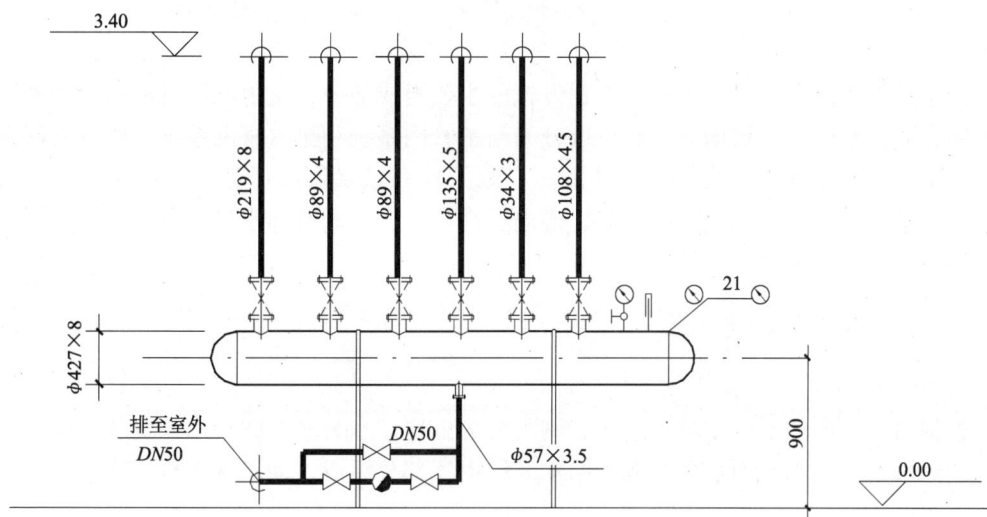

图6-11　锅炉房6-6剖面图

第七章　市政管网施工图的解读

第一节　市政给水排水管网施工图解读

给水排水管网系统是给水排水工程设施的主要组成部分，是由不同材料的管道和附属设施构成的输水网络。根据其功能可以分为给水管网系统和排水管网系统。给水管网系统承担供水的输送、分配、压力调节（加压、减压）和水量调节任务，起到保障用户用水的作用；排水管网系统承担污水收集、输送、高程或压力调节和水量调节任务，起到防止环境污染和防治洪涝灾害的任务。

一、城市给水管网施工图

1. 给水系统组成

根据给水水源的不同，城市给水管网可分为以地面水为水源的给水系统和以地下水为水源的给水系统。以地面水为水源的给水系统由三部分组成，即取水工程、净水工程、输配水工程。

以地面水为水源系指引用河流、湖泊及水库的水向城市供水。取水工程主要包括取水头部、管道、水泵站、水泵配电设施及其他附属设备。净水工程就是以地面生产水的工厂。因江河湖水既浑浊又有各种细菌、无法直接为生活和生产使用，必须经过净化水处理成满足生活和生产需要的水质标准。生产过程中需要建造净化设备，如加药设备、混合反应设备、沉淀过滤设备、加氯灭菌设备等。净化后的水以足够的水量和水压输送给用户，需要建造足够数量的输水管道、配水管网和水泵站，建造水塔和水池等调节构筑物。图7-1 为以地面水为水源的给水系统。

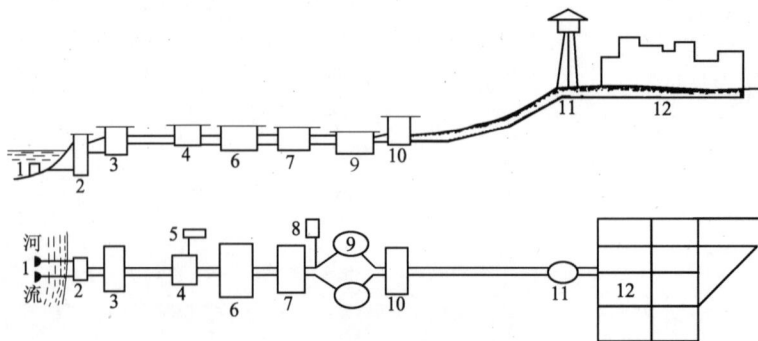

图 7-1　地面水源给水系统
1—取水头；2—取水建筑；3——级泵站；4—混合反应；5—加药；6—沉淀；
7—过滤；8—加氯；9—清水池；10—二级泵站；11—水塔；12—管网

以地下水为水源的给水系统，常用大口井或深管井等取水。如地下水水质符合生活饮用水卫生标准，可省去水处理构筑物，其系统如图7-2所示。

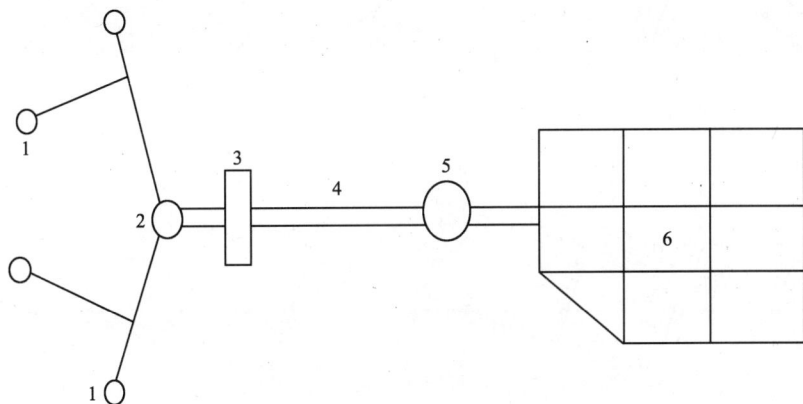

图7-2　地下水源给水系统
1—管井；2—集水池；3—泵站；4—输水管；5—水塔；6—管网

本书重点讨论输配水工程，即给水管网。

2. 给水管网组成

给水管网是指分布在供水区域内的配水管道，其功能是将来自于较集中点的水量输送到整个供水区域，使用户能够从近处接管用水。根据城市规划、用户分布及用水要求，给水管网可布置成枝状和环状管网。

（1）枝状管网

图7-3所示为某城市的枝状管网，管网呈枝状向城市供水区布置，管径随用水户的减少而逐渐缩小。这种管网布置，总程度短，够在简单，初投资小。但是当某处管道损坏时，该处以后将全部停水，因此供水可靠性差。

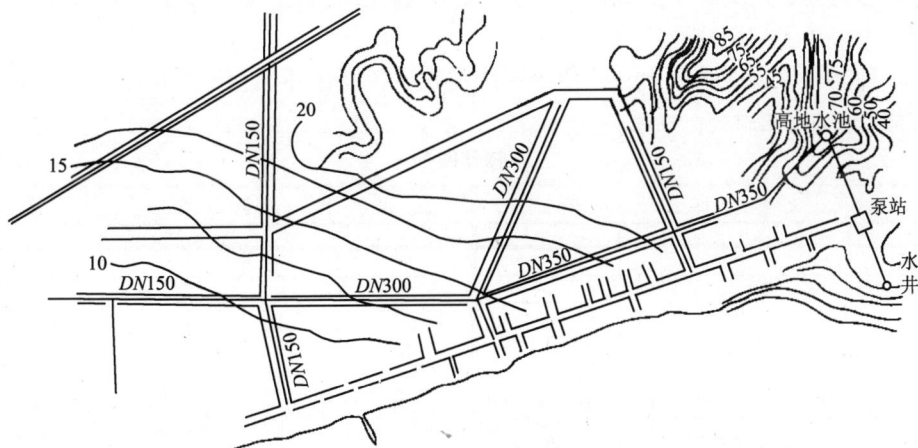

图7-3　某城市树枝状管网

（2）环状管网

环状管网是供水干管间相互联通而形成的闭合管路，如图7-4所示。这样每条管路都可由两个方向供水，因此供水安全可靠。图7-4为环状管网布置示意图。

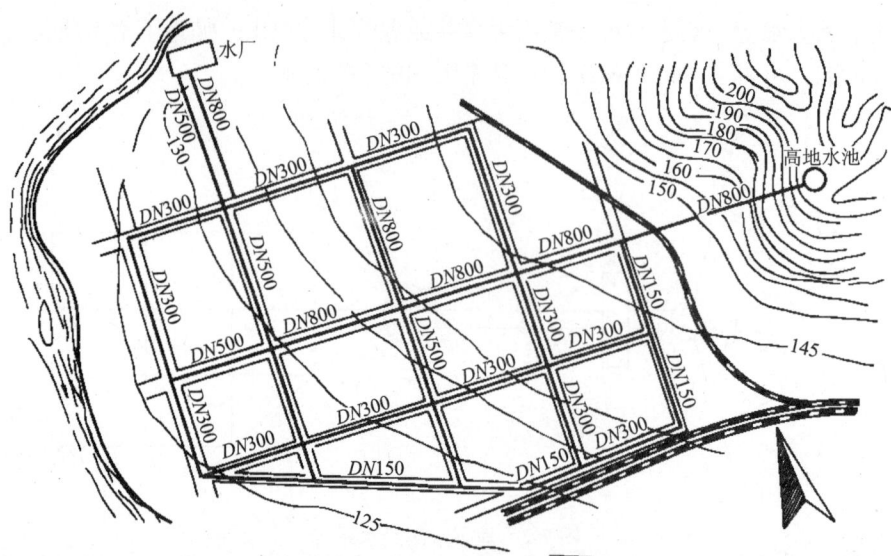

图 7-4　环状管网布置

3. 给水管网管材与连接

给水管分金属管（铸铁管和钢管）和非金属（钢筋混凝土管和塑料管等）管两种。铸铁管经久耐用，耐腐蚀性比较好，使用最广。铸铁管接头有两种形式，承插式和法兰式，承插式适用于埋地管线。铸铁管直径一般采用公称直径表示，即用 DN 表示，如 DN15 即表示管道公称直径为 15mm。

钢管有无缝钢管和焊接钢管两种，钢管的优点是强度高、耐高压、耐振动、重量较轻，缺点是易生锈、不耐腐蚀，在给水管网中较少使用。钢管一般采用焊接或法兰连接。

给水管道所使用的钢筋混凝土管，又有预应力和自应力之分，一般采用承插式连接。

塑料管具有强度高、表面光滑、耐腐蚀、重量轻，加工和连接方便等特点，因此在给排水管网中得到了广泛应用。

管件种类很多，在工程上往往使用单线图表示各种管件。为便于识图，表 7-1 列出了部分常用管件单线图示。

管件图示　　　　　　　　　　　　　　　　　　　　　　表 7-1

编　号	名　　称	符　号	编　号	名　　称	符　号
1	承接直管		9	双承弯管	
2	法兰直管		10	承插弯管	
3	三法兰直管		11	法兰缩管	
4	三承三通		12	承口法兰缩管	
5	双承法兰三通		13	双承缩管	
6	90°法兰弯管		14	承口法兰短管	
7	90°双承弯管		15	法兰插口短管	
8	90°承插弯管		16	双承口短管	

续表

编　号	名　　称	符　号	编　号	名　　称	符　号
17	法兰四通		25	法兰式墙管（甲）	
18	四承四通		26	承接墙管（甲）	
19	双承双法兰四通		27	喇叭口	
20	法兰泄水管		28	插堵	
21	承口泄水管		29	承堵	
22	双承套管		30	法兰式消火栓弯管	
23	马鞍法兰		31	法兰式消火栓丁字管	
24	活络接头		32	法兰式消火栓十字管	

4. 给水管网平面图

图 7-5 为某单位厂区给水平面图。根据图纸中给水管径的变化可知图中给水管线是从右侧输送过来。

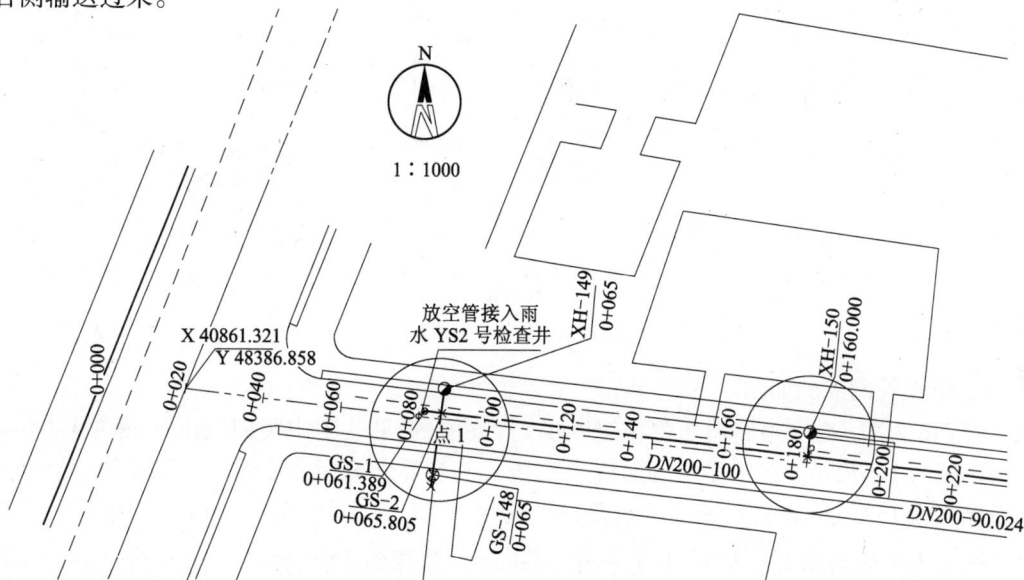

图 7-5　某单位厂区给水平面图

图中左侧道路中点 0 + 000，第一个零表示桩基编号为 0 号，" + "号后面的 3 个零表示距离零号桩基的距离是 0，即起点位置，0 + 020 即表示距离 0 号桩基的距离为 20m。根据城市地理坐标系统确定起点位置的坐标为 $X = 40861.321$，$Y = 48386.858$。图中距离 0 号桩基在 60 ~ 80m 之间有一个圆圈，表示给水节点 1，节点 1 处各管线的连接将有详图表示，具体可参阅图 7-6 所示的节点 1 大样图。

由图 7-5 可见，节点 1 为给水管的末端，共有 4 个接点，圆圈内最左侧编号 $\dfrac{GS - 1}{0 + 061.389}$ 表示该连接点为给水（GS）节点，编号为 1，接点编号横线下方 0 + 061.389 表示该节点距离 0 号桩基的位置为 61.389m。上部接点 XH-149 表示该接点设备为消火栓，编号为 149，该点距离 0 号桩基的位置为 65m。同理，圆圈中部符号 GS-2 表示该点为给水接点 2，距离 0 号桩基的位置为 65.805m，圆圈下部符号 GS-148 表示该点为给水接点 148

号，距离 0 号桩基的位置为 65m。在节点 1 的右侧，给水管线下方符号 *DN*200-100 表示该段管线公称直径为 200mm，该管段长度为 100m。

5. 给水节点大样图

图 7-6 为图 7-5 中给水节点 1 的大样图，图 7-6 表明了节点 1 的各个连接设备及连接管径。图 7-6 中，右侧总给水管管径为 *DN*200，连接四通的管径为 *DN*200。上部采用盘插短管与室外消火栓连接，室外消火栓的管径为 *DN*100，消火栓的型号为 ss100/65-1.6，即表示为双侧连接消火栓，直径为 100mm，栓口直径为 65mm，工作压力为 1.6kg/cm²。左侧给水接点 2 点的管径为 *DN*200，*DN*200 盘承短管与直径为 *DN*200 的蝶阀连接，后面连接有两个 45°、直径为 *DN*200 的盘承弯头，该管段末端接有排放空气的管段，放空管接入 YS2 号检查井。下部采用 *DN*200 的盘承短管与四通连接，然后通过两个盘插短管与 *DN*200 蝶阀连接。

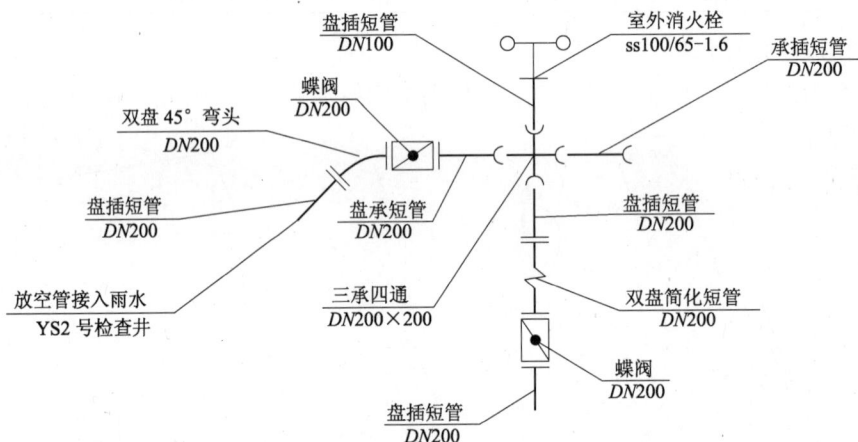

图 7-6 节点 1 大样图

6. 给水管网纵断面图

图 7-7 为图 7-5 中道路给水管网纵断面图。由图可见，图中竖向绘图比例为 1:100，纵向比例为 1:1000。图中最上部曲线（实线）为自然地面标高曲线，道路左侧起点自然地面标高为 152.64m，自然地面逐渐升高，然后下降。在实线上方符号 GS-1$\varPhi$1400×1405 表示该点为 1 号给水井，给水井直径为 1400mm，井深为 1405mm，$\dfrac{GS-1}{0+061.389}$ 表示该给水节点，编号 1，0+061.389 表示该节点距离 0 号桩的位置为 61.389m。1 号给水井处，地面自然标高为 155.34m。图中自上而下第二条虚线为设计路面标高，路面左侧路面设计起点与自然起点持平，然后面设计标高逐渐升高，例如在 1 号给水井处设计路面标高为 152.068m。虚线下方两条实线为给水管线，在实线上方有两组数据，$\dfrac{DN200}{151.339}$ 和 $\dfrac{DN100}{151.339}$ 即表示该井内有两个接点，接管直径分别为 *DN*200 和 *DN*100，两个接点的自然标高均为 151.339m。从图下方管道平面距离栏内可知，这两个接点之间的平面距离为 4.414m，该处管道埋深为 1.405m；从道路桩号一栏可知，两个接点距离 0 号桩的距离分别为 61.389m 和 65.805m。从给水接点 2 向右，给水管径为 *DN*200，管道坡度为 0.93。在道路自然标高为 156.118m 处，有给水接点 3，该处接管管径为 *DN*100，接点自然标高为 152.212m，该处管道埋深为 1.405m，给水接点 2 和接点 3 之间的水平距离为 94.195m。由此可见，根据管道纵断面图即可确定管道各处的标高、实际埋深、各个接点之间的水平距离等参数。

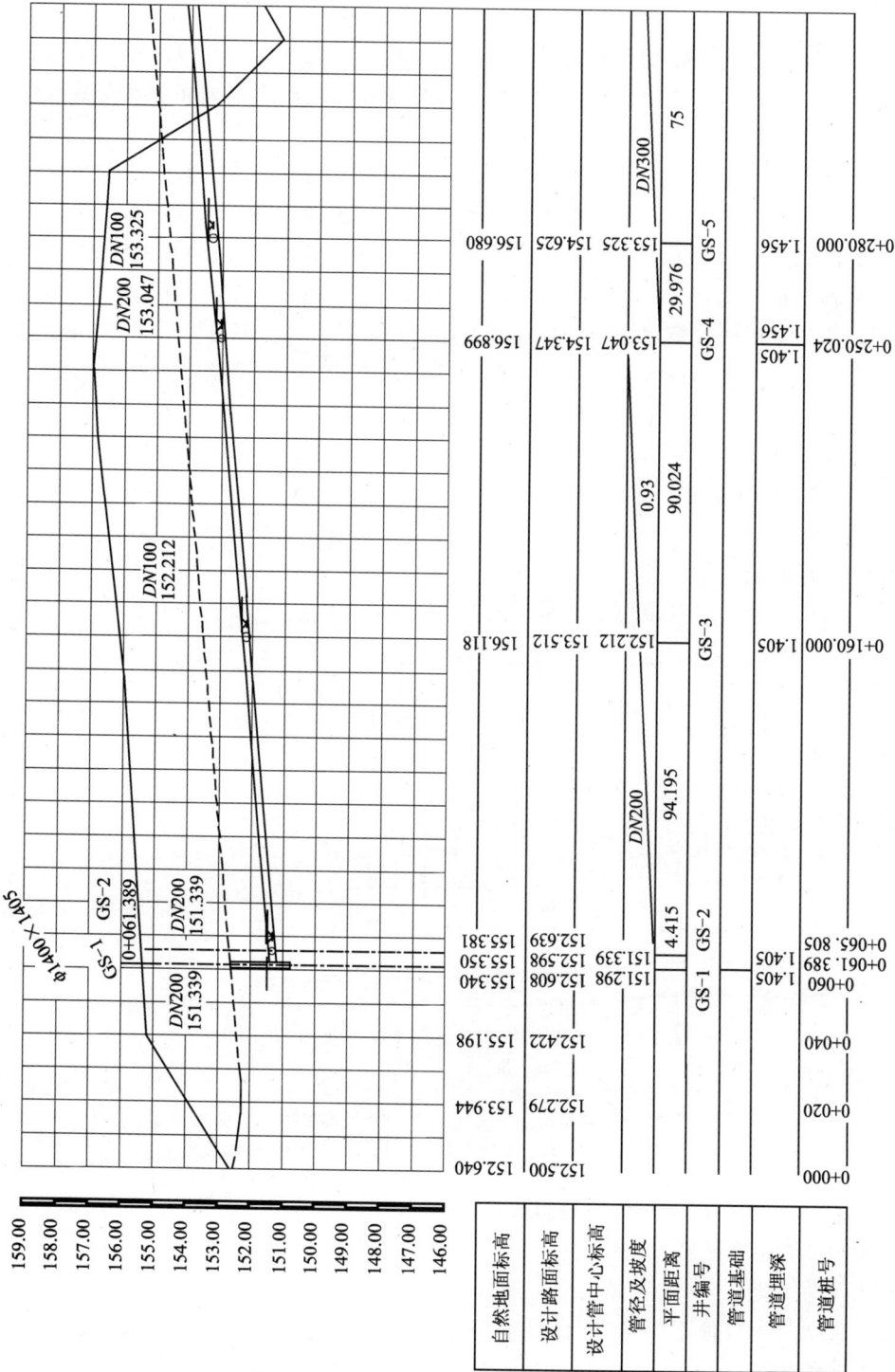

自然地面标高

设计路面标高

设计管中心标高

管径及坡度

平面距离

井编号

管道基础

管道埋深

管道桩号

给水管道纵断面图 竖 1:100
横 1:1000

图 7-7 给水管网断面图

二、市政排水管网施工图

1. 排水系统的分类及组成

废水分为生活污水、工业废水和雨水三种类型。将生活污水、工业废水和雨水混合在同一管道系统内排放的系统称为合流制排水系统。早期建设的排水系统和很多老城市早期均采用这种合流制排水系统。

将生活污水、工业废水和雨水分别在两套或两套以上管道系统内排放的排水系统称为分流制系统。排除城市污水或工业废水的管网系统称为污水管网系统；排除雨水的管网系统称为雨水管网系统。由于排除雨水方式的不同，分流制排水系统又分为完全分流制和不完全分流制两种排水系统。

排水系统是指排水的收集、输送、处理和利用，以及排放等设施以一定方式组合而成的总体。城市生活污水排水系统主要由以下几个部分组成：

1）室内污水管道系统和设备；

2）室外污水管道系统；

3）污水泵站及压力管道；

4）污水处理厂；

5）出水口及事故排出口。

图 7-8 为城市污水排水系统总平面示意图。

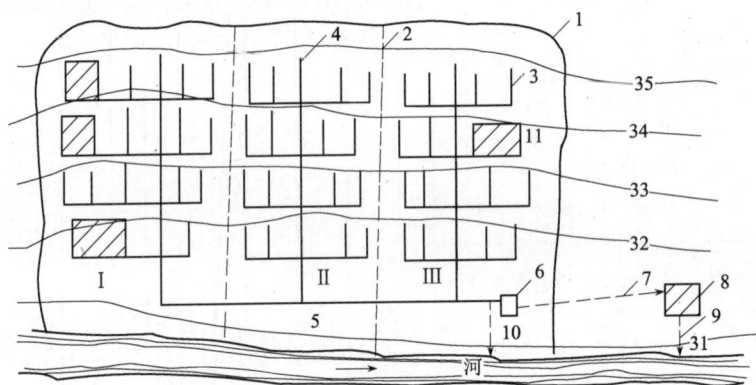

图 7-8　城市污水排水系统总平面示意图
Ⅰ，Ⅱ，Ⅲ—排水流域
1—城市边界；2—排水流域分界线；3—支线；4—干管；
5—主干管；6—总泵站；7—压力管道；8—城市污水厂；
9—出水口；10—事故排水口；11—工厂

工业废水排水系统由以下几个部分组成：

1）车间内部管道系统和设备；

2）厂区管道系统；

3）污水泵站及压力管道；

4）废水处理站。

图 7-9 为工业区排水系统总平面示意图。

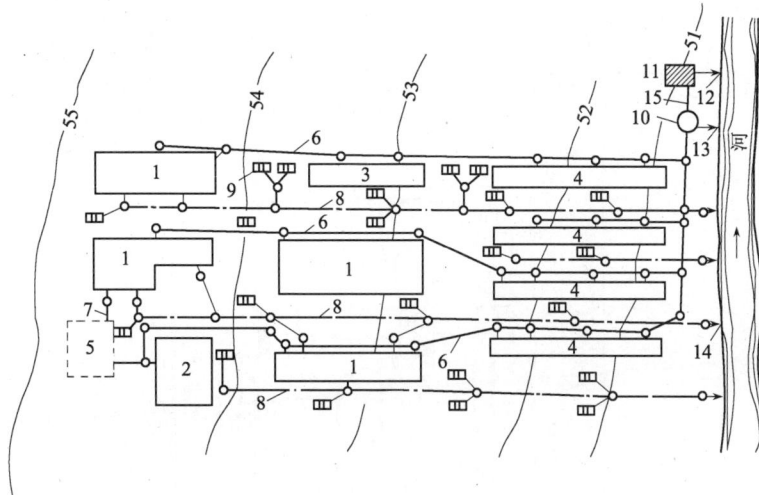

图 7-9　工业区排水系统总平面示意图

1—生产车间；2—办公楼；3—值班宿舍；4—职工宿舍；5—废水利用车间；
6—生产与生活污水管道；7—特殊污染生产污水管道；8—生产废水与雨水管道；
9—雨水口；10—污水泵站；11—废水处理站；12—出水口；
13—事故排出口；14—雨水出水口；15—压力管道

雨水排水系统的主要组成部分如下：

1）建筑物的雨水管道系统和设备；

2）居住小区或工厂雨水管渠系统；

3）街道雨水管渠系统；

4）排洪沟；

5）出水口。

2. 小区污水管网平面图

图 7-10 为污水管网平面图图例，图 7-11 为小区污水管网平面图。

序号	名　　　称	图　　例	备　　注
1	化粪池		钢筋混凝土
2	污水检查井及编号	—○—	02S515-22
3	污水管道	— — —	HDPE 污水管道
4	管道公称直径 mm 管长 m	$DN300$　$L=20$	
5	坡度	$i=0.003$	
6	设计地面标高　m	37.47	
	设计管内底标高　m	W36.47	

图 7-10　污水管网平面图图例

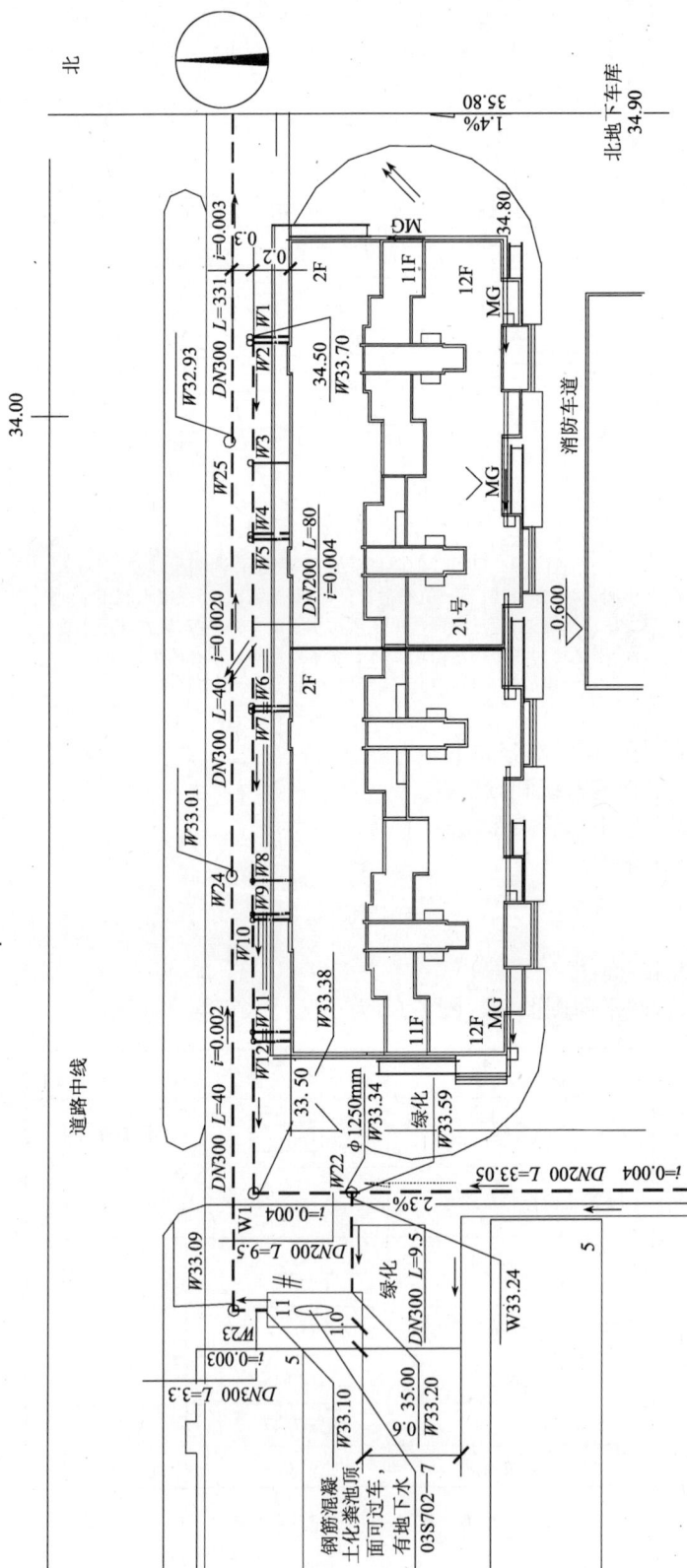

小区污水设计平面图 1:100

图 7-11 小区污水管网平面图

为了看懂污水管网平面图，首先应该看懂图例，然后再看相关图纸。由图 7-10 可知，虚线表示污水管道，与虚线相连接的圆圈表示污水检查井，污水检查井的编号为02S515-22，其中 02S515 表示图集编号，22 代表图集页码。污水管道采用高密度聚乙烯管道（HDPE），图中污水坡度用 i 表示，$i=003$ 表示污水管道坡度为 0.003，化粪池采用钢筋混凝土化粪池。

在污水管网的平面图中，首先应看懂总污水管道的走向，然后再看细节。图 7-11 表明，该图的绘制比例为 1∶100，由图中方向标可知，图中道路为东西方向，道路中心标高为 34.0m，该建筑物各个单元污水排水管道自建筑物排出后，首先进入污水检查井，并与总污水管道相接，该建筑物总污水管道自东向西流动，然后在建筑物的西侧向南流动，与建筑物西侧自南向北流动的污水管道汇入 22 号污水检查井，污水自该检查井向西直接流入 11 号化粪池中，经过化粪池沉淀后的污水向北流动，流入污水检查井 23 中，然后向东流动。

该建筑物编号为 21 号，建筑物结构为北向 2 层，中间 11 层，南向 12 层，共接出 12 根污水管道，污水直接接入污水检查井，检查井编号自东向西的编号为 1～12，检查井及建筑物的总污水管道与楼之间的距离为 3.0m，与从化粪池之间出来的总污水管道的间距为 2.0m。该建筑物总污水管道的公称直径为 200mm，长度为 80m，坡度为 0.004。1 号污水井的设计管底标高为 33.7m，设计地面标高 34.5m，该管段末端污水检查井的设计管底标高为 33.38m，与 22 号污水检查井连接的污水管直径为 200mm，长度为 9.5m，坡度为 0.004，22 号污水检查井北侧接管的管底标高为 33.34m，南侧接管的管底标高为 33.59m，西侧接管的管底标高为 33.24m。从南侧接入的污水管径为 200mm，坡度为 0.004，长度为 33.05m，进入和流出化粪池的污水管径均为 300mm，化粪池的具体结构或做法见图集 03S702-7。化粪池与 23 号污水井的距离 3.3m，管道坡度为 0.003，23 号到 24 号及 24 到 25 号污水井之间污水管径均为 300mm，间距均为 40m，坡度为 0.002，25 号污水井之后管径不变，坡度为 0.003。由此可看懂平面图中所有内容。

3. 综合管线横断面图

图 7-12 为某道路综合管线横断面图。管线横断面图主要反映各种管道之间的相对位置以及相对埋深情况。

由 7-12 可知，该道路为东西走向，路宽为 6m，北侧人行道路下为弱电管路，北侧慢车道下埋设燃气管道和中水管道，燃气管道与弱电管路之间的距离为 2m，中水管道与燃气管道之间的距离为 1m。在道路中间车行道下，北侧为给水管道，中间为雨水管道，南侧为污水管道，三种管道之间的距离均为 1.5m。在南侧慢车到下埋设两根热力管道。图中表明，给水管道和燃气管道埋深度最浅，此图只可看出各种管道之间的相对埋深，实际埋深则需要根据各种管道的纵向断面图来确定。

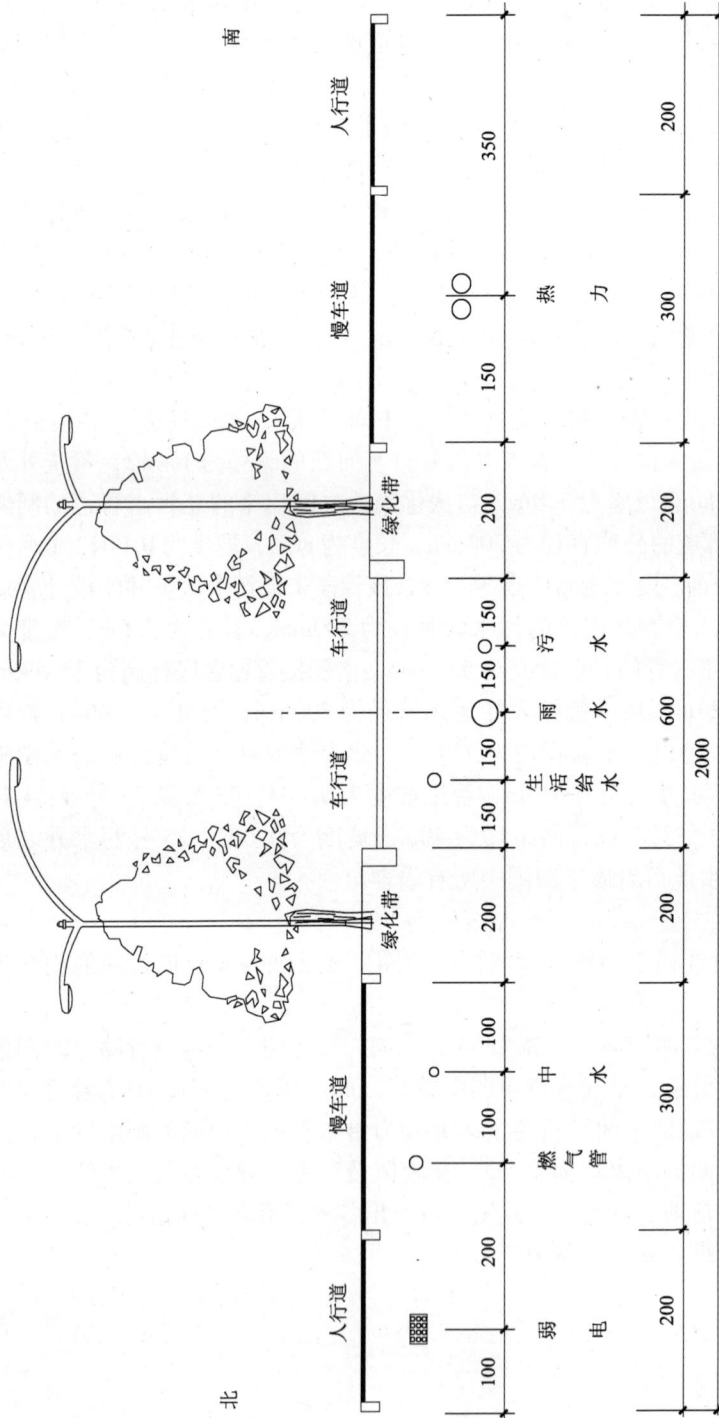

南

人行道

慢车道

绿化带

车行道

车行道

绿化带

慢车道

人行道

北

350

热 力

150

200

200

150

污 水

600

生 活 给 水

中 水

200

100

燃 气 管

100

弱 电

200

300

300

150

○ 150

150

○ 150

150

200

300

100

200

100

2000

11号路管线综合横断面图(机动车道6m)

图 7-12 某道路综合管线横断面图

说明：

1. 本图中尺寸均以厘米计。

2. 管线交叉敷设时，自地表面向下的排列顺序宜为：弱电，强电，中压燃气，生活给水，中水，热力，雨水，污水。

3. 本图为各种管线横断面位置控制图，施工时应按各专业施工图施工。

第二节　市政供热管网施工图解读

一、集中供热管网的系统形式

热网是集中供热系统的主要组成部分，担负热能输送作用。热网的系统形式取决于热媒、热源与热用户的相对位置和热用户的种类、热负荷的大小和性质等。根据集中供热热媒的不同，市政供热管网分为热水管网和蒸汽管网。

1. 蒸汽管网

以蒸汽作为热媒，主要用于工厂的生产工艺用热，用户主要是工厂的相关生产设备，比较集中而且数量不多，因此普遍采用单根蒸汽管网和凝结水的热网系统型式，同时采用枝状管网。在凝结水质量不符合回收要求或凝结水回收率很低时，或敷设凝水管道明显不经济时，可不设置凝水管道，但应在用户处充分利用凝结水的热量。对工厂的生产工艺用热不允许间断时，可采用复线蒸汽管供热的热网系统形式。当工厂各用户所需的蒸汽压力相差较大，或季节性热负荷占总热负荷的比例较大时，可考虑采用双根蒸汽管或多根蒸汽管的热网系统形式。

2. 热水管网

在城市热水供热系统中，有众多的用户与热水网路相连。根据热网的布置方式不同，可分为枝状管网和环状管网。枝状管网布置简单，而且金属耗量小，基建投资小，运行管理简单。但枝状管网不具备后备供热的性能。当枝状管网某处发生故障时，在故障点以后的热用户将停止供热。

图 7-13 为一个供热范围较小的热水供热系统的热网系统图，管网采用枝状连接热网供水从热源沿主干线 2、分支干线 3、用户支线 4 送到各热用户的引入口处，回水沿相同管路返回。为了在热水管网发生故障时，缩小事故的影响范围和迅速消除故障，在与干管相互连接的管路分支处，及在与分支管相连接的较长的用户分支管处，均应设置阀门。

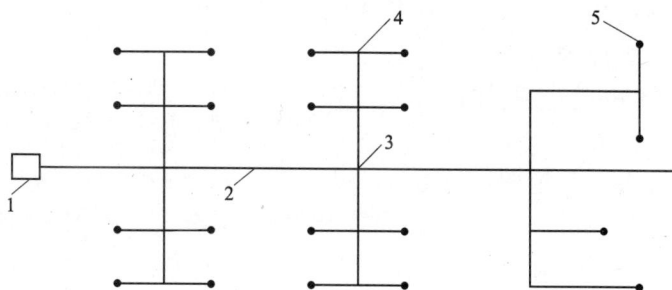

图 7-13　枝状管网

1—热源；2—主干线；3—支干线；4—用户支线；5—热用户的用户引入口

注：双管网路以单线表示，阀门未标出。

图 7-14 是一个大型的热网系统示意图。热网供水从热源沿输送干线 4，配送干线 5，支干线 6，用户支线 7 进入各热力站，网路回水沿相同管路返回。热力站后面的热水网路，通常称为二级管网，按照枝状管网布置，它将热能由热力站分配到一个或几个街区的建筑物中。在正常情况下，联通管上的阀门关闭，当一根干线出现故障时，可开启联通管

上的阀门，由另一根干线向出现故障的干线的一部分用户供热。联通管的配置提高了整个热网的供热后备能力。

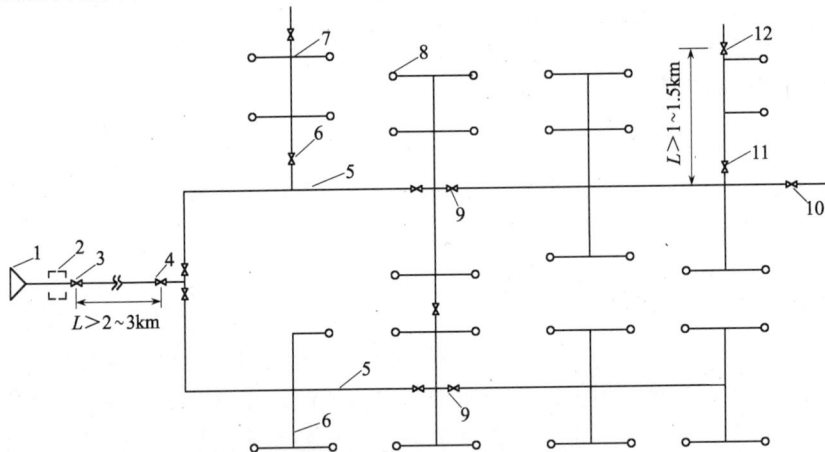

图 7-14 大型热水供热系统放入热网示意图

1—热电厂；2—区域锅炉房；3—热源出口阀门；4—输送干线的分段阀门；
5—主干线；6—支干线；7—用户支线；8—热力站；
9、10、11、12—输送干线上的分段阀门
注：双管线路以单线表示

图 7-15 是由几个热电厂和一些区域锅炉房组成的多热源联合供热的系统示意图。该系统的特点是网路的输配干线呈环状，支干线呈枝状。环状管网的最大优点是具有很高的供热后备能力。当输送干线某处发生故障时，可以切除故障段，通过环状管网由另一方向保证供热。

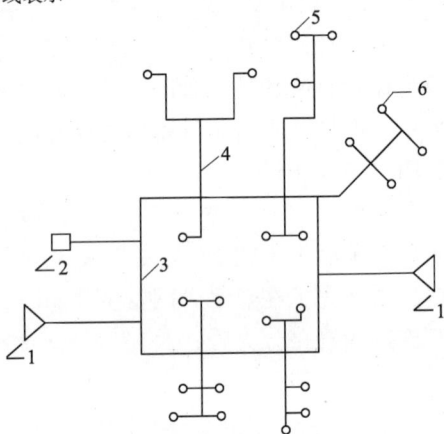

图 7-15 多热源供热系统的环状管网示意图

1—热电厂；2—区域锅炉房；3—环状管网；
4—支干线；5—分支管线；6—热力站；
注：双管线路以单线表示，阀门未标出

二、集中供热管网的施工图解读

某热电厂供热热媒为蒸汽，供热管道既有架空管道，又有直埋管道。下面以该工程为例说明如何识读供热管道施工图。

1. 架空管道平面图

图 7-16 为架空热力管道图例，图 7-17 为某厂区架空热力管道平面图。在读懂热力管道之前，首先应查看相关图例。由图 7-16 可知，粗实线代表蒸汽管道，圆圈内数字即代表支架编号，蒸汽管道直径采用外径×壁厚表示，各种不同的支架采用不同的符号表示。

由图 7-17 可知，供热热媒为蒸汽（为了更清晰表达图中内容，省略了图框和标题栏）。根据图中标注的图名和比例，可知该图为供热管道平面图，图纸比例为 1:500。根据图中方向标知道，热力管道起点从东部开始，向西敷设。图中 $X = 79466.647$，$Y = 14545.085$ 为蒸汽管道起点坐标，Z1、Z2 等代表支架编号，两个支架间的数字代表支架间距，如 Z1、Z2 之间的数字为 9 则表示两个支架之间的间距为 9m，从分汽包接出的蒸汽管管径为 $D426 \times 8$，即代表蒸汽管道外径为 426mm，管道壁厚为 8mm，$\Delta L = 13.6mm$ 表示从管道起点

到滑动支架 Z1 处的该管段的热伸长量为 13.6mm，同理在 Z2 处的 $\Delta L = 46.9$mm 表示从管道起点到滑动支架 Z2 处的热伸长量为 46.9mm。在支架 Z5 和 Z6 之间设置了流量计量平台，该点坐标为 $X = 79462.165$，$Y = 14504.480$。在支架 Z7 之后，热力管道分为两个支路，向北支路管径为 $D377 \times 8$，向南支路管径为 $D219 \times 6$。在支架 Z11 和 Z13 之间、Z20 和 Z22 之间均设有波纹补偿器。根据平面图即可知道管道的走向、管径大小、各个支架之间的距离等。

	蒸汽管道		截止阀
	波纹补偿器		疏水器
	固定支架		流量计
	导向支架		变径管
	滑动支架	$D426 \times 8$	工作管规格
	蝶阀	⑯	支架编号

图 7-16　架空热力管道图例

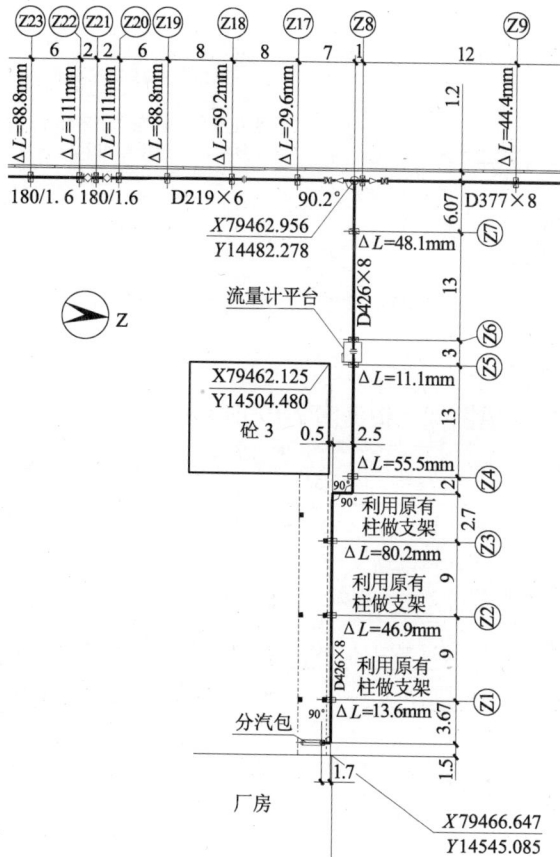

厂区内架空管道平面图　1:500

图 7-17　某厂区架空热力管道平面图

2. 架空管道施工图

在热力管道平面图中，由于绘图比例的关系，有些设备或构筑物等在平面图中无法清楚表达，需要用施工详图来说明。图7-18为架空蒸汽管道保温大样图，图中右侧表示了不同管径的蒸汽管道对应的保温层厚度及对保温材料的性能要求。

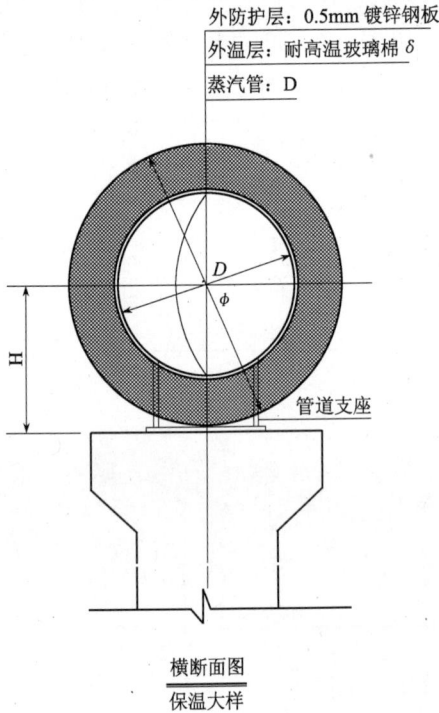

外防护层：0.5mm 镀锌钢板

外温层：耐高温玻璃棉 δ

蒸汽管：D

管道支座

横断面图

保温大样

管径及保温对应表

序号	蒸汽管径 D（mm）	外护管径 ϕ（mm）	保温厚度 δ（mm）	H（mm）	保温材料型式
1	$D426\times8$	$\phi706$	140	360	高温玻璃棉板
2	$D377\times8$	$\phi637$	130	340	高温玻璃棉管壳
3	$D325\times7$	$\phi585$	130	313	高温玻璃棉管壳
4	$D273\times7$	$\phi513$	120	287	高温玻璃棉管壳
5	$D219\times6$	$\phi459$	120	260	高温玻璃棉管壳
6	$D159\times4.5$	$\phi379$	110	230	高温玻璃棉管壳

保温材料技术性能要求

1. 材料名称：高温玻璃棉板。
2. 物理性能：吸湿率＜2.0%；渣球含量＜0.1%；丝径＜5.5μm；丝长＞10cm；防火性能为不燃A级。
3. 密度＜50kg/m³。
4. 最高使用温度：538℃。
5. 热荷重收缩温度：＞300℃。
6. 导热系数＜0.092W/(m²·K)。
7. PH值：7~9。
8. 在沸水中沉泡96小时烘干后，密度变化值不超过2%。厚度变化值不超过2.2%，导热系数变化值不超过4.5%。

图7-18 架空蒸汽管道保温大样图

3. 直埋蒸汽管道平面图

图7-19为直埋蒸汽管道图例，根据图7-19即可知各个符号所代表的意义。图7-20为直埋蒸汽管道平面图。

	直埋敷设蒸汽管道	D377×8/ φ720×6	工作管规格/外护管规格		截止阀
	埋地污（雨）水管道	A12	固定点编号		疏水阀
	阀门（检查）井		预留分支管线（示意）	DN40	管道公称直径
	偏心变径管	⊖	上水井		
	直埋波纹补偿器	⊕	下水井		
	直埋管内固定墩	⊗	电信井		
PS	疏水泄水点		高压线		
PC	排潮点		通讯线		
	蝶阀	68.15 / 2.28（φ1000）	井盖高程 / 井盖至管顶高（管径）		

图7-19 直埋蒸汽管道图例

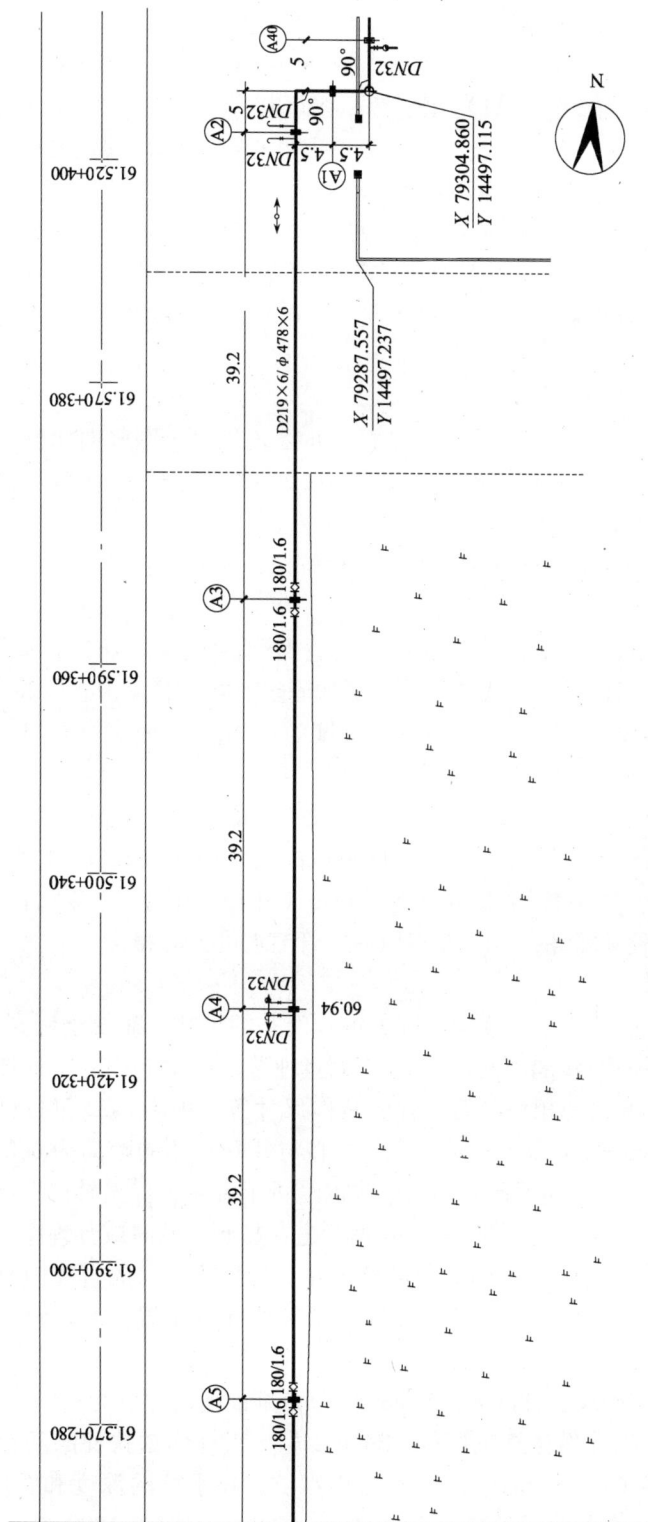

直埋蒸汽管道平面图 1:500

图 7-20　直埋蒸汽管道平面图

由图 7-20 可知，其绘图比例为 1：500，图中右侧方向为北向，蒸汽总管由北侧接入，入口处设有固定支架 Z40，在其后的管道上接有公称直径为 32mm 的疏水器和泄水阀。在坐标为 $X = 79304.860$，$Y = 14497.115$ 处管道连接 90°弯头，管道改变方向向西，在距离弯头 4.5m 的位置，设有 1 号（A1）固定墩，在距离 1 号固定点 4.5m 的位置，管道连接 90°弯头，改变方向向南，在离弯头 5.0m 处，设有 2 号（A2）固定墩。在 2 号固定墩前后均设置排潮点，排潮管管径均为 32mm，蒸汽管道工作管管直径为 $D219 \times 6mm$（外径×壁厚），外护管管径为 $\phi 478 \times 6mm$（外径×壁厚）。2 号固定墩距离 0 号桩的水平距离为 400m，该点的高程为 61.52m。距离 2 号固定墩 39.2m 处，设有 3 号固定墩，在 3 号固定墩前后均设置波纹管补偿器，补偿器的上方的 180/1.6，表示补偿器的补偿量为 180mm，工作压力为 1.6MPa。

4. 直埋管道纵断面图

图 7-21 为图 7-20 中直埋蒸汽管道对应的纵向断面图。该图竖向比例为 1：100，纵向比例 1：500。图 7-21 中左侧坐标线为地坪坐标，图中最上部细实线为地坪现状高度，每个固定点对应的地坪高度即可从下方的表中查出，例如固定点 7 对应的地坪标高为 61.297m。图中上部第二条粗实线即为直埋蒸汽管道，根据左侧的坐标线也可粗略估计管道各点的高度。

蒸汽管道各固定点对应的管道中心标高、防护管管底标高、防护管管顶覆土深度、固定点之间的距离均可从图纸下部表中获取，例如固定点 6 的管道中心标高为 60.128m，防护管管底标高为 59.889m，防护管管顶覆土深度为 0.975m，固定点 6 与固定点 7 之间的距离为 39.2m，坡度为 0.003。

图 7-21 中，在固定点 A2、A4、A6 两侧各接一个排潮管，在固定点 A3、A5 两侧各设置了波纹补偿器，管道上 $D219 \times 6mm/\phi 478 \times 6mm$ 表明该蒸汽管道工作管管径为 $D219 \times 6mm$（外径×壁厚），外护管管径为 $\phi 478 \times 6mm$（外径×壁厚）。蒸汽管道从右侧开始，坡度向左，管道标高逐渐降低，在 A6 点以后，管道坡度方向相反。

5. 阀门井施工图

在热力管道平面图中，由于无法详细表示阀门井的尺寸，需要绘制阀门井的施工图。阀门井施工图包括平面图和剖面图。图 7-22 为直埋蒸汽管道阀门井平面图。根据阀门井的平面图，可以确定阀门的相对位置、井的具体尺寸等。由图 7-22 可以确定该阀门井的内部净尺寸为 1800mm×2000mm，蒸汽管道中心与井壁一侧的距离为 600mm，阀门的型号为 D361H-25 蝶阀，阀门周围保温层的做法也给予了说明，保温补口距离井内壁的距离为 400mm，阀门的保温长度为 1400mm，直埋管道穿越阀门井时应预埋刚性防水翼环，具体做法参见国标 S312。图中左上侧为圆形检修孔，检修孔井盖的直径为 800mm，此处符号 |A 表示剖面图的位置和名称，即短实线表示剖切面的位置，A 表示剖面图的名称为 A—A 剖面图。

图 7-23 为图 7-22 中阀门井的 A—A 剖面图。该剖面图的比例为 1：25，检修人孔的直径为 700mm，人孔的具体做法详见国标 SR416-2 号，人孔内铁扶梯的间距为 500mm，具体做法参见国标 SR416-2 号。图中左下方为集水坑，集水坑的深度和宽度均为 400mm，管道及阀门中心距离井内地面的高度为 1000mm，井的净深为 1800mm，井壁的厚度为 200mm，人孔盖距离阀门井顶部的距离为 100～800mm。

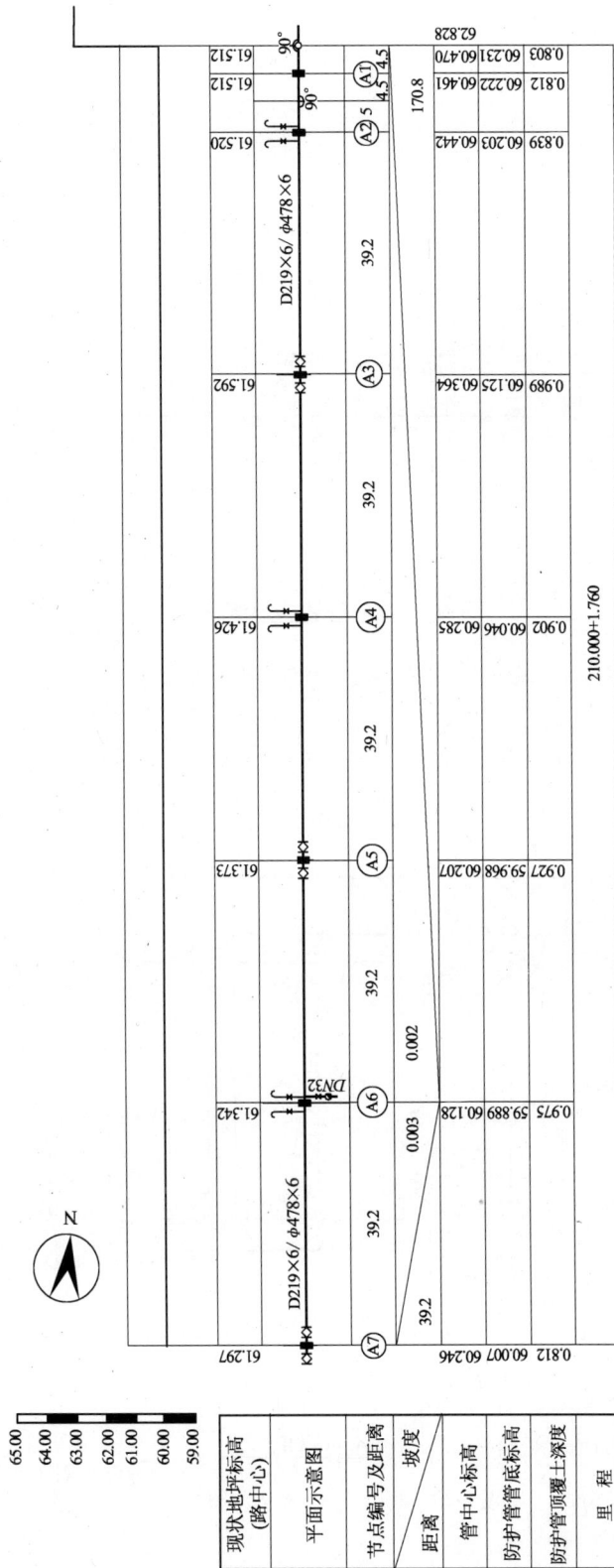

直埋蒸汽管道纵断面图 竖1：10 纵1：500

图 7-21 直埋蒸汽管道纵向断面图

现状地坪标高（路中心）							
平面示意图							
节点编号及距离							
距离							
坡度							
管中心标高							
防护管管底标高							
防护管顶覆土深度							
里　程							

DN300～DN200 蝶阀 D361H-25

保温层外缠3～4mm 玻璃钢保护层

现场保温补口

直埋管端加装防水密封环
制作详见预制管厂详图

预埋刚性防水翼环
制作参见国标S312

外保温套管

直埋保温管道

DN300～DN200 单阀门井平面图

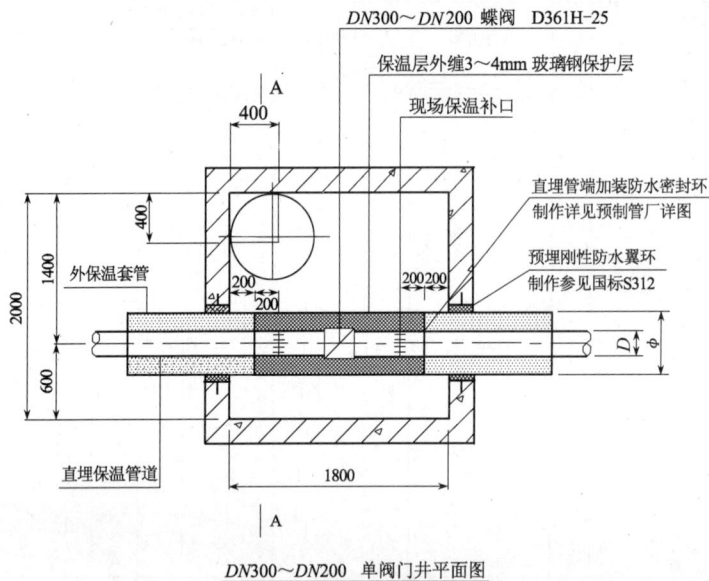

图 7-22　直埋蒸汽管道阀门井平面图

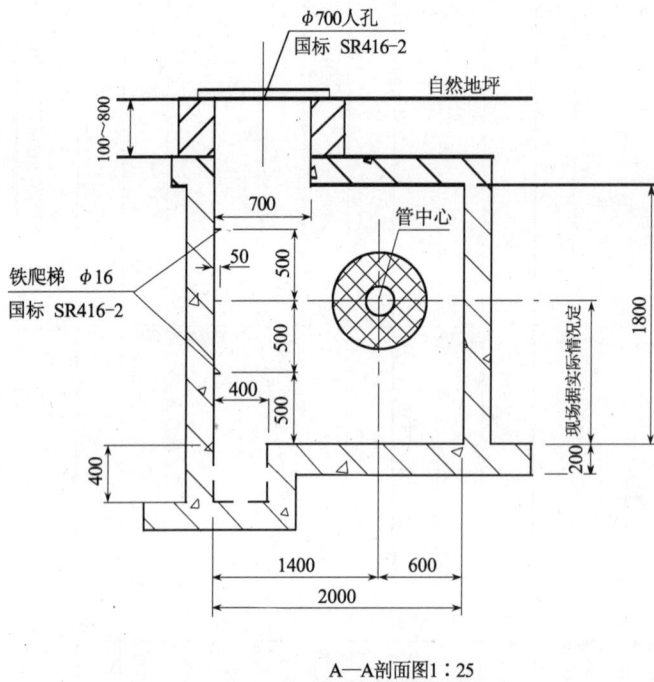

φ700人孔
国标 SR416-2

自然地坪

管中心

铁爬梯 φ16
国标 SR416-2

现场根据实际情况定

A—A剖面图1∶25

图 7-23　阀门井 A—A 剖面图

第三节　市政燃气管网施工图解读

市政燃气管网施工图主要包括设计说明书、燃气管道平面及剖面图、设备及材料表等。

一、设计说明书

设计说明书的主要内容是设计内容、设计依据、施工验收标准和规范、管道设计压力和检验方法、管道材料及附件、土方工程、管道和附属设备的安装、管道防腐方法、障碍物穿越方法等。

二、管道平面及剖面图

市政燃气管道主要是燃气管道平面及剖面图，市政燃气管道平面及剖面图见图 7-24。管道平面图，主要表现地形、地物、河流、指北针等。在管线上画出设计管段的起终点的里程数，居住区燃气管道连接管的准确位置。管道剖面图是反映管道埋设情况的主要技术资料，一般按照纵向比例是横向比例的 5～20 倍。管道纵剖面图主要反映以下内容：

1）管道的管径、管材、长度和坡度，管道的防腐方法；

2）管道所处地面标高、管道的埋深或管顶覆土厚度；

3）与管道交叉的地下管线、沟槽的截面位置、标高等。

三、管道横断面图

管道横断面图主要反映燃气管道与其他管道之间的相对间距，其间距要求可在设计说明中获得。

四、识读实例

图 7-24 为某城市市政燃气管道施工图，包含燃气管道平面图和剖面图。本实例是利二路 0+750～0+1000m 燃气管道的施工图。天然气管道为中压管道，管材采用 PE 管 SDR=11，管径为 $De160$。

从管道平面图可看出，管道于里程 0+750～0+970 之间离管道中心距离为 9.83m，在里程 0+970～0+974.2 之间改变管向，在里程 0+974.2～0+1000 之间离道路中心线距离是 7.38m。管道在里程 0+878.3～0+933.9 之间穿越障碍物，套管采用 Q235-A 螺旋缝埋弧焊接钢管，套管的防腐方法是特加强石油沥青防腐。

从管道剖面图看出，管道的纵横向比例分别是 1∶500 和 1∶100，分别绘制出设计地面标高、管道覆土厚度、管顶标高、管道的长度和坡度等。如里程 0+878.3～0+893.9 之间管道实际长度 2.12m，坡度是 −1.00。管道沿地势坡度覆土深度是 1m。

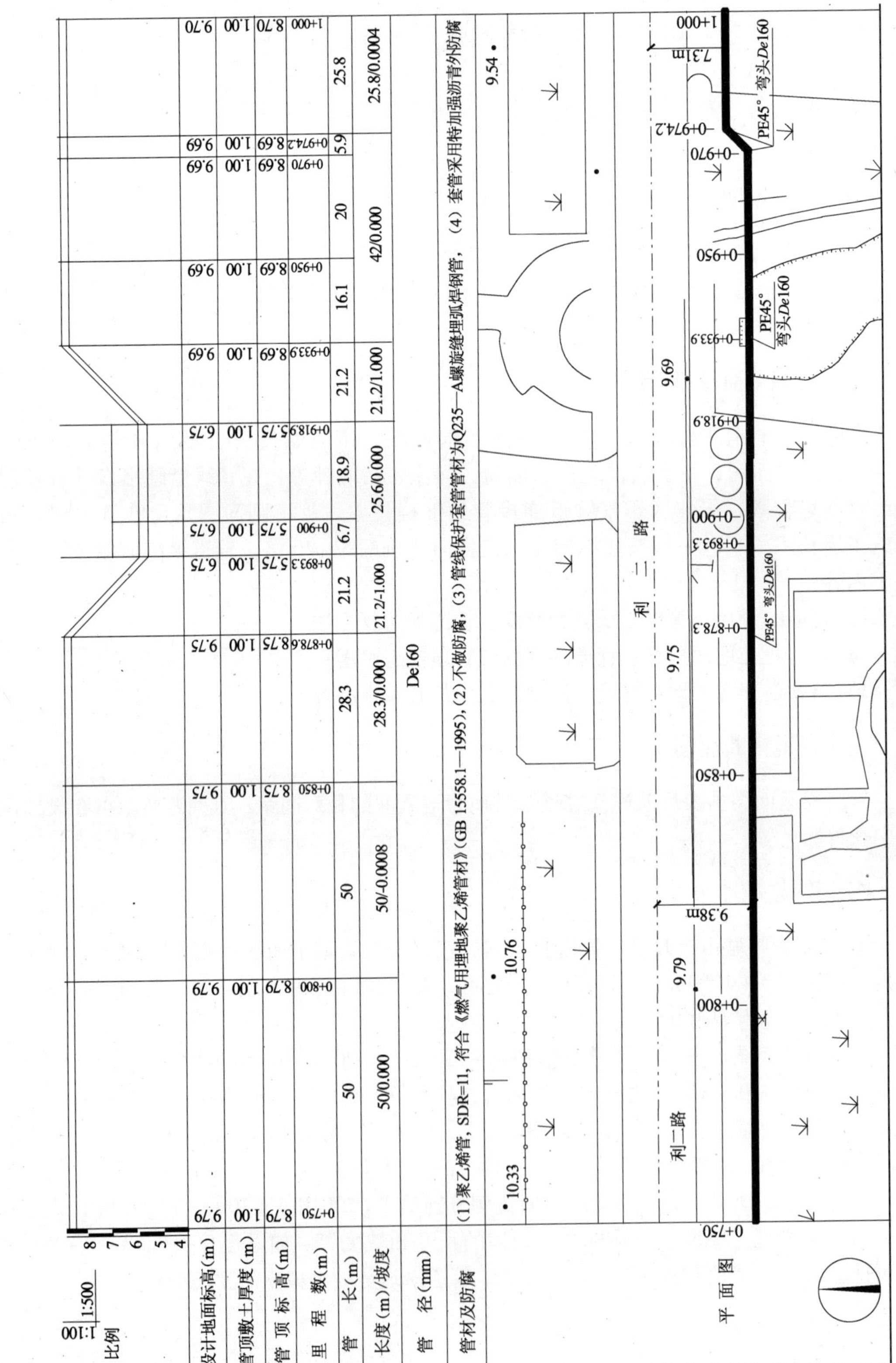
比例 1:100 1:500
设计地面标高(m)
9.79 9.79 9.75 9.75 6.75 6.75 9.69 9.69 9.69 9.69 9.70
管顶敷土厚度(m)
1.00 1.00 1.00 1.00 1.00 1.00 1.00 1.00 1.00 1.00 1.00 1.00
管顶标高(m)
8.79 8.79 8.75 8.75 5.75 5.75 5.75 8.69 8.69 8.69 8.69 8.70
里程数(m)
0+750 0+800 0+850 0+878.6 0+893.3 0+900 0+918.9 0+933.9 0+950 0+970 0+974.2 1+000
管长(m)
50 50 28.3 21.2 6.7 18.9 21.2 16.1 20 5.9 25.8
长度(m)/坡度
50/0.000 50/-0.0008 28.3/0.000 21.2/-1.000 25.6/0.000 21.2/1.000 42/0.000 25.8/0.0004
管径(mm)
De160
管材及防腐
(1)聚乙烯管，SDR=11，符合《燃气用埋地聚乙烯管材》(GB 15558.1—1995)，(2)不做防腐，(3)管线保护套管材为Q235—A螺旋缝埋弧焊钢管，(4)套管采用特加强沥青外防腐
平面图
10.33
10.76
9.54
利二路
9.79
9.38m
9.75
9.69
利二路
7.31m
PE45° 弯头De160
PE45° 弯头De160
PE45° 弯头De160

图7-24 市政燃气管道平面及剖面图

第八章　暖通空调工程常用材料

第一节　风 管 材 料

在暖通空调安装工程中，板材主要用于制作通风管道。常用的板材包括普通钢板、镀锌钢板、不锈钢板、铝板和铝合金板以及玻璃钢风道等。

一、普通钢板

普通钢板包括冷轧钢板和热轧钢板。冷轧钢板具有较好的平整性，适用于弯管要求较高的矩形风管的制作，但不适用于卷成圆形、且咬口操作较困难，易断裂。热轧钢板具有较好的加工性能，便于卷圆、咬口等操作，适合加工圆形风管。

普通钢板的厚度与理论质量见表8-1。

普通钢板厚度与理论质量　　　　　　　　　　表8-1

厚度（mm）	理论重量（kg/m²）	厚度（mm）	理论重量（kg/m²）	厚度（mm）	理论重量（kg/m²）
0.20	1.570	1.50	11.78	5.00	39.25
0.25	1.963	1.60	12.56	5.50	43.18
0.30	2.355	1.70	13.35	6.0	47.10
0.35	2.748	1.80	14.13	6.50	51.03
0.40	3.140	1.90	14.92	7.00	54.95
0.45	3.533	2.0	15.70	8.00	62.80
0.50	3.925	2.20	17.27	9.00	70.65
0.55	4.318	2.50	19.63	10	78.50
0.60	4.710	2.80	21.98	11	86.35
0.70	5.495	3.00	23.35	12	94.20
0.75	5.888	3.20	25.12	13	102.1
0.80	6.280	3.50	27.48	14	109.9
0.90	7.065	3.80	29.83	15	117.8
1.00	7.850	3.90	30.62	16	125.6
1.10	8.635	4.0	31.40	17	133.5
1.20	9.420	4.20	32.97	18	141.3
1.30	10.21	4.50	35.33	19	149.2
1.40	10.99	4.80	37.68	20	157.0

续表

厚度（mm）	理论重量（kg/m^2）	厚度（mm）	理论重量（kg/m^2）	厚度（mm）	理论重量（kg/m^2）
21	164.9	50	392.5	120	942.0
24	188.4	52	408.2	125	981.3
25	196.3	55	431.8	130	1021
26	204.1	60	471.0	140	1099
28	219.8	65	510.3	150	1178
30	235.5	70	549.7	160	1256
32	251.2	75	588.8	165	1295
34	266.9	80	628.0	170	1335
36	282.6	85	667.3	180	1413
38	298.3	90	706.5	185	1452
40	314.0	95	745.8	190	1492
42	329.7	100	785.0	195	1531
45	353.3	105	824.3	200	1570
48	376.8	110	863.5		

二、镀锌钢板

热镀锌钢板按用途可分为两类：一类是供冷成型用钢板，代号为"L"；另一类是一般用途钢板，代号为"Y"。单张热镀锌薄钢板的规格见表8-2，理论重量见表8-3。

单张热镀锌薄钢板的规格　　　　　　　　　　　　表8-2

钢　板　厚　度　（mm）
0.35　0.40　0.45　0.50　0.60　0.70　0.75　0.80　0.90　1.00　1.10　1.20　1.30　1.40　1.50

钢板宽度与长度（mm）					
710×1420	750×750	750×1500	750×1800	800×800	800×1200
800×1600	850×1700	900×900	900×1800	900×2000	1000×2000

单张热镀锌薄钢板的理论重量　　　　　　　　　　表8-3

厚度（mm）	理论重量（kg/m^2）	厚度（mm）	理论重量（kg/m^2）	厚度（mm）	理论重量（kg/m^2）
0.35	3.023	0.65	5.378	1.10	8.910
0.40	3.415	0.70	5.770	1.20	9.695
0.45	3.808	0.75	6.163	1.30	10.485
0.50	4.200	0.80	6.555	1.40	11.265
0.55	4.593	0.90	7.340	1.50	12.055
0.60	4.985	1.00	8.125		

三、不锈钢板

1m^2 不锈钢板重量＝基本重量×钢板厚度，其中基本重量为厚度为1mm，面积为1m^2 不锈钢板重量。不同牌号不锈钢板的基本重量见表8-4。

不同牌号不锈钢板的基本重量 表 8-4

牌 号	基本质量（kg）	牌 号	基本质量（kg）
1Cr17Mn6Ni5N	7.93	1Cr18Ni9Si3	7.93
1Cr18Mn8Ni5N	7.93	0Cr19Ni9	7.93
1Cr17Ni7	7.93	00Cr19Ni11	7.93
1Cr17Ni8	7.93	0Cr19Ni9N	7.93
1Cr18Ni9	7.93	00Cr18Ni10N	7.93
1Cr18Ni12	7.93	0Cr18Ni12Mo2Cu2	7.98
0Cr23Ni13	7.93	00Cr18Ni14Mo2Cu2	7.98
0Cr17Ni20	7.98	0Cr19Ni13Mo3	7.98
00Cr17Mo	7.70	00Cr19Ni13Mo3	7.988
7Cr17	7.70	0Cr18Ni16Mo5	7.93
0Cr26Ni5Mo2	7.80	0Cr18Ni11Ti	7.98
1Cr12	7.75	0Cr18Ni11Nb	7.75
0Cr13Al	7.75	0Cr18Ni13Si4	7.75
1Cr13	7.75	00r18Mo2	7.64
0Cr13	7.75	00Cr30Mo2	7.70
00Cr12	7.75	1Cr15	7.70
2Cr13	7.75	3Cr16	7.70
3Cr13	7.75	1Cr17	7.70
0Cr17Ni12Mo2	7.98	00Cr17	7.70
00Cr17Ni14Mo2	7.98	1Cr17Mo	7.70
0Cr17Ni12Mo2N	7.98	00Cr27Mo	7.67
0Cr17Ni13Mo2N	7.98	0Cr17Ni7Al	7.93

四、铝板

铝板分为纯铝板及铝合金板两种，纯铝板用于化工工程通风管道的制作，一般的地下工程中通常使用铝合金板。根据加工方式不同可分为热轧铝板和冷轧铝板，其品种规格及理论重量见表 8-5 ~ 表 8-7。

铝及铝合金热轧板的品种和规格 表 8-5

常 用 牌 号		
LG1 ~ LG4、L1 ~ L6、LF2、LF3、LF5、LF6、LF11、LF12、LD2、LD10、LY6、LY11、LY16、LC4、LC9		
长度（mm）	宽度（mm）	厚度（mm）
2000 ~ 10000	1000 ~ 2500	5 ~ 150

铝及铝合金热冷轧板的品种和规格　　　　　表8-6

牌　号	供应状态	宽　度　（mm）		
		400 ~ 1500		1500 ~ 2400
		长　度　（m）		
		2 ~ 4	4 ~ 10	2 ~ 10
		厚　度　范　围　（mm）		
L1、L2、L3、L4、L5、L6、L5-1	M	0.3 ~ 10		
	Y2	0.3 ~ 4	0.5 ~ 4	0.6 ~ 4
	Y	0.3 ~ 6		
LF2、LF21	M、Y	与 L1 ~ L5-1 同		
	Y2	0.3 ~ 6.5	0.5 ~ 4	0.6 ~ 4
LF3	M、Y2	0.5 ~ 4.5	0.5 ~ 4	0.6 ~ 4
LF4	M	0.5 ~ 4.5	0.5 ~ 4	—
LF5、LF6、LF11	M	0.5 ~ 4.5	0.5 ~ 4	0.6 ~ 4
LF43	M、Y、Y	0.5 ~ 4	0.5 ~ 4	0.5 ~ 4
LD2、LD10	M、CZ、CS	0.3 ~ 10	0.5 ~ 4	0.6 ~ 4
LY11、LY12	M、CZ	0.5 ~ 10	0.5 ~ 4	0.6 ~ 4
LY12	CZY	1.5 ~ 7.5	2 ~ 4	2 ~ 4
LC4、LC9	M、CS、CSY	0.5 ~ 10	0.5 ~ 4	0.6 ~ 4

铝及铝合金板材的理论重量　　　　　表8-7

厚度（mm）	理论重量（kg/m²）	厚度（mm）	理论重量（kg/m²）	厚度（mm）	理论重量（kg/m²）
0.30	0.855	3.5	9.975	30	85.50
0.40	1.140	4.0	11.40	35	99.75
0.50	1.425	5.0	14.25	40	114.0
0.60	1.710	6.0	17.10	50	142.5

五、硬聚氯乙烯板

硬聚氯乙烯板是由聚氯乙烯树脂掺入稳定剂和少量增塑剂加热制成。它具有密度小、强度大、耐磨、耐油浸、绝热、绝缘、易切削加工、可塑成型的特点，同时还具有良好的耐酸碱腐蚀的能力，但在强氧化剂（如浓硝酸、发烟硫酸和芳香族碳氢化合物）的作用下不稳定。硬聚氯乙烯板具有较高的强度和弹性，但热稳定性差，在较低温度下较脆，易裂易折，在较高温度下强度降低，当被加热到 100 ~ 150℃ 时就成为柔软状态，加热到190 ~ 200℃ 时就成为韧性流动状态，只有在 60℃ 以下时才能保证适当强度，故其只适用于温度为 −10 ~ 60℃ 的范围。在通风工程中，硬聚氯乙烯板常用于制作输送含有腐蚀性气体的通风系统的风管和部件。

硬聚氯乙烯板能在 130 ~ 150℃ 范围内加热弯曲成各种曲面或角度。硬聚氯乙烯风管可用塑料焊条焊接，也可用过聚氯乙烯胶或聚氨酯胶粘接。但硬聚氯乙烯塑料板在运输和储存过程中应避免撞击和日晒、雨淋，且储存温度不宜高于40℃。

常用硬聚氯乙烯板的规格见表8-8。

硬聚氯乙烯板的规格及重量 表8-8

厚度 （mm）	宽度 （mm）	长度 （mm）	板重量 （kg/m）	厚度 （mm）	宽度 （mm）	长度 （mm）	板重量 （kg/m）
2.0			4.4 或 4.0	8.5			19 或 17
2.5			5.5 或 5.0	9.0			20 或 18
3.0			6.6 或 6.0	9.5			21 或 19
3.5			7.7 或 7.0	10			22 或 20
4.0			8.8 或 8.0	11			24 或 22
4.5			10 或 9	12			26 或 24
5.0	≥850 或 ≥800	≥1700 或 ≥1600	11 或 10	13	≥850 或 ≥800	≥1700 或 ≥1600	29 或 26
5.5			12 或 11	14			31 或 28
6.0			13 或 12	15			33 或 30
6.5			14 或 13	16			35 或 32
7.0			15.5 或 14	17			37.5 或 32
7.5			16.5 或 15	18			40 或 36
8.0			17.5 或 16	19			42 或 38

六、玻璃钢风道

玻璃钢是用玻璃纤维或玻璃布增强的塑料。通常是在不饱和聚酯树酯中加入苯乙烯和固化剂等，涂抹于玻璃纤维或玻璃纸上，再固化成型。玻璃钢是用玻璃纤维或玻璃布增强的塑料。玻璃钢同一切复合材料一样，由两部分材料组成。一部分称为增强材料，在复合材料中起骨架作用；另一部分称为基体材料，在复合材料中起粘结作用。玻璃钢中的增强材料就是玻璃纤维。玻璃纤维是由熔融的玻璃拉成或吹成的无机纤维材料，其主要化学成分为二氧化硅、氧化铝、氧化硼、氧化镁、氧化钠等。制成的纤维有长丝、短丝及絮状物，直径一般为$3 \sim 80 \mu m$，最粗也只有头发丝那样粗细。直径为$10 \mu m$的玻璃纤维，抗拉强度为3600MPa，相当于在每平方毫米的截面积上能承受360kg的拉力而不断，这种强度比高强度钢还高出2倍。

无机玻璃钢通风管（又称玻璃纤维氯氧镁水泥通风管）是以氯氧镁水泥为胶结料中碱玻璃纤维为增强材料、加入填充材料和改性剂等所制成的一种管材。它具有不燃烧（属不燃材料A级）、耐腐蚀、强度高和重量轻等特点。在建筑工程、地下工程及工业厂房的通风中，它已经完全取代了不耐燃的有机玻璃钢通风管，并在逐步取代防腐性能差的镀锌铁皮通风管。尤其是在湿度大的地下工程，它的优越性更为显著，近年来其应用普及全国各地。

第二节 水 管 材 料

在暖通空调安装工程中，管道主要用于输送冷冻水、冷却水、冷凝水以及制冷剂等。常用的管材主要分为金属管和非金属管，现在应用较多的金属管材包括钢管、铜管，钢管有焊接钢管和无缝钢管之分。非金属管则主要为塑料管以及铝塑复合管。

一、焊接钢管

焊接钢管分为螺旋缝焊和直焊钢管，螺旋缝焊钢管分为自动埋弧焊接钢管和高频焊接钢管，直焊钢管又分为普通直焊钢管和不锈焊接钢管。暖通空调安装工程中常用的焊接钢管的型号及理论重量见表8-9。

常用焊接钢管的型号及理论重量（GB 3091—1993）　　表8-9

公 称 直 径		外 径	普 通 钢 管			加厚钢管
mm	英寸（in）	公称尺寸（mm）	壁厚（mm）	理论重量（kg/m）	壁厚（mm）	理论重量（kg/m）
6	1/8	10.0	2.00	0.39	2.50	0.46
8	1/4	13.5	2.25	0.62	2.75	0.73
10	3/8	17.0	2.25	0.82	2.75	0.67
15	1/2	21.3	2.75	1.26	3.25	1.45
20	3/4	26.8	2.75	1.63	3.50	2.01
25	1	33.5	3.25	2.42	4.00	2.91
32	1¼	42.5	3.25	3.13	4.00	3.78
40	1½	48.0	3.50	3.84	4.25	4.58
50	2	60.0	3.50	4.88	4.50	6.16
65	2½	75.5	3.75	6.64	4.50	7.88
80	3	88.5	4.00	8.34	4.75	9.81
100	4	114.0	4.00	10.85	5.00	13.44
125	5	140.0	4.00	13.42	5.50	18.24
150	6	165.0	4.50	17.81	5.50	21.63

注：表中尺寸及理论重量均指黑管（即不镀锌管），镀锌管的理论重量比表中黑管重量增加3%～6%。

二、无缝钢管

根据制造工艺的不同，无缝钢管分为热轧和冷轧两种，冷轧管的最大公称直径为200mm，热轧管最大公称直径为600mm。在暖通空调安装工程中可用于输送冷冻水和冷却水等。常用热轧无缝钢管的规格和理论重量见表8-10。

常用热轧无缝钢管的规格及理论重量（GB 8163—1987）（节选）　　表8-10

外径（mm）	壁　　　厚（mm）								
	2.5	3	3.5	4	4.5	5	5.5	6	6.5
	理　　论　　重　　量（kg/m）								
32	1.82	2.15	2.46	2.76	3.05	3.33	3.59	3.58	4.09
38	2.19	2.59	2.98	3.35	3.72	4.07	4.41	4.73	5.05
42	2.44	2.89	3.32	3.75	4.16	4.56	4.95	5.33	5.69
45	2.52	3.11	3.58	4.04	4.49	4.93	5.30	5.77	6.17

续表

外径 (mm)	壁　　厚（mm）								
	2.5	3	3.5	4	4.5	5	5.5	6	6.5
	理　　论　　重　　量（kg/m）								
50	2.93	3.48	4.00	4.54	5.05	5.55	6.04	6.51	6.97
54		3.77	4.32	4.93	5.49	6.04	6.58	7.10	7.61
57		3.99	4.62	5.23	5.83	6.41	6.98	7.55	8.09
60		4.22	4.88	5.52	6.16	6.78	7.39	7.99	8.58
63.5		4.48	5.18	5.87	6.55	7.21	7.87	8.51	9.14
68		4.81	5.57	6.31	7.05	7.77	8.48	9.17	9.86
70		4.96	5.74	6.51	7.27	8.01	8.75	9.47	10.18
73		5.18	6.00	6.81	7.60	8.38	9.16	9.91	10.66
76		5.40	6.26	7.10	7.93	8.75	9.56	10.36	11.64
83			6.86	7.79	8.71	9.62	10.51	11.39	12.26
89			7.38	8.38	9.33	10.36	11.33	12.28	13.22
95			7.90	8.98	10.04	11.10	12.14	13.17	14.19
102			8.50	9.67	10.82	11.96	13.09	14.20	15.31
108				10.26	11.49	12.70	13.90	15.09	16.27
114				10.85	12.15	13.44	14.72	15.98	17.23
121				11.54	12.93	14.30	15.67	17.02	18.35
127				12.13	13.9	15.04	16.48	17.90	19.31
133				12.72	14.26	15.78	17.29	18.79	20.28
140					15.04	16.65	18.24	19.83	21.40
146					15.07	17.39	19.06	20.72	22.36
152					16.37	18.13	19.87	21.60	23.32
159					17.14	18.99	20.82	22.64	24.44
168						20.10	22.04	23.97	25.89
180						21.58	23.67	25.74	27.81
194						23.30	25.60	27.82	30.05

三、铜管

铜管按其成分分为紫铜管（工业纯铜）和黄铜管（铜锌合金）两种，紫铜管可适用于压力在 4MPa 以下、温度介于 250 ~ -196℃之间的各种流体；黄铜管适用于压力在 22MPa 以下、温度介于 120 ~ -158℃之间的各种流体。铜管按壁厚不同分为 A、B、C 三种型号的铜管，其中 A 型管为厚壁型，适用于压力较高的场合；B 型管适用于一般场合；C 型管为薄壁铜管。铜管按其制造方法的不同可分为拉制铜管和挤制铜管，一般中、低压管道采用的均为拉制铜管。

铜管的主要优点：1）经久耐用。铜的化学性能稳定、耐腐蚀、耐热，可在不同的环境中长期使用，使用寿命约为镀锌钢管的 3～4 倍。2）机械性能好，耐压强度高，同时韧性好，延展性也高，具有优良的抗振、抗冲击性能。

　　暖通空调安装工程中常用紫铜管的型号和理论重量见表 8-11，常用黄铜管的型号和理论重量见表 8-12。

常用紫铜管型号及理论重量　　　　　　　表 8-11

公称直径（mm）	外径（mm）	壁厚（mm）	理论重量（kg/m）	公称直径（mm）	外径（mm）	壁厚（mm）	理论重量（kg/m）
5	6	1	0.112	20	23	1.5	0.861
6	8	1	0.213	25	28	1.5	1.113
8	10	1	0.274	32	35	1.5	1.437
10	12	1	0.307	40	44	2	2.352
15	17	1	0.420	50	55	2.5	2.968
15	18	1.5	0.735	65	70	2.5	4.725

　　注：表中未尽型号的紫铜管理论重量可按式 $27.9602\delta(D-\delta)\times1/1000$ 计算，这里 δ、D 分别为紫铜管壁厚和外径。

常用黄铜管型号及理论重量　　　　　　　表 8-12

公称直径（mm）	外径（mm）	壁厚（mm）	理论重量（kg/m）	公称直径（mm）	外径（mm）	壁厚（mm）	理论重量（kg/m）
8	10	1	0.240	24	28	2	1.388
6	10	2	0.427	22	28	3	2.002
10	12	1	0.294	26	30	2	1.495
8	12	2	0.534	25	30	2.5	1.835
12	14	1	0.347	24	30	3	2.162
10	14	2	0.641	29	32	1.5	1.221
14	16	1	0.400	28	32	2	1.601
12	16	2	0.747	23	32	4.5	3.303
16	18	1	0.454	31	35	2	1.761
14	18	2	0.854	29	35	3	2.562
18	20	1	0.507	27	35	4	3.309
16	20	2	0.961	34	38	2	1.922
20	22	1	0.560	32	38	3	2.802
18	22	2	1.068	30	38	4	3.630
20	24	2	1.174	36	40	2	2.028
18	24	3	1.681	35	40	2.5	2.502
22	26	2	1.281	33	40	3.5	3.409
20	26	3	1.842				

　　注：表中未尽型号的黄铜管的理论重量可按式 $26.7036\delta(D-\delta)\times1/1000$ 计算，这里 δ、D 分别为紫铜管壁厚和外径。

四、塑料管及铝塑复合管

目前市面上塑料管的类型有很多，大致有下列几类：无毒硬聚氯乙烯管材（UPVC）、高密度聚乙烯管材（HDPE）及其他热塑性塑料管材。在暖通空调工程中常用的热塑性塑料管有以下几种：交联聚乙烯（PEX）、耐热聚乙烯管（PE-RT）、聚丙烯管（PP-R）、聚丁稀管（PB 管），聚丙烯管（PPR）及塑铝复合管等。

1. 无毒硬聚氯乙烯管（UPVC）

硬聚氯乙烯管是目前国内外都在大力发展和应用的新型建材。它与金属管道相比，具有重量轻、阻力小、安装方便、价格低廉等特点。管材长度一般为 4m、6m、8m、12m，一般用于给排水管道。

2. 高密度聚乙烯管（HDPE）

PE 管也即聚乙烯管，聚乙烯管分为低密度聚乙烯（LDPE）、中密度聚乙烯（MDPE）和高密度聚乙烯管（HDPE）。聚乙烯管的突出优点是无毒，其柔韧性、抗冲击能力均高于 UPVC 管。但是，其适用温度较低（例如高压聚乙烯熔点稍高于 100℃），故很少用于热水管。HDPE 管以它优秀的化学性能、韧性、耐磨性以及低廉的价格和安装费受到管道界的重视，它是仅次于聚氯乙烯，使用量占第二的塑料管道材料。HDPE 管具有耐腐蚀、内壁光滑、流动阻力小、传热性能好、强度高、韧性好、重量轻等特点。HDPE 管的线膨胀系数和膨胀力较大，其连接方式采用热熔连接，连接比较安全可靠。由于其柔韧性较好，目前主要应用于供气、农业等领域。

3. 交联聚乙烯管（PE-X）

PE-X 管是交联聚乙烯的缩写，它是将聚乙烯通过物理或者化学的方法进行交联，交联后聚乙烯分子结构由线性转变为网状，从而其热强度、耐热老化性、耐低温性、耐腐蚀性能、抗蠕变性能都得到较大的提高，适合长期使用，可输送 90℃ 以下的介质，具有良好的物理性能，耐酸碱和其他化学品性能优良。但是其热膨胀性较大，传热性能不如铝塑管。

PE-X 目前在地板采暖系统中的应用率是最高的，它的价格相对其他品种便宜。但是，PE-X 管材没有热塑性能，不能用热熔焊接的方法连接和修复，如果加热管损坏，最好的方式是更换整个支路的加热管。若采用连接件进行修补，则增加了整个地暖系统的不安全性。

4. 耐热聚乙烯管（PE-RT）

PE-RT 管也称耐热聚乙烯管，是乙烯—辛烯的共聚物。PE-RT 是目前唯一不需交联便能在高温高压下呈现优异的长期静液压性能的塑料管材。在工作温度为 70℃，压力为 0.8MPa 的条件下，PE-RT 管可安全使用 50 年以上。PE-RT 管可采用热熔方式连接，遭到意外损坏也可以用管件热熔连接修复，连接处没有接头，可大大提高连接质量、减少质量事故。PE-RT 管可回收再利用，不污染环境，目前常用于地板采暖系统。

5. 聚丙烯管（PP-R）

PP-R 是无规共聚聚丙烯的缩写，它是将聚乙烯分子无规则地接入聚丙烯的分子链中，从而使其抗低温冲击、长期耐热耐压及抗低温环境应力开裂等性能大大改善。聚丙烯是无色无味无毒材料，具有优良的耐热性能和较高的强度，适用于建筑室内冷热水供应系统，也广泛适用于采暖系统。其缺点是低温时脆性差，线性膨胀系数大，易变形，不适合于建筑物明装管道工程。由于 PP-R 管的热熔连接安全、可靠，目前主要应用于供水系统的暗装管道。

6. 聚丁烯管（PB）

PB 管是聚丁烯管，是一种高分子惰性聚合物，由于其分子结构的稳定性，耐蠕变性能和力学性能优越，在几种地暖管材中最柔软，可以热熔连接。在同样的使用条件下，相同壁厚系列的管材中，该品种的使用安全性最高，适用于高标准的建筑热水及采暖系统，但原料价格最高，是其他品种的一倍以上，而且 PB 管的导热系数比较低，影响传热效率，当前在国内应用较少。

7. 铝塑复合管

铝塑复合管是由聚乙烯和铝合金组成的多层管，耐压能力强、耐高温、不透氧、易弯曲、不反弹，但是它不能二次熔焊，故一般采用机械卡式连接，此种接头在热胀冷缩时易产生拉拔作用，容易引起渗漏。铝塑复合管的价格较高。

8. 塑铝稳态复合管（PPR）

PPR 塑铝稳态复合管是一种内层为 PPR 管外层包敷铝层及塑料保护层，各层通过热熔胶粘接而成（五层结构）的新型管材，采用热熔连接，可用于空调、供暖工程。

对应于不同管系列的热塑性塑料管材的通用壁厚与内径见表 8-13。

热塑性塑料管材的通用壁厚与内径 表 8-13

公称外径 (mm)		管系列 s 值							
		S2	S2.5	S3.2	S4	S5	S6.3	S8	S10
12	壁厚	2.4	2.0	1.7	1.4	1.3	1.3	1.3	1.3
	内径 d	7.2	8.0	8.6	9.2	9.4	9.4	9.4	9.4
16	壁厚	3.3	2.7	2.2	1.8 (2)[2]	1.5 (1.8)[1]	1.3 (1.8)[1]	1.3	1.3
	内径 d	9.4	10.6	11.6	12.4 (12)	13 (12.4)	13.4 (12.4)	13.4	13.4
20	壁厚	4.1	3.4	2.8	2.3	1.9 (2.0)[2]	1.5 (1.9)[1]	1.3	1.3
	内径 d	11.8	13.2	14.4	15.4	16.2 (16)	17.0 (16.2)	17.4	17.4
25	壁厚	5.1	4.2	3.5	2.8	2.3	1.9 (2.0)[3]	1.5	1.3
	内径 d	14.8	16.6	18.0	19.4	20.4	21.2 (21)	21.4	22.4
32	壁厚	6.5	5.4	4.4	3.6	2.9	2.4	1.9	1.6
	内径 d	19	21.2	23.2	24.8	26.2	27.2	28.2	28.8
40	壁厚	8.1	6.7	5.5	4.5	3.7	3.0	2.4	2.0
	内径 d	23.8	26.6	29	31	32.6	34.0	35.2	36.2
50	壁厚	10.1	8.3	6.9	5.6	4.6	3.7	3.0	2.4
	内径 d	29.8	33.4	36.2	38.8	40.8	42.6	44.0	45.2
63	壁厚	12.7	10.5	8.6	7.1	5.8	4.7	3.8	3.0
	内径 d	37.6	42.0	45.8	48.8	51.4	53.6	55.4	57
75	壁厚	15.1	12.5	10.3	8.4	6.8	5.6	4.5	3.6
	内径 d	44.8	50.0	54.4	58.2	61.4	63.8	66.0	67.8

注: 1. 括号内的数值，系下列管材考虑到刚性与连接的要求，壁厚增加后的数值：①—PE-X 管；②—PP-R 管；③—PE-XT 管。

2. S8 和 S10 系列及外径为 12mm 的 S3～S10 系列均为 PB 管的壁厚，当需要考虑刚性时，也应增大壁厚。

五、管件

关键是用于连接管道的配件，包括弯头、三通、变径、四通等。管件的规格尺寸与管材的型号相配套，本书中不再详述。

第三节 焊 接 材 料

一、电焊条

在国家标准中，规定了各种电焊条的型号。但目前，电焊条行业在产品样本、目录、说明书等文件资料中仍习惯采用牌号表示，另用"符合国家标准型号××××"的方式加以注明。电焊条牌号的表示方法如图 8-1 所示，电焊条牌号字母的意义见表 8-14。

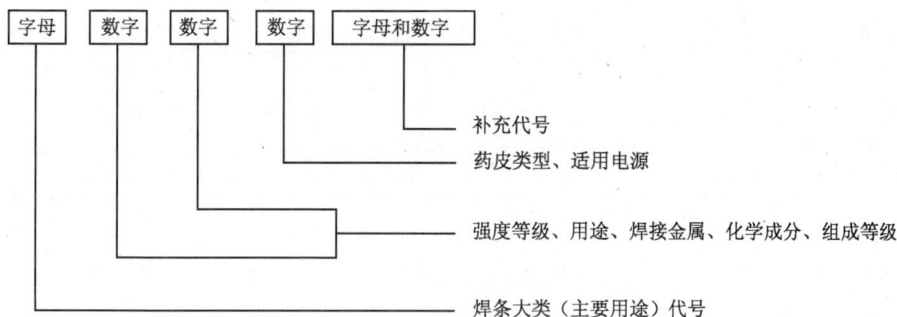

图 8-1 电焊条牌号

电焊条牌号中字母的意义 表 8-14

代　　号	电焊条大类名称	代　　号	电焊条大类名称
J（结）	结构钢焊条	Z（铸）	铸铁焊条
R（热）	钼和铬钼耐热钢焊条	Ni（镍）	镍及其合金焊条
G（铬）	铬不锈钢焊条	T 或 Cu（铜）	铜及其合金焊条
A（奥）	奥氏体不锈钢焊条	L 或 Al（铝）	铝及其合金焊条
W（温）	低温钢焊条	TS（特殊）	特殊用途焊条
D（堆）	堆焊焊条		

1. 结构钢焊条

结构钢焊条供手工电弧焊焊接各种低碳钢、中碳钢、低合金钢和低合金高强度钢结构时工作电极和填充金属之用。结构钢焊条的牌号、名称和用途见表 8-15。

结构钢焊条的牌号、名称和用途 表 8-15

牌　　号	符合国家标准型号	焊条名称	主　　要　　用　　途
J350		微碳纯铁焊条	焊接微碳纯铁氨合成塔内件
J421	E4313	低碳纯铁焊条	焊接低碳钢薄板结构
J422	E4303		焊接较重要低碳钢结构
J422F13	E4323	低碳钢铁粉焊条	高效焊接较重要低碳钢结构

续表

牌　号	符合国家标准型号	焊条名称	主　要　用　途
J423	E4301	低碳钢焊条	焊接较重要低碳钢结构
J426	E4316		
J427	E4315		
J502	E5003		焊接 16Mn 等低合金刚结构
J502E	E5001	低碳钢重力焊条	高效高速重力焊接低碳钢结构
J506	E5016	低碳钢焊条	焊接中碳钢结构
J506Fe	E5018		
J506X	E5016	立向下焊专用焊条	用于船体上层结构的垂直向下角焊缝
J507	E5015	低碳钢焊条	
J507X	E5015	立向下焊专用焊条	立向下焊船、车等结构角接焊缝
J507CuP	E5015-G	耐大气腐蚀焊条	焊钢磷系统高大气腐蚀低合金钢结构
J557	E5515-G	低合金钢焊条	焊接中碳钢和低合金钢结构
J606	E6016-D1	低合金高强度焊条	焊接中碳钢和低合金高强度钢结构
J607	E6015-D1		
J707	E7015-D2		焊接低合金高强度钢结构

2. 不锈钢焊条

不锈钢焊条供手工电弧焊焊接不锈钢以及部分耐热钢、碳钢、合金钢结构时作电极和填充金属之用，它的牌号、类型和用途见表 8-16。

不锈钢焊条的牌号、类型和用途　　　　　　表 8-16

牌　号	符合国家标准型号	焊条类型	主　要　用　途
G202	E410-16	铬不锈钢焊条	焊接 0 铬 13 不锈钢、1 铬 13 不锈钢，耐腐蚀、耐磨表面堆焊
G207	E410-15		
G217	E410-15		焊接 0 铬 13 不锈钢、1 铬 13 不锈钢、2 铬 13 不锈钢，耐腐蚀、耐磨表面堆焊
G302	E430-16		
G307	E430-15		焊接铬 17 不锈钢
A002	E308L-16	铬镍不锈钢焊条	焊接超低碳 19 镍 11 型不锈钢的化肥、石油、合成纤维设备
A102	E308-16		焊接工作温度低于或等于 300℃的同类型不锈钢
A107	E308-15		
A132	E347-16		焊接重要的耐腐蚀的 0 铬 18 镍 11 钛型不锈钢
A137	E347-15		
A232	E318V-16		焊接一般耐热、耐腐蚀的 0 铬 19 镍 10 和 0 铬 18 镍 12 钼 2 不锈钢
A237	E318V-15		
A302	E309-16		焊接同类型不锈钢、异种钢及高铬钢、高锰钢
A307	E309-15		

续表

牌　号	符合国家标准型号	焊条类型	主　要　用　途
A312	E309Mo-16		焊接耐硫酸腐蚀的同类型不锈钢及复合钢板、异种钢
A402	E310-16	铬镍不锈钢焊条	焊接同类型耐热不锈钢、硬化性大的铬钢和异种钢
A407	E310-15		
A412	E310Mo-16		焊接在高温下工作的耐热不锈钢
A502	E16-25MoN-16		焊接淬火状态下低中合金钢、异种钢和相应热强钢
A507	E16-25MoN-15		

3. 铜、铝及其合金焊条

铜及其合金焊条主要用于焊接铜、铜合金零件等；铝及其合金焊条主要用于手工电弧焊焊接铝和铝合金零件。它们的牌号、名称和用途见表8-17。

铜、铝及其合金焊条的牌号、名称和用途　　　　　　　　　表8-17

牌　号	符合国家标准型号	焊条名称	主　要　用　途
T107	Ecu	纯铜焊条	焊接铜零件
T207	EcuSi-B	硅青铜焊条	焊接铜、硅青铜、黄铜零件
T227	EcuSn-B	磷青铜焊条	焊接铜、铝、磷青铜、黄铜及异种金属
T237	EcuAl-C	铝青铜焊条	焊接铝青铜及其他铜合金
T307	EcuNi-B	铜镍耐蚀焊条	焊接导电铜排、铜热交换器等
L109	TAl	纯铝焊条	焊接纯铝
L209	TAlSi	铝硅焊条	焊接铝板、铝硅零件、一般铝合金、锻铝、硬铝
L309	TAlMn	铝锰焊条	焊接铝锰合金、纯铝及其他铝合金

二、焊丝

焊丝是气焊焊接的主要材料，根据所要是的焊接的金属材料不同应选用不同型号的焊丝。在暖通空调安装工程中常用的焊丝包括低碳钢焊丝、铜及铜合金焊丝、铝及铝合金焊丝等。

1. 低碳钢焊丝

常用的低碳钢焊丝的牌号及适用范围见表8-18。

常用低碳钢焊丝的牌号及适用范围　　　　　　　　表8-18

焊丝牌号	代　号	适于焊接的钢材牌号	焊丝牌号	代　号	适于焊接的钢材牌号
焊08	H08	A3，A3F	焊08锰高	H08MnA	10，20
焊08高	H08A	A3，A3F	焊15锰	H15Mn	15M
焊08锰	H08Mn	10，20	焊15	H15	A3F

2. 铜及铜合金焊丝

铜及铜合金焊丝的牌号、名称和主要用途见表8-19。

铜及铜合金焊丝的牌号、名称和主要用途 表 8-19

牌号	符合国家标准型号	焊丝名称	主　要　用　途
S201	HSCu	特制纯铜焊丝	焊接纯铜（紫铜），氩弧焊、气焊
S202		低磷铜焊丝	氧-乙炔气焊、碳弧焊纯铜
S221	HSCuZn-3	锡黄铜焊丝	氧-乙炔气焊、碳弧焊黄铜、钎焊黄铜，以及钎焊铜、铜镍合金、钢、灰铸铁等
S222	HSCuZn-2	铁黄铜焊丝	
S224	HSCuZn-4	硅黄铜焊丝	

3. 铝及铝合金焊丝

铝及铝合金焊丝的牌号、名称和主要用途见表 8-20。

铝及铝合金焊丝的牌号、名称和主要用途 表 8-20

牌　　号	焊　丝　名　称	主　要　用　途
S301	纯铝焊丝	焊接纯铝及强度要求不高的铝合金接头
S311	铝硅焊丝	焊接铝镁合金以外的铝合金机件和铸件
S321	铝锰焊丝	焊接铝锰合金及其他铝合金

三、气焊溶剂

气焊溶剂又名气焊粉，是氧—乙炔焰进行气焊时的助溶剂，它的牌号、名称和主要用途见表 8-21。

气焊熔剂的牌号、名称和主要用途 表 8-21

牌　　号	名　　称	主　要　用　途
CJ101	不锈钢及耐热钢气焊熔剂	气焊不锈钢及耐热钢件的助熔剂
CJ201	铸铁气焊熔剂	气焊铸铁件的助熔剂
CJ301	铜气焊熔剂	气焊铜及铜合金件的助熔剂
CJ401	铝气焊熔剂	气焊铝、铝合金、铝青铜件的助熔剂

第四节　保温材料

一、保温材料的分类

1. 按导热系数分类

保温材料按其导热系数的大小可分为 4 级：1 级保温材料的导热系数不大于 $0.08W/(m\cdot K)$；2 级保温材料的导热系数为 $0.08 \sim 0.116W/(m\cdot K)$；3 级保温材料的导热系数为 $0.116 \sim 0.174W/(m\cdot K)$；4 级保温材料的保温系数为 $0.174 \sim 0.209W/(m\cdot K)$。

2. 按物质成分分类

按物质成分，保温材料可分为有机保温材料和无机保温材料两种。有机保温材料包括聚苯乙烯泡沫塑料、毛毡等；无机保温材料包括膨胀珍珠岩、石棉以及泡沫混凝土等。

3. 按使用温度分类

按使用温度，保温材料可分为高温材料、中温材料和低温材料。高温材料的使用温度可在700℃以上，如硅酸铝纤维、硅纤维等；中温材料的使用温度在100~700℃之间，如石棉，珍珠岩等；低温材料的使用温度在100℃以下，如聚苯乙烯泡沫塑料、软木聚氨酯泡沫塑料等。

二、常用保温材料

1. 石棉及石棉制品

石棉是蕴藏在中性或酸性火成岩矿床中的一种非金属矿，有灰、白、褐、浅绿、深绿等颜色，通常具有耐热、耐燃、耐酸碱、保温、隔声、绝缘等性能。石棉板在石棉中加入粘合剂加工制成的，是暖通空调工程中常用的保温材料。石棉根据纤维长度的不同可分为不同的等级，见表8-22，常用的石棉（温石棉和青石棉）的技术指标见表8-23。

石棉等级换分　　　　　　　　　表8-22

石棉分级		石棉制品所用石棉的等级
手选石棉	机选石棉	
特1级：100mm以上占60%，20mm以下占3% 特2级：50mm以上占60%，20mm以下占3% 1级：18mm以上 2级：12mm以上 3级：6mm以上	1级：长度为15mm 2级：长度为12mm 3级：长度为8mm 4级：长度为5mm 5级：长度为2.5mm 6级：长度为1.5mm	石棉水泥制品用3、4、5、6级棉；石棉纸、板用4、5、6级棉；石棉沥青用4、5、6级棉

常用石棉技术指标　　　　　　　　表8-23

石棉种类	密度（g/cm³）	导热系数 W/(m·K)	熔解点（℃）	使用温度（℃）	抗拉强度（MPa）
温石棉	2.2~2.4	0.069	1200~1600	400	30
青石棉	3.2~3.3	0.069	900~1150	200	33

2. 岩棉及其制品

岩棉是以精选的优质玄武岩为主要原料，经融化后采用离心制棉工序，将玄武岩高温熔体甩成4~7μm的非连续性纤维制成的。在岩棉纤维中加入一定量的粘合剂、防尘油、憎水剂，经过沉降、固化、切割等工艺可制成不同用途的岩棉制品，如岩棉板、岩棉玻璃布缝毯等。岩棉及其制品具有质量轻、导热系数小、吸声性能好、不燃、化学稳定性好的特点，其技术指标见表8-24。

岩棉及其制品的技术指标（GB 11835—1998）　　表8-24

指标名称	单位	性能指标
密度	Kg/m³	40~120（±15%）
纤维平均直径	μm	≤7
渣球含量 φ>0.25mm	%	≤12
粘结剂含量	%	≤3.0

续表

指 标 名 称	单　　位	性 能 指 标
导热系数	W/(m·K)	≤0.044
酸度系数	—	≥1.5
憎水率	%	≥98
吸湿率	%	≤5
不燃性	—	A 级

3. 玻璃棉及其制品

玻璃棉属于玻璃纤维中的一个类型，是一种人造无机纤维。采用石英砂、石灰石、白云石等天然矿石为主要原料，配合一些纯碱、硼砂的等化工原理融成玻璃，在融化状态下，借助外力垂直成絮状超细纤维，纤维之间为立体交叉、互相缠绕在一起，呈现出许多小孔隙，因此可视为多孔材料。玻璃棉及其制品具有容量小、导热系数低、吸声性能好、过滤效率高、不燃烧、耐腐蚀性等性能，是一种优良的绝热、吸声、过滤材料。

玻璃棉按玻璃纤维的直径可分为普通玻璃棉、超细玻璃棉和中级纤维棉，其主要性能参数见表 8-25。

玻璃棉的性能参数　　　　　　　　　　　表 8-25

名　　称	纤维直径（μm）	密度（kg/m³）	导热系数（W/(m·K)）	备　　注
普通玻璃棉	<15	80~100	0.052	① 使用温度不能超过300℃；② 耐腐蚀性较差
超细玻璃棉	<4	20	0.035	使用温度不能超过300℃
无碱超细玻璃棉	<2	4~15	0.033	① 使用温度为 -120~300℃；② 耐腐蚀性强
中级纤维棉	15~25	80~100	≤0.058	① 使用温度不能超过300℃；② 耐腐蚀性较差

常用的玻璃棉制品包括以下几种。

（1）淀粉玻璃棉板、管壳

淀粉玻璃棉板、管壳的密度为 100~200kg/m³，导热系数为 0.04W/(m·K)，适用温度低于 350℃，纤维直径小于 15μm。

（2）酚醛玻璃棉板

酚醛玻璃棉板的密度为 120~150kg/m³，导热系数为 0.037W/(m·K)，适用温度低于 250℃，纤维直径小于 15μm。

（3）玻璃棉毡

玻璃棉毡的密度小于 90kg/m³，导热系数为 0.037W/(m·K)，适用温度低于 250℃。

（4）有碱超细棉板、管壳的密度大于 60kg/m³，导热系数为 0.028W/(m·K)，适用温度为 350~400℃，纤维直径为 46μm。

4. 矿渣棉及其制品

矿渣棉是利用工业废料矿渣作为主要材料，经过机械加工后形成的棉丝状材料，其密度为 120~150kg/m³，导热系数为 0.044~0.052W/(m·K)，适用极限温度为 600℃，具有质量轻、导热系数小、阻燃、防蛀、耐腐蚀、化学性能更好、吸声性能好、价格低廉等特点。

常用的矿渣棉制品包括以下几种。

（1）沥青矿渣棉毡

沥青矿渣棉毡是以沥青为胶结剂，由矿渣棉压制而成的毡状保温材料，密度为 120~150kg/m³，导热系数为 0.041~0.047W/(m·K)，适用极限温度为 200℃，其规格为 1000mm×750mm（30~50）mm，也可根据用户要求的规格进行加工。

（2）酚醛树脂矿渣棉板

酚醛树脂矿渣棉板是以酚醛树脂为胶结剂通过对矿渣棉加压、加热而制成的一种板状保温材料，密度为 150~200kg/m³，导热系数为 0.04~0.05W/(m·K)，适用极限温度小于 300℃。

5. 泡沫塑料

泡沫塑料是以各种树酯为基料，按比例加入一定数量的发泡剂、催化剂、稳定剂等辅助材料，经过加热发泡制成的。

常用的泡沫塑料保温材料包括以下几种。

（1）聚笨乙烯泡沫塑料

聚笨乙烯泡沫塑料可分为普通型自发型、自熄型和乳液三种。在设备安装工程中经常采用的是自熄型聚苯乙烯泡沫塑料，其密度为 1550kg/m³，导热系数为 0.0325~0.0465W/(m·K)，适用温度为 -80~70℃，抗压强度大于 0.15MPa。

（2）聚乙烯泡沫塑料

聚乙烯（PEF）保温材料以高压聚乙烯、阻燃剂、发泡剂、交联剂等多种原料共混，经过密炼、开炼后、再经过两次发泡处理得到的产品。聚乙烯泡沫塑料的主要技术指标见表 8-26。

聚乙烯泡沫塑料的主要技术指标   表 8-26

指标名称	单位	性能指标
密度	kg/m³	≤0.070
导热系数	W/(m·K)	≤0.04
吸水率	kg/m²	≤4.0
拉伸强度	MPa	≥160
耐燃性能	—	难燃
耐酸性	—	不腐蚀，不变形
耐碱性	—	不腐蚀，不变形

（3）聚氨酯泡沫塑料

聚氨酯泡沫塑料是以聚醚多元醇和多次甲基多苯基多异氰酸酯为主要原料，在催化剂、发泡剂、表面活性剂等的作用下，经化学反应发泡而成的。这种材料具有质量轻、强度高、绝热、隔声、阻燃、耐寒、防腐、不吸水、施工简便快捷等优异特点，其主要性能指标见表 8-27。

聚氨酯泡沫塑料的主要性能指标   表 8-27

指 标 名 称	单 位	性 能 指 标
容量	kg/m³	45 ~ 60
导热系数	W/(m·K)	0.016 ~ 0.024
使用温度	℃	− 90 ~ + 120
闭孔率	%	≥97
吸水率	kg/m²	≤0.2
氧指数	h	≥26
抗压强度	MPa	≥200

  聚氨酯泡沫塑料按所用原料不同，可分为聚醚型和聚酯型；按塑料的软硬程度，可分为硬质聚氨酯泡沫塑料和软质聚氨酯泡沫塑料。硬质聚氨酯泡沫塑料是闭孔结构，常用于保温结构，也可在施工现场发泡喷涂（或灌注），能黏着于金属、木材、水泥等材料上。

  6. 硅酸铝制品

  硅酸铝耐火纤维是一种新型轻质耐火、绝热材料，它具有密度小、导热系数小、耐高温、抗振动性能好、受热膨胀小、绝缘、隔热性能好、施工简便等特点，其主要技术指标见表 8-28。

硅酸铝技术指标   表 8-28

技 术 指 标	普 通 纤 维	高 纯 纤 维	高 铝 纤 维
导热系数（W/(m·K)）	0.038	0.035	0.032
最高使用温度（℃）	1000	1051	1250
纤维细度（μm）	2.3	2.3	2.3
渣球含量（$\phi > 0.25$mm）	8%	5%	4%
防火性能	A 级不燃	A 级不燃	A 级不燃
软毡密度（kg/m³）	80 ~ 92	100 ~ 160	100 ~ 160

参 考 文 献

1. 于国清. 建筑设备工程 CAD 制图与识图. 北京：机械工业出版社，2005
2. 谭伟建，王芳主编. 建筑设备工程图识读与绘制. 北京：机械工业出版社，2004
3. 邵宗义主编. 高校建筑设备工程毕业设计指导与题库. 北京：中国建筑工业出版社，2006
4. 李锐，邹盛国编著. 通风空调安装工程识图与预算入门. 北京：人民邮电出版社，2006
5. 孙一坚主编. 工业通风. 北京：中国建筑工业出版社，1994
6. 张林华，曲云霞主编. 中央空调维护保养实用技术. 北京：中国建筑工业出版社，2003
7. 赵荣义，范存养等. 空气调节. 北京：中国建筑工业出版社，1994
8. 奚士光，吴味隆. 锅炉及锅炉房设备. 北京：中国建筑工业出版社，1995